Julian Heißler

Traum und Albtraum

Julian Heißler

Traum und Albtraum

Amerika und die vielen
Gesichter der Freiheit

HERDER
FREIBURG · BASEL · WIEN

MIX
Papier | Fördert gute Waldnutzung
FSC® C014496

www.herder.de

Satz: Zero Soft, Timişoara
Herstellung: GGP Media GmbH, Pößneck

Printed in Germany

ISBN Print 978-3-451-39645-8
ISBN E-Book (EPUB) 978-3-451-83104-1

Für Annett, Lara und Emily

Inhalt

Land der Freiheit

Am 4. Juli 2022 wollte Gavin Newsom ein bisschen zündeln. Bis zum Wahltag im November, an dem sich der Gouverneur von Kalifornien eine zweite Amtszeit sichern wollte, war es noch einige Monate hin. Trotzdem schaltete der Demokrat schon einmal einen kurzen Werbespot. „Die Freiheit in eurem Bundesstaat wird angegriffen", sprach Newsom über die Melodie des Lieds *America the Beautiful* in die Kamera. Er warnte vor Bücherverboten in Schulen, vor Einschränkungen des Wahlrechts, vor der Kriminalisierung von Abtreibung. Dann rief er die Zuschauer zum Widerstand auf. „Lasst nicht zu, dass sie euch eure Freiheit wegnehmen." Der Clou: Der Clip lief nicht in Kalifornien, sondern auf der anderen Seite des Kontinents. In Florida.[1]

Ausgerechnet Florida. Seit 2019 regiert dort der Republikaner Ron DeSantis. Und kaum ein Thema ist dem ambitionierten Gouverneur wichtiger als die Freiheit. Als während der COVID-19-Pandemie weite Teile der USA im Lockdown verharrten, Maskenpflichten allgegenwärtig und Schulen geschlossen waren, schaffte DeSantis den größten Teil der Einschränkungen bereits wieder ab.[2] Es war eine Entscheidung, die sich für den Gouverneur auszahlte. Zwar fällt Floridas Virusbilanz eher durchwachsen aus – gemessen an der Bevölkerung verzeichnete der Staat viele Infektionen und Todesfälle –, allerdings schnitten Staaten mit deutlich drakonischeren Einschränkungen nicht unbedingt besser ab.[3] So stieg DeSantis für einen Teil der Bevölkerung zu einem Helden auf – zum Freiheitskämpfer in einer Zeit, als anderswo Vorsicht und Angst regierten. Das Image blieb haften. Es dauerte nicht lange, bis der Gouverneur seine Heimat als *Free State of Florida* vermarktete. „Gemeinsam haben wir Florida zum freiesten Staat der Vereinigten Staaten gemacht", so DeSantis in einer Rede vor der Legislatur. „Während so viele im Land die Rechte des Volkes auf den Friedhof verbannt haben, hat Florida die Vorhut der Freiheit gebildet."[4]

Und die Vorhut marschierte weiter.

DeSantis' Freiheitsvision bildete die Grundlage für eine ganze Reihe neuer Gesetze und Verordnungen, mit denen er gemeinsamen mit der satten republikanischen Mehrheit in der Legislatur den ehemaligen Swing State in den vergangenen Jahren radikal umgebaut hat. Unter der Ägide des Gouverneurs wurden das ohnehin laxe Waffenrecht weiter gelockert,[5] die ohnehin niedrigen Steuern um einen Rekordbetrag gesenkt.[6] Doch DeSantis ging weiter. Florida verbannte Themen wie sexuelle Orientierung und Identität aus dem Schulunterricht[7] und stellte Regeln auf, die es Eltern erleichterten, gegen Bücher in Schulbibliotheken vorzugehen.[8] Der Staat führte ein restriktives Abtreibungsrecht ein,[9] verschärfte das Wahlrecht.[10] Kritiker sehen in solchen Schritten längst keine Freiheitsagenda mehr, sondern ein Abrutschen des Staats in den Autoritarismus. „Wir werden derzeit nicht regiert", sagt Anna Eskamani, demokratische Abgeordnete in der Legislatur von Florida. „Wir erleben eine Diktatur."

Doch für DeSantis' Anhänger liegen die Dinge anders. Sie sehen in seinen Maßnahmen notwendige Schritte, um den überbordenden Einfluss des Staates und vermeintlich abgehobener Eliten zurückzudrängen. Die Schulpolitik des Republikaners etwa betrachten sie als überfällige Rückverlagerung des Erziehungsrechts zu den Eltern, die selbst bestimmen wollen, mit welchen Inhalten ihre Kinder konfrontiert werden. Mehr Kontrollen bei der Stimmabgabe stärken aus dieser Perspektive das Vertrauen in den demokratischen Prozess, Einschränkungen beim Recht auf Schwangerschaftsabbruch schützen das Leben eines ungeborenen Menschen. Auch das, heißt es in Florida, ist Freiheit. Und DeSantis verteidige sie. Das kommt an. 2022 wurde er mit einem so deutlichen Vorsprung wiedergewählt, wie es ihn in dem traditionell knappen Bundesstaat seit 40 Jahren nicht mehr gegeben hatte.[11] Schon damals war klar, dass die Ambitionen des Gouverneurs nicht in Tallahassee enden. Im Mai 2023 erklärte er seine Kandidatur für das Weiße Haus.[12] Und ins Oval Office soll ihn seine Vision der Freiheit katapultieren. Der Titel seiner Wahlkampfbiografie lautet: *The Courage to be Free* – Der Mut, frei zu sein.

Gavin Newsom bleibt derweil vorerst in Kalifornien. Eine Kandidatur für die Präsidentschaftswahl 2024 hat er ausgeschlossen. Seine Partei, die Demokraten, haben mit Joe Biden schließlich einen Kandidaten. Doch seinen Kampf hat er nicht aufgegeben. Seit er im November 2022 ebenfalls mit enormem Vorsprung wiedergewählt wurde, wirbt er für seine Vision von Freiheit. Und die könnte nicht gegensätzlicher ausfallen als die seines Amtskollegen aus Florida. „Während sie nach Freiheit schreien, diktieren sie den Menschen die Entscheidungen, die sie treffen dürfen", so Newsom anlässlich seiner zweiten Amtseinführung mit Blick auf DeSantis und seine Verbündeten. „Sie schüren die Flammen dieser zermürbenden Kulturkriege. Sie verbieten Abtreibung, sie verbieten Bücher, sie verbieten die freie Meinungsäußerung im Klassenzimmer." Kalifornien werde dem etwas entgegensetzen. „Freiheit ist unsere Essenz, unser Markenname – die Idee, dass hier jeder von überall aus alles erreichen kann."[13] Auf seine Heimat will er dieses Credo nicht begrenzen. Längst hat er eine Organisation gegründet, um seine Vision auch in Red States zu verbreiten – also Bundesstaaten, die fest in der Hand der Republikaner sind. Dort warb Newsom für seinen gesellschaftlichen Gegenentwurf. „Im ganzen Land greifen die extremistischen Republikaner systematisch die Grundlagen einer freien Gesellschaft an", begründete der Kalifornier seine Arbeit. Dem wolle er etwas entgegensetzen.[14]

Mit DeSantis' Vorstellung von Freiheit haben die Pläne des Demokraten kaum etwas gemeinsam. Für Newsom bedeute

Freiheit das Recht, Ja zu sagen: zur Abtreibung, zur staatlich finanzierten Gesundheitsversorgung für Einwanderer, zur geschlechtsangleichenden Behandlung von Kindern, schrieb die *AP* einmal. Für DeSantis bedeute Freiheit hingegen das Recht, Nein zu sagen: zu COVID-19-Impfstoffen, zu illegaler Einwanderung, zu dem, was er „Indoktrination" in Bezug auf sexuelle Orientierung und Geschlechtsidentität in öffentlichen Schulen nennt.[15]

Ja oder nein. Freiheit zu oder Freiheit von. Positive Freiheit oder negative Freiheit, wie es in der Politikwissenschaft heißt. Entlang dieser Konfliktlinie verläuft ein Riss durch die amerikanische Gesellschaft. Und er wird immer tiefer. Die Kontroverse geht weit über die Konkurrenz zweier ambitionierter Gouverneure hinaus. Sie prägt das Land heute auf allen Ebenen. Denn Freiheit, das ist der universelle Wert der Vereinigten Staaten, die tragende Säule des amerikanischen Experiments. Kein anderer Wert ist so tief im Selbstverständnis der Nation verankert. Doch was unter dem Begriff verstanden wird, ist höchst unterschiedlich. Und wenn diese widerstreitenden Vorstellungen aufeinanderprallen, dann folgen häufig Konflikte. Denn wer Freiheit definiert, definiert Amerika.

Das haben längst auch die Anführer der beiden großen politischen Parteien erkannt. Als Joe Biden im April 2023 offiziell seine erneute Präsidentschaftskandidatur erklärte, veröffentlichte sein Wahlkampfteam ein dreiminütiges Video, das den Kampf um die Freiheit ins Zentrum rückte. „Die Frage, vor der wir stehen, ist, ob wir in den kommenden Jahren mehr Freiheit oder weniger Freiheit haben werden. Mehr Rechte oder weniger", so der Präsident in dem Spot. Zuvor hatte das Video bereits Bilder des Sturms aufs Kapitol vom 6. Januar 2021 gezeigt, von Demonstranten gegen Beschränkungen des Abtreibungsrechts – und von Ron DeSantis und Donald Trump. Das erste Wort, das Biden spricht: Freedom.[16]

Und auch Trump begründet seine erneute Kampagne mit dem Freiheitskampf. Nachdem der Ex-Präsident im Juni 2023 von einem Sonderermittler des Justizministeriums vor einem Bundesgericht in Florida angeklagt worden war, erklärte er seine rechtlichen Probleme mit seinem Kampf für diesen fundamentalsten amerikanischen Wert: „Sie wollen mir meine FREIHEIT nehmen, denn ich werde NIEMALS zulassen, dass sie euch eure FREIHEIT nehmen", so Trump auf seiner Social-Media-Plattform.[17] So präsentiert sich das ehemalige Staatsoberhaupt als Kämpfer für die Freiheitsvision seiner Anhänger – als Verteidiger ihrer Interessen und Verfechter ihrer Anliegen. Und diese passen so gar nicht zu den Vorstellungen der Unterstützer von Biden oder Newsom. Und eine Versöhnung scheint ausgeschlossen.

Es ist ein Konflikt, der in der amerikanischen Gesellschaft verwurzelt ist. Die Widersprüche, die auch heute wieder hervortreten, sind seit der Gründung des Landes Teil der DNA der Vereinigten Staaten. Als der Zweite Kontinentalkongress am 4. Juli 1776 die Unabhängigkeit der 13 Kolonien von der britischen Krone erklärte, beriefen sich die Rebellen auf ihre vermeintlich gottgegebenen Rechte, proklamierten die Freiheit und Gleichheit aller Menschen. „Wir halten diese Wahrheiten für selbstverständlich, dass alle Menschen gleich geschaffen sind, dass sie von ihrem Schöpfer mit bestimmten unveräußerlichen Rechten ausgestattet sind, dass zu diesen Rechten Leben, Freiheit und das Streben nach Glück gehören", heißt es in der Unabhängigkeitserklärung.[18] Doch mit der gelebten Realität in der jungen Nation hatte diese Verkündung nur wenig zu tun. Mehr als 20 Prozent der amerikanischen Bevölkerung waren damals versklavt.[19] Von Freiheit und gleichen Rechten waren diese Menschen ausgeschlossen. Gleiches galt für Frauen. Diese sollten erst 1920 das Wahlrecht erhalten.[20] Dass sie Männern rechtlich gleichgestellt sind, ist bis heute nicht in der amerikanischen Verfassung festgehalten.[21]

Natürlich wurden die USA seit ihrer Gründung immer freier, immer inklusiver. Doch dieser Fortschritt verlief alles andere als linear. Mehr als einmal durchlebte das Land Krisen, die das Bekenntnis zur Freiheit und Demokratie ernsthaft bedrohten. Im 19. Jahrhundert zerriss der Streit über die Zukunft der Sklaverei das Land – ein Konflikt, der schlussendlich nur durch den Bürgerkrieg gelöst werden konnte. Während der sozialen Verwerfungen der Großen Depression verhinderten wohl nur die Persönlichkeit und Amtsführung von Präsident Franklin Delano Roosevelt ein Scheitern des Systems.[22] Das Land ging durch Unruhen, Rebellionen, Unterdrückung und Prohibition, erlebte Massaker, Rassismus und McCarthyismus. Trotzdem konnte nichts davon den Glauben eines großen Teils der Bevölkerung daran erschüttern, dass ihre Nation die Heimat der Freiheit ist. Die Amerikaner glaubten, sie seien „die einzigen Menschen, die wahre politische Freiheit genießen", schrieb der britische Autor James Bryce bereits 1888. Ganz überzeugt war er allerdings nicht. „Ich habe die Amerikaner oft gefragt, worin sie ihre Freiheit im Vergleich zu der der Engländer für besser halten, aber sie waren nie in der Lage, einen einzigen Punkt zu nennen, in dem der einzelne Mensch in England schlechtergestellt ist, sei es in Bezug auf seine privaten Bürgerrechte, seine politischen Rechte oder seine allgemeine Freiheit, zu tun und zu denken, was ihm gefällt."[23]

Trotzdem: Die Freiheit ist der Kern des amerikanischen Experiments. Als die Kolonien ihre Unabhängigkeit erklärten, versuchten sie etwas radikal Neues. Zwar orientierten sich die Gründerväter beim Ausarbeiten der Verfassung im Jahr 1787 an antiken Vorbildern wie die attische Demokratie oder die römische Republik, doch der Freiheitsbegriff, den sie ins Zentrum des neuen Staates stellten, war etwas anderes. In Athen und Rom war die Freiheit einer kleinen Klasse vorbehalten. Das galt in den jungen Vereinigten Staaten zwar zunächst auch, doch der formulierte Anspruch war ein anderer. Plötzlich sollte jeder Mensch die Freiheit für sich beanspruchen können. Eine gänzlich neue Idee. Zwar war das Konzept der Freiheit des Individuums keine Erfindung der Gründerväter – John Locke etwa hatte es bereits rund 100 Jahre vor der Amerikanischen Revolution ins Zentrum seiner *Zweiten Abhandlung über die Regierung* gestellt[24] – doch dass dieser Wert universell gelten sollte, das hatte es in dieser Form noch nicht gegeben.

Dass Ideal und Wirklichkeit lange Zeit auseinanderklafften, änderte nichts an der Bedeutung dieses Vorstoßes. Freiheit war plötzlich etwas, worauf sich alle Menschen in den Vereinigten Staaten zumindest theoretisch berufen konnten. Damit schuf der Wert ein gemeinsames Fundament für die ansonsten sehr unterschiedlichen 13 ehemaligen Kolonien, die nun einen neuen Staat bilden sollten. Aus dieser Geschichte zieht der Wert bis heute seine besondere Stellung für die USA. „Keine Idee ist für das Selbstverständnis der Amerikaner als Individuen und als Nation grundlegender als die Freiheit“, schreibt der Historiker Eric Foner.[25]

Doch ebendieser Universalitätsanspruch führte bald zu Problemen. Schließlich ist der Begriff der Freiheit so weitreichend, dass er beinahe alles umfassen kann. „Die Welt hat nie eine gute Definition des Wortes Freiheit gehabt, und das amerikanische Volk braucht gerade jetzt eine solche“, so Präsident Abraham Lincoln während des Bürgerkriegs in einer Rede in Baltimore. „Wir alle sind für die Freiheit, aber wir meinen mit diesem Wort nicht alle dasselbe. Für die einen mag das Wort Freiheit bedeuten, dass jeder mit sich selbst und dem Produkt seiner Arbeit machen kann, was er will; für die anderen kann dasselbe Wort bedeuten, dass einige Menschen mit anderen Menschen und dem Produkt der Arbeit anderer Menschen machen können, was sie wollen. Es handelt sich also um zwei nicht nur verschiedene, sondern unvereinbare Dinge, die mit demselben Namen, nämlich Freiheit, bezeichnet werden. Daraus folgt, dass jedes dieser Dinge von den jeweiligen Parteien mit zwei verschiedenen und unvereinbaren Namen bezeichnet wird: Freiheit und Tyrannei."[26]

Lincolns Worte waren kein Beitrag zu einer theoretischen Debatte. Während des Bürgerkriegs von 1861 bis 1865 beriefen sich beide Seiten auf die Freiheit, nicht nur die, deren Ziel es war, die Sklaverei abzuschaffen und damit die Ursünde der USA zu korrigieren. „Die Briefe und Tagebücher vieler konföderierter Soldaten strotzten vor Freiheitsrhetorik", schreibt der Historiker James M. McPherson.[27] Dabei standen die Confederate States of America, wie sich die abtrünnigen Südstaaten nannten, offen für den Erhalt der Sklaverei, für eine rassistische Hierarchie, die Schwarze der Herrschaft einer weißen Elite unterordnete – eine Vorstellung, die mit dem Konzept der Freiheit aller Menschen nicht zu vereinbaren ist.

Im Süden sah man das Konzept der Gründerväter deshalb auch als fehlerhaft an. Die Verfassung der Vereinigten Staaten basiere auf einer „fundamental falschen" Idee, sagte etwa Alexander H. Stephens, der Vizepräsident der Konföderierten. „Sie stützten sich auf die Annahme der Gleichheit der Rassen. Das war ein Irrtum. Es war ein sandiges Fundament, und die darauf aufgebaute Regierung stürzte, als der Sturm kam und der Wind wehte", so Stephens weiter. „Unsere neue Regierung gründet sich auf genau die entgegengesetzte Idee; ihr Fundament, ihr Grundstein ruht auf der großen Wahrheit, dass der Schwarze dem Weißen nicht gleichgestellt ist, dass die Unterordnung unter die höhere Rasse sein natürlicher und normaler Zustand ist."[28]

Der Süden verlor den Krieg und damit auch den Wettbewerb um das Freiheitsverständnis. Allerdings verschwanden die Vorstellungen der Konföderierten nicht mit ihrer Niederlage. Noch rund 100 Jahre nachdem die Südstaaten bei Appomattox, Virginia, kapituliert hatten, war die Verbindung von Rassismus und Freiheit in Teilen des Landes allgegenwärtig. Das effektive Apartheidsystem, das in den Südstaaten nach dem Ende des Bürgerkriegs etabliert wurde, verstand sich ebenfalls als Bollwerk der Freiheit – und sah in den Versuchen der Bundesregierung, an den Zuständen im Zuge der Bürgerrechtsbewegung etwas zu ändern, das Heraufziehen der Tyrannei. „Segregation heute, Segregation morgen, Segregation für immer", rief George Wallace, der Gouverneur von Alabama anlässlich seiner Amtseinführung im Jahr 1963. Diese Forderung, erklärte er, sei ein „Trommeln für die Freiheit". Insgesamt erwähnte der Demokrat das Wort *freedom* 24-mal in seiner Rede.[29] Und auch danach berief er sich immer wieder auf den Wert. Den Civil Rights Act von 1964 etwa, der unter anderem rassistische Diskriminierung unter Strafe stellte, nannte Wallace „das Messer eines Mörders im Rücken der Freiheit".[30]

Das Beispiel Wallace zeigt, wie widersprüchlich der Begriff verwendet werden kann. Auch heute noch. 2018 schrieb der Autor Ta-Nehisi Coates einen Essay über Kanye West. Der Rapper war zuvor mit zunehmend kontroversen Äußerungen an die Öffentlichkeit gegangen. Die Sklaverei etwa bezeichnete er als eine „Entscheidung" der schwarzen Bevölkerung. Kritik an seinen Aussagen wies er mit dem Hinweis zurück, er sei nun einmal ein „Freidenker".[31] Coates sah bei dem (schwarzen) West einen bestimmten Freiheitsbegriff am Werk. „Weiße Freiheit". Dies sei eine „Freiheit ohne Konsequenzen, Freiheit ohne Kritik, Freiheit, stolz und unwissend zu sein".[32]

Auch dieses Verständnis des Begriffs gibt es also – und genau das macht eine Auseinandersetzung mit dem Wert so wichtig. „Selbst eine oberflächliche Vertrautheit mit dem amerikanischen politischen Diskurs zeigt, dass dieses Wort, *Freiheit*, ebenso vage wie universell, ebenso umstritten wie allgegenwärtig, ebenso reflexiv wie unausweichlich, ebenso unterdrückend wie befreiend ist", schreibt der Historiker Jefferson Cowie.[33]

Denn natürlich sind auch die positiven Entwicklungen innerhalb der USA aufs Engste mit dem Wert verbunden. Indem die Gründerväter die Freiheit des Individuums in den Mittelpunkt ihres Experiments stellten, legten sie den Grundstein für deren immer weitere Verbreitung. Die Worte der Unabhängigkeitserklärung, ihre Kodifizierung in der Verfassung und die Garantie der Freiheiten in der Bill of Rights ließen sich, einmal in der Welt, nie mehr einfangen. Sie boten den Unterdrückten des Landes einen Ankerpunkt, von dem aus sie für ihre Rechte kämpfen konnten. Der schwarze Abolitionist Frederick Douglass etwa berief sich auf die Gründungsdokumente der Republik, als er im 19. Jahrhundert für die Abschaffung der Sklaverei kämpfte. „Die Verfassung sowie die Unabhängigkeitserklärung und die Gesinnung der Gründer der Republik geben uns eine Plattform, die breit genug und stark genug ist, um die umfassendsten Pläne für die Freiheit und den Aufstieg aller Menschen in diesem Land zu unterstützen, ohne Rücksicht auf Hautfarbe, Klasse oder Herkunft." Er lobte die Vereinigten Staaten für ihre Fähigkeit zum Wandel. „Ich kenne keinen Boden, der für das Wachstum von Reformen besser geeignet wäre als der amerikanische Boden. Ich kenne kein Land, in dem die Bedingungen für große Veränderungen in der gewohnten Ordnung der Dinge, für die Entwicklung richtiger Ideen von Freiheit und Menschlichkeit, günstiger sind als hier in den Vereinigten Staaten", sagte er.[34] Douglass wurde versklavt geboren. Trotzdem gab ihm das Freiheitsbekenntnis der USA Hoffnung.

Er war nicht allein. Auf der Seneca Falls Convention im Jahr 1848, dem Ausgangspunkt der feministischen Bewegung in den Vereinigten Staaten, verabschiedeten die Teilnehmerinnen und Teilnehmer eine von der Aktivistin Elizabeth Cady Stanton verfasste Resolution, die die Gleichstellung von Frauen forderte. Sie beinhaltet die Worte: „Wir halten diese Wahrheiten für selbstverständlich: dass alle Männer und Frauen gleich geschaffen sind."[35] Während der Bürgerrechtsbewegung erinnerte Martin Luther King jr. die amerikanische Gesellschaft immer wieder an ihr Gründungsversprechen, zitierte etwa die Unabhängigkeitserklärung in seiner „I Have A Dream"-Rede im Jahr 1963.[36] Auch heute berufen sich Freiheitsaktivisten auf die Formulierungen der Gründerväter. „Diese Worte sagen mir: ‚Mach es besser, Amerika.' Und was ich damit meine, ist, dass wir nie ein Land waren, in dem die Menschen wirklich gleich waren", sagte Kevin Jennings, Chef von Lambda Legal, einer Organisation, die sich für die Gleichstellung der LGBTQ+-Gemeinde einsetzt, der *AP*. „Das ist ein Ziel, auf das wir weiter hinarbeiten müssen, und wir sind noch nicht so weit."[37]

Oftmals war diese Form von Druck – das Einfordern der garantierten Freiheit – erfolgreich. Douglass traf sich während des Bürgerkriegs mehrfach mit Präsident Lincoln, drängte ihn zur Abschaffung der Sklaverei.[38] Die feministische Bewegung erkämpfte die politischen Rechte für Frauen. Und Kings Druck machte tiefgreifende Reformen möglich, die rassistische Diskriminierung im Alltag und bei der Ausübung des Wahlrechts verhindern sollten. Sonderlich geschätzt wurden diese Kämpfer nicht immer. Als King 1968 ermordet wurde, hatten 75 Prozent der US-Bevölkerung ein negatives Bild von ihm.[39] Heute wird er mit einem Denkmal auf der National Mall gewürdigt – eine Ehre, die sonst fast nur Präsidenten zuteil wird.

Dieser kurze Blick zurück zeigt: Das Freiheitsmotiv zieht sich wie kein anderes durch die amerikanische Geschichte. Es ist der Katalysator hinter der Entwicklung der Vereinigten Staaten – auch heute noch. Doch aufgrund der Unschärfe des Begriffs war und ist es auch immer eine treibende Kraft hinter den Konflikten, die das Land befallen haben. Darum geht es in diesem Buch. Es berichtet von den verschiedenen Schlachtfeldern, auf denen um das Verständnis von Freiheit gerungen wird – und soll so eine Erklärung liefern, wie die Ausrichtung der mächtigsten Nation auf dem Planeten an ihrem Grundwert das Land nach vorne bringt und gleichzeitig tief spaltet.

Ein solches Vorhaben muss an Grenzen stoßen. Die Zahl der möglichen Konfliktfelder ist so groß, dass in einer Beschreibung wie dieser zwangsläufig einige außen vor bleiben. Auch ist es trotz bester Bemühungen unmöglich, blinde Flecken vollständig zu vermeiden, die sich aus der Perspektive des Autors ergeben. Kurz: Einen Anspruch auf Vollständigkeit kann und will *Traum und Albtraum* nicht erheben. Doch trotz dieser Einschränkungen ist es wichtig, sich mit der amerikanischen Freiheit auseinanderzusetzen. Denn wer die Krise verstehen will, in der das mächtigste Land der Welt steckt, der muss die Vielschichtigkeit ihres zentralen Werts begreifen.

Freies Volk

Vorbemerkung: In diesem Kapitel wird mehrfach das englische Wort *race* verwendet. Dem führenden amerikanischen Wörterbuch Merriam-Webster zufolge beschreibt der Begriff „eine der Gruppen, in die Menschen häufig auf der Grundlage von körperlichen Merkmalen eingeteilt werden, die bei Menschen mit gemeinsamer Abstammung als gemeinsam angesehen werden“.[1] Diese Definition unterscheidet sich von der des deutschen Duden für den Begriff *Rasse*. Sie lautet: „Bevölkerungsgruppe mit bestimmten gemeinsamen biologischen Merkmalen“. Der englische Ausdruck stellt die Zuschreibung durch Dritte in den Mittelpunkt, der deutsche nicht. Laut Duden gilt *Rasse* deshalb aufgrund der „willkürlichen Auswahl von Eigenschaften“ mit Blick auf Menschen mittlerweile als überholt.[2] *Race* wiederum ist im amerikanischen Sprachgebrauch weiterhin üblich und wird auch hier im Sinne der Merriam-Webster-Definition genutzt.

Am Morgen des 7. März 1965 schlich sich Sheyann Webb aus der Wohnung ihrer Eltern in einem sozialen Wohnungsbauprojekt in Selma, Alabama. Sie hatte ihre Haare in einen Zopf gebunden, trug eine Caprihose und schwarz-weiße Oxford-Schuhe. Ihr Ziel war die nahegelegene Brown Chapel AME Church. Dort trafen sich an diesem Vormittag rund 600 Demonstranten, die allermeisten von ihnen schwarz, um gemeinsam ins rund 80 Kilometer entfernte Montgomery zu marschieren, die Hauptstadt des Bundesstaates. Die Bürgerrechtler forderten ein Ende der diskriminierenden Regeln, die Afroamerikaner in weiten Teilen des Südens vom Wählen abhalten sollen. Doch das wollte die rassistische Führung von Alabama nicht zulassen. Gouverneur

George Wallace gelobte, die Demonstration aufzuhalten, wies die Polizei an, „alle erforderlichen Maßnahmen zu ergreifen, um einen Marsch zu verhindern“.[3] Damit war klar, dass der Staat mit Gewalt reagieren würde, sollte der Protest tatsächlich stattfinden. Doch die Bürgerrechtler, unterstützt von Martin Luther King jr., dem Präsidenten der Southern Christian Leadership Conference (SCLC), ließen sich davon nicht einschüchtern. Auch Sheyann Webb nicht. Ihre Eltern hatten ihr aus Sorge vor einer Eskalation verboten, das Haus zu verlassen, doch sie ließ sich davon nicht aufhalten. Ohne ihren Vater, ihre Mutter oder eines ihrer sieben Geschwister zu wecken, stahl sie sich ins Freie. Auf der Waschmaschine hatte sie eine kurze Nachricht an ihre Familie hinterlassen, entschuldigte sich für ihren Ungehorsam und erklärte ihre Gründe. „Ich marschiere für unsere Freiheit“, schrieb sie.

Sheyann Webb war neun Jahre alt.

Stunden später war sie wieder zu Hause. Schwer atmend, die Augen brennend von Tränengas. Der Marsch war nicht weit gekommen. Keine Meile vom Versammlungsort an der Brown Chapel AME Church entfernt, an der Edmund-Pettus-Bridge, stellten sich den Bürgerrechtlern rund 150 Sicherheitskräfte in den Weg. Die Polizei gab den Demonstranten zwei Minuten, um sich zu zerstreuen, doch schon eine Minute und fünf Sekunden später[4] griff der Kommandeur zum Megafon und gab den Befehlt „Vorrücken! Treibt sie zurück!“[5] Was folgte, ist unter dem Begriff *Bloody Sunday* in die amerikanische Geschichte eingegangen. „Wir wurden niedergeschlagen. Sie fingen an, uns mit Knüppeln zu malträtieren, uns mit Pferden niederzutrampeln und Tränengas freizusetzen“, erinnerte sich John Lewis, einer der Anführer des Marsches und später langjähriger Kongressabgeordneter.[6] Er glaubte, zu sterben, verlor das Bewusstsein. Demonstranten trugen ihn zurück in die Kirche. 17 Menschen mussten ins Krankenhaus, rund 50 weitere wegen ihrer Verletzungen ärztlich behandelt werden. King, der die Entwicklung aus Atlanta verfolgt hatte, reiste kurz darauf nach Selma, um einen zweiten Marsch anzuführen.[7] Sheyann Webb wiederum kauerte in ihrem Kinderzimmer auf dem Bett, weinte und schrieb ihr Testament.

Zur Bürgerrechtsbewegung war das Mädchen zufällig gekommen. Sie hatte einige Monate vor dem Marsch mit ihrer besten Freundin vor der Brown Chapel AME Church gespielt, als plötzlich einige ungewöhnlich schöne Autos vorfuhren. Als ein Mann in weißem Hemd und schwarzer Krawatte ausstieg, bildete sich sofort eine Menschentraube um ihn. Also wollten auch die Kinder wissen, was dort vor sich ging. „Wisst ihr, wer das ist“, fragte sie einer der Männer, doch Sheyann und ihre Freundin hatten keine Ahnung. „Das ist Dr. Martin Luther King jr.“, erklärte der Mann – und stellte die Mädchen dem Pastor vor.

King unterhielt sich ein bisschen mit Sheyann und ihrer Freundin. Als er sich schließlich umdrehte, um mit seinen Begleitern eine Strategiebesprechung in der Kirche abzuhalten, gingen die Mädchen einfach mit. „Er hat mich sehr beeindruckt“, erinnert sich Webb, heute Webb-Christburg, fast 60 Jahre später an diesen Moment. „Ich hielt ihn sofort für etwas Besonderes.“ Nach der Besprechung rannte sie nach Hause, erzählte ihren Eltern von ihrem Treffen mit King. Doch die waren entsetzt, sorgten sich um die Sicherheit ihrer Tochter. „Sie sagten mir, ich solle mich von diesem Schlamassel fernhalten“, erinnert sich Webb-Christburg. „Es war das erste Mal, dass ich nicht auf sie gehört habe.“

In den folgenden Wochen rannte Sheyann immer wieder zur Kirche, schwänzte die Schule und flunkerte ihre Eltern an – immer in der Hoffnung, wieder auf King zu treffen. So wurde sie noch als Kind Teil der Bürgerrechtsbewegung. Bald hatte King einen Spitznamen für sie: die kleinste Freiheitskämpferin. Beim geplanten Marsch, der an der Edmus-Pettus-Brücke endete, war sie die jüngste Teilnehmerin. Doch die Wochen im Frühjahr 1965 haben ihr Leben für immer geprägt. Nach dem Studium gründete sie ein Mentoren-Programm, das Jugendliche auf den Aktivismus vorbereiten sollte, schrieb ein Kinderbuch über den Marsch von Selma. In ihrem Haus in Montgomery hängt heute ein Ölgemälde, das sie als Kind auf dem Schoß von King zeigt. Das Bild ist einem Foto nachempfunden, das von den beiden existiert. Die junge Sheyann trägt darauf einen weißen Mantel, der Bürgerrechtler einen schwarzen Anzug und eine Blumenkette um den Hals. Beide lächeln knapp an der Kamera vorbei.

Das Bild entstand am 21. März 1965, zwei Wochen nach dem *Bloody Sunday*. An diesem Tag machten sich rund 5000 Demonstranten von der Brown Chapel AME Church erneut auf, um in die Hauptstadt zu marschieren. Doch diesmal schützten Truppen der Bundesregierung den Zug vor den Sicherheitskräften von Alabama, garantierten so ihre sichere Ankunft in Montgomery. Vier Tage später erreichte der Zug die Hauptstadt. Vor dem State Capitol sprach King zu rund 25 000 Demonstranten, die sich dem Protest mittlerweile angeschlossen hatten.[8] „Lasst uns an die Wahlurnen marschieren, bis die Rassisten von der politischen Bühne verschwinden", forderte er.[9]

Die Kundgebung war ein symbolischer Triumph, denn auch in Washington befand sich die Bürgerrechtsbewegung nach quälend langen Kämpfen auf dem Weg zum Erfolg. Die breite Öffentlichkeit war entsetzt von den Bildern aus Selma, verlangte Veränderungen. Das galt auch für US-Präsident Lyndon B. Johnson. Seit er nach der Ermordung von John F. Kennedy zwei Jahre zuvor ins Weiße Haus eingezogen war, hatte der Präsident aus dem Süden daran gearbeitet, der Diskriminierung in den ehemaligen Staaten der Konföderation etwas entgegenzusetzen. Nun drängte er auf Reformen im Wahlrecht. „Es gibt keinen Grund zum Stolz auf das, was in Selma geschehen ist. Es gibt keinen Grund zur Selbstzufriedenheit angesichts der langen Verweigerung gleicher Rechte für Millionen von Amerikanern", so der Texaner vor einer Sondersitzung des Kongresses. „Unser Auftrag ist zugleich der älteste und der grundlegendste dieses Landes: das Unrecht zu korrigieren, Gerechtigkeit zu üben und den Menschen zu dienen."[10] Das zog. Johnson boxte ein weitreichendes Gesetzespaket durch den teils zögerlichen Kongress. Im August unterschrieb er den Voting Rights Act von 1965.[11] Das Gesetz verbot die rassistischen Praktiken, mit denen vor allem im Süden Millionen schwarze Amerikaner seit Jahrzehnten vom Wählen abgehalten worden waren (dazu mehr im Kapitel *Freie Wahl*). In Selma etwa waren vor dem Voting Rights Act gerade einmal 335 der rund 15 000 schwarzen Einwohner als Wähler registriert. Ein halbes Jahr nach der Verabschiedung des Gesetzes war ihre Zahl auf rund 11 000 gestiegen.[12] Auch die Eltern von Sheyann Webb-Christburg ließen sich ins Wählerverzeichnis eintragen. „Das war mein Wunsch zu meinem zehnten Geburtstag", erinnert sie sich. Ein Jahrhundert nach dem Ende des Bürgerkriegs wurde damit ein großer Teil der afroamerikanischen Bevölkerung auch in der Praxis zu dem gemacht, was sie auf dem Papier längst waren: vollwertige Staatsbürger. Und damit frei.

Wer sich den Vereinigten Staaten zugehörig fühlen darf, ist eine seit der Gründung der Nation umstrittene Frage. „Wir halten diese Wahrheiten für selbstverständlich, dass alle Menschen gleich geschaffen sind, dass sie von ihrem Schöpfer mit bestimmten unveräußerlichen Rechten ausgestattet sind, dass zu diesen Rechten Leben, Freiheit und das Streben nach Glück gehören", heißt es in der Unabhängigkeitserklärung, mit der sich der Zweite Kontinentalkongress am 4. Juli 1776 von der britischen Krone lossagte.[13] Doch eingehalten wurde dieses Gleichheitsversprechen über Jahrhunderte nicht. Die Mehrheit der Unterzeichner der Unabhängigkeitserklärung und fast die Hälfte der Delegierten des Verfassungskonvents waren Sklavenhalter, ebenso vier der ersten fünf Präsidenten.[14]

Dass dieser Umstand nicht gut mit den selbsterklärten Idealen des jungen Landes zusammenpasste, war den Gründervätern durchaus bewusst. „Es gibt keinen lebenden Menschen, der sich aufrichtiger als ich wünscht, dass ein Plan für die Abschaffung dieses Systems angenommen wird", schrieb etwa George Washington im Jahr 1786 an einen Freund über die Sklaverei.[15] Doch als Präsident unternahm er nichts, um der Institution Einhalt zu gebieten. Washington selbst hatte seit frühester Jugend versklavte Menschen besessen – die ersten zehn hatte er im Alter von elf Jahren geerbt – und war zeit seines Lebens auf ihre Zwangsarbeit angewiesen, um seine weitläufigen Ländereien zu bestellen. Als er 1799 starb, lebten auf seinem Anwesen Mount Vernon in Virginia 317 Sklaven.[16] Zwar verfügte er in seinem Testament, als Einziger der neun US-Staatsoberhäupter, die Menschen als Eigentum besaßen, dass sie nach seinem Tod befreit werden sollten – allerdings erst nach dem Ableben auch seiner Frau Martha. Die sofortige Freiheit verfügte er nur für einen seiner Sklaven: seinen langjährigen Kammerdiener William Lee, einen Helden aus dem Unabhängigkeitskrieg.[17] „Wie alle anderen Plantagenbesitzer hatte sich auch Washington so sehr an die Sklaverei gewöhnt, dass ihm das Bizarre normal erschien", schreibt Historiker Ron Chernow in seiner Biografie des Staatsmannes.[18] Der englische Essayist Samuel Johnson brachte den inneren Widerspruch der Gründerväter jedoch bereits 1774 auf den Punkt, als der Streit zwischen den Kolonien und dem Mutterland langsam eskalierte: „Wie kann es sein, dass wir die lautesten Rufe nach Freiheit von den Treibern der Schwarzen hören?"[19]

Dieser offene Gegensatz zwischen den selbstgesteckten Idealen der Vereinigten Staaten und ihrer gelebten Realität zerriss das Land schließlich. Während zahlreiche Bundesstaaten im Norden und später dem Nordwesten der USA die Sklaverei in den ersten Jahrzehnten nach der Unabhängigkeitserklärung abschafften[20] und eine weitere Ausbreitung der Institution in neu erworbene Territorien verhindern wollten, gruben sich die Anhänger der bestehenden Ordnung vor allem in den wirtschaftlich auf Zwangsarbeit angewiesenen Südstaaten ein, flankiert von der Elite in Washington. Die Verfassung räumte Sklavenstaaten überproportional viel Macht ein,[21] ließ sie so die politische Kultur des Landes dominieren – zu Lasten der schwarzen Bevölkerung, die in Teilen des Landes nicht als Menschen angesehen wurde, sondern als Besitztümer. 1857 bekräftigte ausgerechnet der Oberste Gerichtshof diese Einschätzung. „Wir sind der Meinung, dass (…) sie nicht unter dem Wort *Bürger* in der Verfassung eingeschlossen sind und auch nicht eingeschlossen werden sollten und dass sie daher keine der Rechte und Privilegien beanspruchen können, die dieses Instrument für die Bürger der Vereinigten Staaten vorsieht und sichert", schrieb Chief Justice Roger B. Taney anlässlich der Klage eines versklavten Mannes, der viele Jahre in einem Staat gelebt hatte, in dem die Sklaverei abgeschafft war und der deshalb seine Freiheit einforderte.[22] Das Urteil besagte: Schwarze gehörten nicht zu den Vereinigten Staaten. Es brauchte einen Bürgerkrieg und die Ratifizierung des 14. Verfassungszusatzes im Jahr 1868, um diese Entscheidung aus dem US-Recht zu tilgen.[23] Seitdem ist amerikanischer Staatsbürger, wer auf dem Territorium der Vereinigten Staaten geboren wurde. Aber bis auf diese rechtliche Regelung auch eine tatsächliche politische Gleichstellung folgte, dauerte es fast weitere 100 Jahre.

Doch die Frage der Zugehörigkeit zu den Vereinigten Staaten stellte sich nicht nur für die schwarze Bevölkerung, deren erste Vertreter bereits 1619 an Bord des Sklavenschiffs White Lion nach Virginia verschleppt worden waren – ein Jahr bevor die englischen Pilgerväter am Plymouth Rock anlegten.[24] Trotz der Versprechen in der Unabhängigkeitserklärung machten die Vereinigten Staaten lange Zeit deutliche Unterschiede zwischen den vermeintlich gleich geschaffenen Menschen innerhalb der Grenzen des Landes. So stand etwa die amerikanische Staatsbürgerschaft zunächst vor allem weißen Menschen offen. Eingebürgert werden konnten erst einmal nur Einwanderer aus Westeuropa, „freie weiße Personen", wie es im Naturalization Act von 1790 heißt.[25] Nach dem amerikanisch-mexikanischen Krieg legte der Vertrag von Guadalupe Hidalgo im Jahr 1848 fest, dass die Bewohner der ehemaligen mexikanischen Territorien, die von den Vereinigten Staaten annektiert worden waren, ebenfalls die US-Staatsbürgerschaft erhalten sollten.[26] Spätestens seitdem machen Menschen hispanischer Abstammung einen signifikanten Teil des amerikanischen Staatsvolks aus. Der 14. Verfassungszusatz und später der Naturalization Act von 1870 etablierten die Staatsbürgerschaft für den schwarzen Bevölkerungsteil, schlossen jedoch Einwanderer aus asiatischen Ländern weiterhin aus.[27] 1882 machten die USA diese Diskriminierung mit der Verabschiedung des Chinese Exclusion Acts explizit. Er blieb bis 1943 in Kraft.[28] Allerdings urteilte der Oberste Gerichtshof 1898, dass Kinder amerikanischer Staatbürger – egal welcher *race* sie angehörten, ebenfalls Staatsbürger sind.[29] Und 1924 verabschiedete der Kongress schließlich den Indian Citizenship Act, der klarstellte, dass Native Americans ebenfalls amerikanische Staatsbürger sind.[30] Bis vor rund 100 Jahren schloss der vermeintliche Schmelztiegel USA noch Menschen aufgrund ihrer *race* von der vollständigen Partizipation aus. Und das Quotensystem für Einwanderer, das lange Zeit Immigranten aus Europa bevorzugt hatte, fiel erst 1968.[31]

Das Erbe dieser Diskriminierung ist bis heute zu spüren. „Die Geschichte des Aufstiegs dieses Landes von einer hungernden Kolonie zu einer Weltsupermacht kann nicht ohne die zentrale Bedeutung der *race* erzählt werden", so die Autorin Heather McGhee.[32] Die *race* eines Amerikaners bestimmt nicht sein ganzes Leben, doch die statistischen Unterschiede zwischen den Bevölkerungsgruppen sind frappierend. Einige Beispiele: Weiße etwa leben durchschnittlich sechs Jahre länger als Schwarze.[33] Das Risiko einer schwarzen Frau, an Komplikationen nach einer Geburt zu sterben, ist mehr als dreimal so hoch wie das einer weißen. Die Säuglingsmortalität für schwarze Babys ist ebenfalls mehr als doppelt so hoch wie die von weißen.[34]

Auch der Staat behandelt die *races* unterschiedlich. Schwarze männliche Straftäter werden zu fast 20 Prozent längeren Haftstrafen verurteilt als weiße Männer, die wegen vergleichbarer Vergehen für schuldig befunden werden.[35] Die Wahrscheinlichkeit im Gefängnis zu sitzen ist für Afroamerikaner fast sechsmal höher als für weiße – und für Hispanics mehr als dreimal so hoch.[36] Schwarze Männer werden 2,5-mal so häufig von der Polizei getötet wie ihre weißen Geschlechtsgenossen.[37] Sogar die Steuerbehörde IRS musste einräumen, dass die Steuererklärungen von Schwarzen dreimal so häufig genauer geprüft werden als die anderer Steuerzahler.[38] Und während das durchschnittliche Vermögen eines weißen Haushalts im Jahr 2019 rund 190 000 Dollar betrug, waren es für hispanische Haushalte nur rund 36 000 Dollar. Und für schwarze nur rund 24 000 Dollar.[39]

Angesichts dieser Disparitäten ist es auch fast 250 Jahre nach der Unabhängigkeit der Vereinigten Staaten kaum möglich, die Ambitionen der Gründerväter annähernd als erfüllt anzusehen. Denn echte Freiheit ist nur möglich, wenn alle Amerikaner eine realistische Chance haben, am Reichtum der Nation teilzuhaben und ein selbstbestimmtes Leben zu führen. Das wussten auch die Anführer der Bürgerrechtsbewegung. „Ich habe den Traum, dass sich diese Nation eines Tages erhebt und die wahre Bedeutung ihres Glaubensbekenntnisses verwirklicht: Wir halten diese Wahrheiten für selbstverständlich, dass alle Menschen gleich geschaffen sind“, so Martin Luther King jr. in seiner „I Have a Dream“-Rede vor dem Lincoln Memorial.[40] Doch auch heute ist das Land davon noch weit entfernt. Daran erinnerten zuletzt die landesweiten Proteste nach der Ermordung von George Floyd im

Mai 2020 durch einen weißen Polizisten in Minneapolis, Minnesota. Denn der Tod des 46-Jährigen führte der Welt einmal mehr vor Augen, wie ungleich die Macht in den USA immer noch verteilt ist. Und dass vor allem die Angehörigen von Minderheiten die Leidtragenden dieser Situation sind.

Das heißt nicht, dass sich nichts verändert hätte. „Die Verabschiedung des Voting Rights Acts war ein Grund zu feiern, doch der Kampf war nicht vorbei", sagt Sheyann Webb-Christburg. Viele Afroamerikaner im Süden hätten zunächst Angst gehabt, von ihrem Wahlrecht Gebrauch zu machen. Erst mit der Zeit fassten sie Vertrauen. Dass sie es nach ihren Erfahrungen am *Bloody Sunday* erleben würde, dass mit Barack Obama ein schwarzer Mann ins Weiße Haus einzieht, hätte sie lange Zeit nicht für möglich gehalten. Die Dinge entwickeln sich also. „Sogar Montgomery hat mittlerweile einen schwarzen Bürgermeister", sagt sie. Doch das heißt nicht, dass es immer aufwärtsgeht. Dass auf Obama ausgerechnet Donald Trump folgte, ist aus ihrer Sicht dafür ein Beispiel. „Der Hass und Rassismus kamen plötzlich an die Oberfläche zurück", so Webb-Christburg. Der Bogen des moralischen Universums mag lang sein und sich zur Gerechtigkeit neigen, wie King einmal sagte.[41] Doch wie lang er wirklich ist, lässt sich schwer abschätzen. Denn Rückschläge hat es immer wieder gegeben.

Am 1. Juni 1921 um 5.08 Uhr morgens hallte plötzlich ein gellender Pfiff durch die Straßen des Greenwood Districts von Tulsa, Oklahoma.[42] Es war noch dunkel, die Sonne würde erst eine Stunde später aufgehen. Trotzdem hörten viele Bewohner des kleinen Stadtteils den schrillen Ton. Und sie wussten, was er bedeutete. „Dies schien ein Signal für einen konzertierten Angriff der Weißen zu sein", erinnerte sich der Lehrer T. A. West. Plötzlich wurde in den Straßen des Viertels geschossen, sechs Flugzeuge flogen dicht über die Häuser hinweg.[43] Es war der

Auftakt zum tödlichsten *race*-Massaker in der amerikanischen Geschichte.

Tausende bewaffnete weiße Männer, Frauen und Teenager fielen über den Stadtteil her. Manche von ihnen trugen ihre Armeeuniformen aus dem Ersten Weltkrieg, rund 50 arbeiteten für die Polizei, andere für die Nationalgarde.[44] Sie zogen durch die Straßen des Bezirks, plünderten Geschäfte, brannten Häuser nieder. Der Mob wütete über Stunden, ermordete bis zu 300 Menschen, ließ rund 8000 obdachlos zurück.[45] Erst Stunden später konnten Sicherheitskräfte die Ordnung wieder herstellen. Doch für den District kam die Hilfe zu spät. Greenwood lag in Trümmern.

Was war geschehen? Zwei Tage vor dem Massaker hatte eine weiße Fahrstuhlführerin einen schwarzen Teenager beschuldigt, sie am Arm gepackt zu haben. Schon damals gab es erhebliche Zweifel an ihrem Vorwurf, doch das änderte nichts an dessen Sprengkraft. Die Geschichte „setzte Tulsa in Flammen", schrieb die schwarze Wochenzeitung *The Black Dispatch*.[46] Am nächsten Tag holte die Polizei den jungen Mann ab, sperrte ihn ein. Schnell verbreitete sich die Nachricht in der Stadt. „Negro verhaftet, weil er ein Mädchen in einem Aufzug angegriffen hat", titelte die *Tulsa Tribune* in ihrer Mittagsausgabe.[47]

Im segregierten Süden des frühen 20. Jahrhunderts war eine solche Schlagzeile hoch gefährlich. Es war die Hochphase des zweiten Ku-Klux-Klans. Die rassistische Organisation hatte in den 1920ern rund vier Millionen Mitglieder[48] – und sie versteckte sich nicht. 1925 etwa marschierten rund 30 000 Klansmen in Roben durch Washington, DC.[49] Für mehrere Jahre unterhielt die Organisation ihr Hauptquartier gut 20 Fußminuten vom Kapitol entfernt.[50] Der Klan war auch ein politischer Machtfaktor, kontrollierte zeitweise elf Gouverneure und 15 Senatoren. Auch William B. Pine, von der (weißen) Bevölkerung von Oklahoma in die obere Kongresskammer entsendet, soll ein Klansman gewesen sein.[51] In Missouri stellte auch der Kleinwarenhändler Harry S. Truman einen Aufnahmeantrag. Allerdings zog der spätere US-Präsident ihn bald wieder zurück.[52]

Für ethnische und religiöse Minderheiten war die Organisation jedoch keine politische Maschine, sondern eine Terrororganisation. Der Klan wird für zahlreiche rassistisch motivierte Lynchmorde verantwortlich gemacht, die damals vor allem im Süden der Vereinigten Staaten mit trauriger Regelmäßigkeit verübt wurden.[53] Allein 1921 töteten Lynchmobs 59 Schwarze.[54] Auch in Oklahoma wurden solche rassistischen Morde verübt. Im Sommer 1920 etwa entführten drei Männer den 19-jährigen Schwarzen Claude Chandler aus dem Landkreisgefängnis in Oklahoma City. Draußen wartete bereits ein aus rund 30 Personen bestehender Mob. Sie fuhren Chandler einige Meilen nach Westen, fesselten ihn an Armen und Beinen, legten eine Schlinge um seinen Hals und hängten ihn am Ast einer Ulme auf. Als der junge Mann bereits tot war, schossen sie ihm noch zwei Kugeln in den Kopf.[55]

Entsprechend groß war die Sorge ein Jahr später in Greenwood, dass auch der von der Fahrstuhlführerin beschuldigte Teenager die Nacht nicht überleben würde. Am Abend versammelte sich eine große Menschengruppe vor dem Gerichtsgebäude, überwiegend aus weißen Männern bestehend, aber auch aus einigen bewaffneten Schwarzen, die den jungen Mann beschützen wollten. Es kam zu einem Handgemenge, ein Schuss löste sich. Plötzlich flogen Kugeln aus allen Richtungen. Es gab Verletzte. In den nächsten Stunden herrschte Chaos in der Stadt. Die Afroamerikaner zogen sich nach Greenwood zurück, doch jetzt formierte sich der weiße Mob. Waffen wurden verteilt, Stellungen bezogen. Dann begann der organisierte Angriff auf das Viertel.[56]

Doch die Zerstörung von Greenwood stand für mehr als die enthemmte Gewalt eines aufgeputschten Lynchmobs. Der Stadtteil hatte für die schwarze Bevölkerung des Südens eine besondere Bedeutung. Der Ölboom, der Tusla zu Beginn des 20. Jahrhunderts zu einer reichen Stadt gemacht hatte, machte auch vor Greenwood nicht halt. Das Viertel galt als eine der wohlhabendsten schwarzen Gemeinden in den USA.[57] Booker T. Washington verpasste dem Stadtteil den Namen „Black Wall Street".[58] Rund 10 000 Menschen lebten damals in Greenwood – unter ihnen die Nachfahren von Sklaven, aber auch Schwarze, die nach Oklahoma gekommen waren, um trotz der immer noch herrschenden Segregation „den harten rassischen Lebensbedingungen im Alten Süden zu entkommen", wie es in einem Regierungsbericht über das Massaker heißt. „Es war buchstäblich ein Land der Hoffnung, ein Ort, für den es sich zu kämpfen lohnt, ein Ort für einen Neuanfang."[59]

Doch eine wohlhabende afroamerikanische Enklave im segregierten Süden vertrug sich nicht mit den rassistischen Vorstellungen eines großen Teils der weißen Bevölkerung. Dass Greenwood zu etwas wie einem Sehnsuchtsort in den Südstaaten wurde, bedrohte die etablierte Ordnung. „Die weißen Segregationisten in Tulsa wollten nicht, dass die Gemeinde weiter wächst. Und sie waren verärgert über den Reichtum, der sich hier angesammelt hatte", sagt Raymond Doswell, Leiter des Museum Greenwood Rising in Tulsa. Dies sei der eigentliche Hintergrund des Massakers gewesen: die Auslöschung einer prosperierenden schwarzen Gemeinde.

Doswell sitzt in seinem Büro im Greenwood-Rising-Gebäude. Das Museum ist noch sehr neu, wurde erst 2021 eröffnet. Alles hier ist modern. Der Bau, die Art der Präsentation, die Ausstellung. Die wohltätigen Stiftungen von Großkonzernen und Milliardären haben die Sammlung mitfinanziert, nachdem eine offizielle Erinnerung an das Massaker über Jahrzehnte unterdrückt worden war. Es ist eine späte Anerkennung des Unrechts, das hier verübt wurde. Eine Wiedergutmachung allerdings haben die Opfer des Angriffs nie erhalten. Noch Ende 2022 klagten drei Überlebende, alle mehr als 100 Jahre alt, auf Entschädigung. Die Stadt ihrerseits mauerte.

Die Zerstörung von Greenwood fügt sich damit in die strukturelle Benachteiligung ein, der Minderheiten in den Vereinigten Staaten immer noch ausgesetzt sind. Das wohlhabende Viertel hätte Ausgangspunkt sein können für eine schwarze wirtschaftliche Elite in Tusla. „Denken Sie an all das Potenzial und den Reichtum, der von Generation zu Generation hätte weitergegeben werden können", so Regina Goodwin, Abgeordnete im Oklahoma House of Representatives.[60] Doch diese Hoffnung sollte sich nicht erfüllen. Dafür sorgte ein weißer Mob mit tödlicher Gewalt. Mit dem Versprechen auf Leben, Freiheit und das Streben nach Glück, das sich die USA in der Unabhängigkeitserklärung gegeben haben, passt das nicht zusammen.

Doswell warnt allerdings davor, das Greenwood von 1921 zu idealisieren. „Es gibt Stolz auf das, was hier entstanden ist, und Ärger über das, was der Gemeinschaft genommen wurde", sagt er. Trotzdem solle man nicht aus den Augen verlieren, dass Greenwood in seiner damaligen Form auch eine Folge der Segregation gewesen sei. „Die Unternehmen hier konnten florieren und ihr Geld in dieser Gemeinde bündeln, weil sie außerhalb dieser Gemeinschaft nicht willkommen waren", erklärt Doswell. „Greenwood war nicht perfekt, kein Utopia."

Das ist der Bezirk heute auch nicht. Greenwood unterscheidet oberflächlich nicht viel von anderen revitalisierten Vierteln in amerikanischen Innenstädten. Rote Backsteinbauten säumen die Greenwood Avenue, das ehemalige Zentrum der „Black Wall Street". An den Wohlstand der Vergangenheit erinnern gleichwohl nur Schilder und Schriftzüge an Häuserwänden. Es gibt Souvenirshops, Schuhgeschäfte, hippe Restaurants, doch reich ist Greenwood nicht. Das Pro-Kopf-Einkommen ist etwa halb so hoch wie im gesamten Einzugsbereich von Tulsa.[61] Aber immerhin entwickeln sich die Dinge. Im angrenzenden Art District, der bis vor Kurzem noch vor allem von leerstehenden Lagerhäusern geprägt war, locken heute Cafés, Galerien und die Archive der Folklegenden Bob Dylan und Woody Guthrie Besucher an. Auch in Greenwood zieht das Leben wieder ein. Es ist allerdings bereits die zweite Wiedergeburt, die dem Stadtteil gelingen muss.

Denn die Bewohner des Viertels gaben nach dem Massaker nicht auf. Filmaufnahmen aus den Jahren 1925 bis 1928 zeigen ein geschäftiges, blühendes Greenwood und bestätigen von der Tulsa Historical Society gesammelte Daten, aus denen hervorgeht, dass der Stadtteil nur wenige Jahre nach seiner Zerstörung wieder auflebte.[62] „Das schwarze Tulsa ist eine glückliche Stadt", schrieb W. E. B. Du Bois nach einem Besuch in Greenwood 1926. „Sie hat neue Kleider. Sie ist jung, fröhlich und stark. Vor fünf kleinen Jahren wurde sie durch Feuer, Blut und Raub dem Erdboden gleichgemacht. Die Narben sind noch da, aber die Stadt ist frech und lärmend. Sie glaubt an sich selbst. Gott sei Dank ist das schwarze Tulsa hart im Nehmen."[63]

Doch auch diese Renaissance fand ein Ende. Diesmal kam jedoch kein weißer Mob, sondern die Verwaltung. In den 1960ern und 1970ern, nach dem Ende der Segregation, entschloss sich auch Tulsa, einen Autobahnring zu bauen, um die überwiegend von weißen Familien Bewohnten Vororte besser ans Zentrum anzubinden. Die Stadtregierung entschloss sich, die neuen Schnellstraßen durch Greenwood zu bauen – also durch das schwarze Tulsa. Das war kein Zufall. Überall im Land zerstückelten damals neue Autobahnen die städtischen Zentren und die Viertel von Minderheiten und Geringverdienern.[64] Zahlreiche Forscher kommen mittlerweile zu dem Ergebnis, dass der Ausbau der amerikanischen Autobahnen „eine Bürgerrechtsverletzung darstellte, die dazu diente, diskriminierende Muster aus der Jim-Crow-Ära und einige der ursprünglichen *race*-Grenzen in einigen Städten zu formalisieren".[65] Das Beispiel Tulsa passt in dieses Bild. Dass die neuen Schnellstraßen auch das Ende des wirtschaftlichen

Erfolgs von Greenwood bedeuten würden, wurde in Kauf genommen. „Es wird immer noch eine Greenwood Avenue geben, aber es wird eine einsame, vergessene Spur sein, die sich unter den Schatten einer großen Überführung duckt", schrieb die *Tulsa Tribune* bereits 1967.[66] So wurde Greenwood ein zweites Mal demoliert. Und wieder war *race* der entscheidende Faktor dafür, warum eine prosperierende Gemeinde der Zerstörung preisgegeben wurde.

Dass sogar etwas scheinbar so Technisches wie Straßenbau eine *race*-Komponente hat, zeigt, wie tief das Thema in der amerikanischen DNA verwurzelt ist. Zumal die gesellschaftlichen Konflikte, die sich aus der Ungleichbehandlung von Menschen ergeben, weit über das Erbe der Sklaverei hinausgehen. Ausgerechnet in der Einwanderernation USA ist das Thema Zuwanderung traditionell kein leichtes. Schon Mitte des 19. Jahrhunderts organisierte sich Widerstand gegen Neuankömmlinge in der American Party, später als Know-Nothing-Party bekannt. Sie agitierte gegen die massenhafte Einwanderung aus Ländern wie Irland und Deutschland, da diese den Katholizismus ins Land brachte und damit eine vermeintliche Bedrohung für das angelsächsisch-protestantische Erbe des Landes darstellte.[67] Damit war sie durchaus erfolgreich. In den 1850ern stellte die Partei mehrere Kongressabgeordnete, Gouverneure und Senatoren.[68] Ein Know-Nothing, Nathaniel P. Banks, stieg 1856 gar zum Sprecher des Repräsentantenhauses auf.[69] Im selben Jahr nominierte die Partei Ex-Staatsoberhaupt Millard Fillmore als Präsidentschaftskandidat. Er holte landesweit fast 22 Prozent der Stimmen, gewann den Staat Maryland.[70]

Natürlich hatte die Partei Gegner. „Als Nation beginnen wir mit der Erklärung, ‚dass alle Menschen gleich geschaffen sind'. Jetzt heißt es praktisch: ‚Alle Menschen sind gleich geschaffen, außer den Schwarzen.' Wenn die Know-Nothings die Kontrolle übernehmen, wird es heißen: ‚Alle Menschen sind gleich geschaffen, außer den Schwarzen, den Ausländern und den Katholiken'", schrieb der Anwalt Abraham Lincoln 1855 an einen Freund. „Wenn es so weit kommt, würde ich es vorziehen, in ein Land auszuwandern, in dem man nicht vorgibt, die Freiheit zu lieben – nach Russland zum Beispiel, wo der Despotismus rein und ohne die niedere Legierung der Heuchelei genommen werden kann."[71] Das Schicksal blieb ihm erspart. Als Lincoln 1860 zum Präsidenten gewählt wurde, hatten sich die Know-Nothings bereits wieder aufgelöst.

Doch auch wenn die American Party verschwunden war: Der Nativismus blieb. Einwanderungsgesetze schlossen Menschen aufgrund ihrer *race* aus, um die weiße Bevölkerungsmehrheit sicherzustellen. Dass diese Kategorien nicht immer trennscharf waren, bewies das Repräsentantenhaus etwa im Jahr 1912. Da debattierte der Immigrationsausschuss, ob Italiener als „Vollblutkaukasier" angesehen – und damit zur Einbürgerung zugelassen – werden könnten.[72] Manche wollten gar jegliche Immigration unterbinden. Amerika sollte „eine Mauer aus Stahl bauen, eine Mauer so hoch wie der Himmel" gegen den Zustrom von Einwanderern, so Clifford Walker, Gouverneur von Georgia, im Jahr 1924. Die Rede hielt er vor einer Versammlung des Ku-Klux-Klans.[73]

Die Mauer wurde – trotz mancher Versuche – nie vollständig errichtet. Doch wer in die Vereinigten Staaten kommen darf, ist immer noch ein höchst konfliktbeladenes Thema. Die stärkste Supermacht und größte Volkswirtschaft auf dem Planeten hat nach wie vor ein enormes Anziehungspotenzial für Menschen aus aller Welt. Doch der legale Einwanderungsprozess ist beschwerlich. Wer keine Familienangehörigen in oder ein Jobangebot aus den Vereinigten Staaten vorweisen kann, hat kaum eine Chance auf die begehrte Green Card.[74] Damit gelten die USA heute als eines der Länder mit den höchsten Hürden für potenzielle Einwanderer.[75]

Trotzdem kommen natürlich Menschen. Die Grenzschutzbehörde US Customs and Border Protection (CBP) meldete allein im Haushaltsjahr 2022 mehr als 2,76 Millionen illegale Grenzübertritte – ein Rekordwert.[76] Wie viele Menschen ohne gültige Papiere tatsächlich derzeit in den Vereinigten Staaten leben, lässt sich nicht mit Sicherheit sagen. Schätzungen variieren zwischen 10,5 Millionen und zwölf Millionen.[77] Der Großteil von ihnen will vor allem arbeiten und sonst nicht weiter auffallen. Eine Studie des New American Economy Research Fund kam 2021 zu dem Ergebnis, dass fast 97 Prozent der undokumentierten Einwanderer aus Mexiko in den USA einem Job nachgehen – was sie rein rechtlich natürlich nicht dürfen.[78] Abgesehen davon halten sie sich statistisch jedoch höchst vorbildlich an die amerikanischen Regeln. „Im Vergleich zu Einwanderern ohne Papiere werden in den USA geborene Bürger mehr als zweimal häufiger wegen Gewaltverbrechen, 2,5-mal häufiger wegen Drogendelikten und mehr als viermal häufiger wegen Eigentumsdelikten verhaftet", heißt es in einer Auswertung texanischer Festnahmeprotokolle, die das Bundesjustizministerium in den letzten Tagen der Trump-Administration veröffentlichte.[79]

Alvaro „Al" Arreola überrascht das nicht. Der Bürgermeister von Del Rio, einer Grenzstadt im Süden von Texas, sitzt in seinem fensterlosen Büro im kleinen Rathaus der Stadt. Grau durchzieht die dunklen Haare über seiner hohen Stirn. Schwarzer Anzug, goldene Krawatte. Auf seinem Schreibtisch hat er ein kleines Kruzifix aufgestellt, seine linke Hand ziert ein mit Edelsteinen besetzter Goldring – die Insignien eines erfolgreichen Aufsteigers.

Arreola kann gut verstehen, was Menschen über die Grenze in die Vereinigten Staaten treibt. Er selbst ist Einwanderer, wurde in Ciudad Acuña geboren, der mexikanischen Stadt am gegenüberliegenden Ufer des Rio Grande. Seine alleinerziehende

Mutter arbeitete als Dienstmädchen in den Hotels auf der amerikanischen Seite, brachte mit ihrem kargen Gehalt Arreola und seine acht Geschwister durch. 1967 packte sie ihre Kinder ein und zog mit ihnen nach Del Rio – legal, wie der Bürgermeister betont. „Das war natürlich sehr teuer, aber es war noch möglich", erinnert er sich.

Für die Familie bedeutete der Umzug neue Chancen. Aber auch eine neue Herausforderung. „Meine Mutter hat uns eingebläut, nie um etwas zu bitten", sagt Arreola. „Wir haben für alles gearbeitet, was wir haben." Nach dem Highschoolabschluss ging er deshalb nicht aufs College, sondern suchte sich einen Job, um seine Familie zu unterstützen. Nach Stationen in einem Motel und einem Schuhgeschäft fing er schließlich als Putzhilfe bei einem Juwelier an. Heute, mehr als 40 Jahre später, leitet er den Laden und regiert die Stadt, die ihn und seine Familie einmal aufgenommen hat. Amerikanischer kann ein Traum kaum sein.

Arreolas Erfahrung hat auch seinen Blick auf die Zuwanderung geprägt. Dass sich die Neuankömmlinge, die in den vergangenen Jahren durch den Rio Grande wateten, um in den Vereinigten Staaten ein neues Leben beginnen zu können, sonderlich von seiner Mutter unterscheiden, glaubt er nicht. „Die Menschen, die heute kommen, sind auch nicht auf der Suche nach Almosen", sagt er. „Sie wollen arbeiten und für ihre Familien sorgen." Falsch kann er daran grundsätzlich nichts finden. Doch für Del Rio wurde die Sehnsucht der Menschen auf der anderen Seite der Grenze zeitweise zu einem Problem.

Vor nicht allzu langer Zeit galt die Stadt als Hotspot für alle Schwierigkeiten, die mit Grenzübertritten an der Südgrenze in Verbindung gebracht werden. Im Sommer 2022 versuchten nirgendwo sonst mehr Menschen in die USA zu kommen als in der Region um die etwas verschlafene Kleinstadt herum.[80] Das überforderte die Infrastruktur des Ortes, auch wenn die wenigsten der Ankommenden in Del Rio bleiben wollten. Helfer bemühten sich, die Neuankömmlinge schnell bei der Weiterreise zu unterstützen, organisierten Busse nach San Antonio, die nächste Großstadt, von der aus die Migranten ins ganze Land weiterreisen konnten. Getragen wurden solche Initiativen vor allem von Freiwilligen, die bis an ihre Grenzen gingen, um die Hilfen aufrechtzuerhalten. Und natürlich bekam die Bevölkerung der Stadt die Auswirkungen ebenfalls zu spüren. Zeitweise, erinnert sich Bürgermeister Arreola, wurde in den Supermärkten die Milch knapp, weil Familien mit Kindern die Vorräte aufkauften.

All das passierte unter besonderer Beobachtung. Denn Del Rio hatte schon im Jahr zuvor Schlagzeilen gemacht. 2021 campierten hier rund 15 000 Migranten aus Haiti in einem improvisierten Lager unter der International Bridge, weil die Behörden mit dem Bearbeiten ihrer Asylanträge nicht mehr hinterherkamen.[81] Bald darauf schockierten Fotos das Land, auf denen berittene – weiße – Grenzschützer scheinbar Jagd auf unbewaffnete – schwarze – Migranten machten. Kritiker sahen sich durch die Bilder an die Jim-Crow-Ära erinnert.[82] Eine interne Untersuchung kam zu dem Ergebnis, Agenten hätten sich „unprofessionell" verhalten und unnötig Gewalt eingesetzt. Entstanden waren die Fotos im Distrikt Del Rio.[83]

Und natürlich hat die Durchlässigkeit der Grenze zwischen den USA und Mexiko noch andere Auswirkungen. Viele Menschen, die aus Not oder Hoffnung die Vereinigten Staaten erreichen wollen, denen aber kein legaler Weg offensteht, begeben sich in die Obhut professioneller Schleuser – Coyoten genannt. Es ist ein enorm profitables Geschäft. Rund 13 Milliarden Dollar sollen die Schlepper zuletzt jährlich mit illegalen Grenzübertritten verdient haben, zitiert die *New York Times* Ermittlungen des Heimatschutzministeriums. Doch für viele Migranten ist der Preis deutlich höher. Für Frauen und Kinder ist die Gefahr einer Vergewaltigung durch die Schleuser allgegenwärtig. Es gibt Berichte über Folterungen und Verstümmelungen, um mehr Geld aus den Migranten oder ihren Familien herauszupressen.[84] Doch trotz solcher bekannten Horrorgeschichten gehen tausende Menschen jedes Jahr das Risiko ein. Und mit der Nachfrage steigt das Angebot. 2021 klagte die US-Regierung 5046 Menschen wegen des Schmuggelns von Menschen an – ein Anstieg von 23 Prozent im Vergleich zum Vorjahr.[85]

Auch Drogen fließen nach wie vor in die USA. Und zwar in rauen Mengen. Zwar gelingt es amerikanischen Grenzschützern immer wieder, größere Rauschgiftlieferungen an der Grenze zu stoppen – 2022 etwa rund 130 Tonnen an der amerikanischen Südwestgrenze, der größte Teil davon Methamphetamine, aber auch Marihuana, Kokain und zunehmend Fentanyl.[86] Doch das dürfte nur ein Bruchteil dessen sein, was es tatsächlich in die USA schafft. Das hat Konsequenzen im ganzen Land. „Der Handel mit und der Missbrauch von illegalen Drogen fügen Einzelpersonen, Familien und Gemeinden in den Vereinigten Staaten enormen Schaden zu", heißt es in einem Jahresbericht der Regierungsbehörde Drug Enforcement Agency (DEA). „Die Gewalt, die Einschüchterung, der Diebstahl und die Finanzkriminalität, die von transnationalen kriminellen Organisationen, kriminellen Gruppen und gewalttätigen Banden verübt werden, stellen eine erhebliche Bedrohung für unser Land dar."[87] Und nicht zuletzt für das Überleben vieler Amerikaner. Laut Gesundheitsbehörde CDC töteten Überdosen allein 2021 107 622 Menschen in den USA – ein Anstieg um 15 Prozent im Vergleich zum Vorjahr.[88]

Frank Lopez kann seinen Zorn kaum unter Kontrolle halten, wenn er über solche Zahlen spricht. „Wir sind eine Einwanderernation, aber jedes Land hat das Recht, seine Grenzen zu kontrollieren", sagt er. Lopez hat an einem Tisch im Schnellrestaurant International House of Pancakes (IHOP) in Del Rio Platz genommen. Ein buschiger schwarzer Bart umspielt seinen Mund. Das graue Golfhemd spannt ein wenig über seinem Bauch, doch essen oder trinken wird er in der nächsten Stunde nichts. Auch seinen beigen Cowboyhut setzt er keine Sekunde ab.

Die Grenze kennt er gut. Geboren wurde er im ländlichen Teil des Rio Grande Valley, in der Gegend um McAllen, ganz im Süden von Texas. Als er zwölf Jahre alt war, schloss sich sein Vater der Border Patrol an, zog mit der Familie nach El Paso, ganz im Westen des Lone Star States. Lopez ging zunächst zur Army, folgte dann seinem Vater zu den Grenzschützern. Die stationierten ihn in Del Rio. 2018 ging er in den Ruhestand. Doch losgelassen hat ihn das Thema auch während seiner Rente nicht.

Man tut Lopez nicht Unrecht, wenn man ihn in Einwanderungsfragen einen Hardliner nennt. Es dauert im IHOP nicht lange, bis er die Situation an der Grenze als nahezu apokalyptisch beschreibt. Texas erlebe gerade eine „Invasion“, sagt er. Drogen und Menschen überschwemmten das Land, angezogen von aufmunternden Worten aus Washington und korrupten Offiziellen, die vor den Problemen bewusst die Augen verschlössen.

Auch die Lösung ist für Lopez klar: Härte. Jeder Migrant, der illegal die Grenze übertreten hat, müsse sofort abgeschoben werden, findet er. An den Stücken der Mauer, die Ex-Präsident Donald Trump auch außerhalb von Del Rio errichten ließ, stört ihn nur, dass es so wenige sind. Dass der Staat Texas nun einspringt und auf eigene Faust eine Grenzbarriere errichtet, hält Lopez für richtig.

Überhaupt sei es gut, dass Austin nun mehr tue. In den vergangenen Jahren hatte Gouverneur Greg Abbott eine ganze Reihe an Maßnahmen ergriffen, um die Grenze vermeintlich sicherer zu machen. Unter dem Titel *Operation Lone Star*[89] ließ er etwa die Nationalgarde in voller militärischer Montur in gepanzerten Fahrzeugen entlang des Rio Grande patrouillieren und führte zeitweise eigene LKW-Kontrollen ein, um geschmuggelte Drogen und Migranten in Trucks ausfindig zu machen. Zehn Tage lang durchsuchten State Trooper daraufhin bereits vom Grenzschutz abgefertigte Trucks erneut. Drogen oder eingeschmuggelte Menschen fanden sie nicht,[90] dafür sorgten die Inspektionen für Chaos auf den Straßen. Mancher LKW-Fahrer berichtete von Wartezeiten von mehr als 30 Stunden, Obst und Gemüse vergammelten in den Containern. Ein Analyst berechnete, dass die Verzögerungen das amerikanische Bruttoinlandsprodukt um fast neun Milliarden Dollar haben sinken lassen – die Hälfte davon in Texas.[91] Nach Protesten aus der Wirtschaft und Verhandlungen mit mexikanischen Anrainerstaaten brach Abbott sein Experiment ab.

Nicht nur deshalb ist *Operation Lone Star* umstritten. Grenzschutz ist Aufgabe der Bundesregierung in Washington. Texas selbst hat in diesem Bereich kaum eigene Kompetenzen. Trifft die texanische Nationalgarde auf Menschen ohne Aufenthaltsstatus, kann sie nicht viel mehr tun, als diese der Border Patrol zu übergeben. Das martialische Auftreten der Truppen in vollem Kampfanzug ist damit nicht viel mehr als Show.

Lopez macht das wahnsinnig. „Wenn dein Haus brennt, ist es doch egal, wer löscht“, schimpft er. Die Regeln, findet er, müssten geändert werden. Gerne auch mit seiner Hilfe. Bei den Zwischenwahlen 2022 kandidierte Lopez für einen Sitz im Repräsentantenhaus. Er ist der Vorsitzende der GOP in Val Verde County, der Heimat von Del Rio. Seine Partei stellte sich jedoch hinter den amtierenden Kongressabgeordneten – einen eher moderaten Republikaner namens Tony Gonzalez. Lopez trat trotzdem an, holte allerdings keine fünf Prozent der Stimmen.[92] Aufgegeben hat er seinen Traum vom Mandat allerdings noch nicht. Gonzalez hat sich mittlerweile mit der Partei in Texas überworfen. Lopez plant, 2024 erneut anzutreten.

Lopez ist selbst Nachfahre von Migranten. Er spricht mit einem unüberhörbaren spanischen Akzent, hat den größten Teil seines Lebens in von Einwanderung geprägten Gemeinschaften entlang der Grenze zu Mexiko verbracht. Benachteiligt hat er sich deshalb gleichwohl nie gefühlt. Als eine Organisation, die sich gegen die Diskriminierung von Latinos einsetzt, auf ihn zukam, lachte er sie aus dem Raum. „Das hier ist das Land der Freiheit", sagt er. „Ich bin nicht unterdrückt vom bösen weißen Mann." Er habe es weit gebracht, nicht durch auf *race* basierender Bevorzugung am Arbeitsplatz, sondern aufgrund seines Verstandes und harter Arbeit. „Ich bin ein Amerikaner und Texaner wie jeder andere Staatsbürger in diesem Land auch", so Lopez. „Wer etwas anderes behauptet, spaltet nur die Gesellschaft." Auch in seiner eigenen Partei habe er das erlebt. Immer wieder werde er gefragt, was die GOP tun müsse, um mehr hispanische Wähler zu erreichen. Das nervt Lopez. „Ich fühle mich dann wie ein Tier im Zoo", sagt er. „Guck, da ist ein Elefant! Guck, da ist ein Nashorn! Und guck, da ist ein Latino!"

Grundsätzlich gegen Zuwanderung ist der ehemalige Grenzschützer nicht. Doch ihm ist wichtig, dass alles legal abläuft, dass der Prozess eingehalten wird. Sein Blick auf Neuankömmlinge ist ein fundamental anderer als der von Al Arreola. Wo der Bürgermeister Chancen sieht, befürchtet Lopez Gefahren. Für ihn ist jeder Mensch, der ohne ausreichende Prüfung ins Land gelassen wird, ein Risiko für die Sicherheit der Vereinigten Staaten, für die Löhne der Arbeiter im Land und ein Gewinnbringer für die kriminellen Organisationen, die die Menschen über die Grenze bringen. Arreola seinerseits verschließt die Augen vor diesen Faktoren nicht, doch sein Fokus liegt darauf, was eine Abschottung für eine kleine Stadt bedeuten würde. Schon jetzt fällt es den Unternehmen in der Stadt schwer, genügend Arbeitskräfte zu finden. Rund 65 Prozent der täglichen Verkäufe in den Geschäften des Ortes gehen auf Tagesbesucher aus Mexiko zurück, heißt es bei der Chamber of Commerce in Del Rio. Die örtliche Regierung will deshalb mehr Grenzverkehr, nicht weniger. 2022 stimmte etwa der Stadtrat für die Konstruktion einer zweiten Brücke zwischen Del Rio und Acuña.[93] Seit einigen Monaten wird gebaut.

Doch solche Projekte sind die Ausnahme. Rund 1,2 Milliarden Dollar wollte das Weiße Haus 2021 in den physischen Ausbau und Erhalt legaler Grenzübergänge stecken[94] – ein Bruchteil des Budgets der CBP, das bei rund 25 Milliarden Dollar liegt.[95] „Das ist ein langanhaltender Trend", sagt Fernando García. „Wir erleben seit Jahrzehnten eine Militarisierung der Grenze."

García sitzt 425 Meilen westlich von Del Rio im Seitenraum eines einstöckigen Lehmziegelhauses in El Paso, Texas. 1998 schloss er sich hier dem Border Network for Human Rights (BNHR) an, eine Menschenrechtsorganisation, die sich um den Umgang mit Migranten entlang der Grenze kümmert. García kennt das Thema von beiden Seiten. Geboren wurde er in Mexiko, arbeitete zunächst als Journalist, erst in Monterrey, später in Ciudad Juárez, der Stadt auf der gegenüberliegenden Seite der Grenze von El Paso. In den 1990ern wanderte er in die USA ein, zog durch die Migrantenviertel des Landes, um ihre Geschichten über Rassismus und Diskriminierung zu sammeln. „Ich habe in Phoenix, Chicago, Pennsylvania und Houston gelebt", erinnert er sich. „Die Berichte waren immer ähnlich." García fand das beschämend. Schließlich seien die Vereinigten Staaten von Migranten aufgebaut worden. Dies unterscheide das Land von Nationen in Europa oder Südamerika – und habe auch die Werte der USA nachhaltig geprägt. Trotzdem sei Benachteiligung allgegenwärtig. „Das ist doch paradox", sagt er. Schließlich seien die Werte Freiheit und Offenheit für Zuwanderer von Anfang an Teil des amerikanischen Experiments gewesen.

Wenn er auf seine Zeit als Aktivist zurückschaut, dann hat er nicht den Eindruck, dass die Dinge besser geworden sind. Der Grenzschutz trete mittlerweile auf wie eine paramilitärische Organisation, sagt er, verängstige durch die Art seiner Präsenz auch den Teil der Bevölkerung, der völlig legal entlang der Grenze lebt. Der Ausbau der Barrieren zwischen den Ländern habe die ehemals eng vernetzten Gemeinden auf beiden Seiten der Grenze voneinander getrennt.

Dass sich die Begründungen für die zunehmende Härte an der Grenze in den vergangenen Jahren verändert hätten, stimmt García ebenfalls argwöhnisch. Präsidenten wie Richard Nixon und Ronald Reagan forderten strengere Kontrollen, um dem florierenden Drogenhandel Einhalt zu gebieten.[96] Doch nach dem 11. September 2001 änderte sich das. George W. Bush stellte den Schutz der Bevölkerung vor Terrorismus ins Zentrum der Mission der Border Patrol. Dort ist er seitdem geblieben. Tatsächlich griffen die US-Börden an Grenzübergängen im Haushaltsjahr 2022 98 Menschen an der Südgrenze auf, deren Namen sich auf der Terrorwarnliste der Vereinigten Staaten finden.[97] Konkrete islamistische Anschlagsziele von Migranten haben die US-Behörden jedoch bislang nur zwei öffentlich gemacht. Beide Verdächtigen kamen über die deutlich weniger geschützte Nordgrenze ins Land.[98] Checkpoints der Border Patrol einige Meilen hinter den Grenzübergängen befinden sich ganz überwiegend im Südwesten des Landes.[99] Auch die Behauptung, die Neuankömmlinge würden die Sicherheit in der Grenzregion gefährden, hält García für vorgeschoben. Die Kriminalitätsrate in El Paso ist eine der niedrigsten des Landes. Auch andere Städte aus Grenzstaaten wie Texas, Arizona und Kalifornien stehen weit oben auf der entsprechenden Liste.[100]

All das bringt García zu der Schlussfolgerung, dass es bei der Abschottung gegen Neuankömmlinge eigentlich um etwas anderes geht als um vermeintliche Probleme durch Zuwanderung. „Ein großer Teil – nicht die Mehrheit, aber viele – in den USA will die weiße Bevölkerungsmehrheit im Land erhalten", sagt er. Viel Zeit bleibt ihnen dafür nicht. Laut Auswertungen von Zensusdaten dürften weiße Amerikaner um 2044 ihren Status als Mehrheit verlieren. Dafür sorgen höhere Geburtenraten unter Hispanics und Schwarzen und eben Zuwanderung.[101] Dieses Szenario, glaubt García, sorge für die inszenierte Härte, die bewusste Dämonisierung von Zuwanderern, die etwa Donald Trump ins Weiße Haus gespült hat. „Es geht nicht wirklich um die Migranten“, so der Menschenrechtler. „Es geht um uns Amerikaner – und wie wir Freiheit in unserem Land definieren wollen.“

Um dieser Härte etwas entgegenzusetzen, hat García sich ein ganz besonderes Instrument ausgesucht: die Verfassung. Eine der wichtigsten Aufgaben seiner Organisation sei es, Menschen in der Grenzregion auf die Rechte hinzuweisen, die in der Bill of Rights dem Gründungsdokument der Vereinigten Staaten hinzugefügt und durch die Gerichte erweitert wurden. Das Recht auf Meinungsfreiheit, auf die Unverletzlichkeit der Wohnung, auf einen fairen Prozess. Und dass man etwa auf die Frage nach der Staatsangehörigkeit oder dem Aufenthaltsstatus durch staatliche Bedienstete nicht antworten müsse. „Das sind auch unsere Rechte“, sagt García. Und so schützt ausgerechnet ein maßgeblich von Sklavenhaltern geschriebenes Dokument auch die Freiheit der Menschen, die sich wohl die wenigsten der Gründerväter einmal als Teil der Vereinigten Staaten hätten vorstellen können. Auch das ist das Paradox der amerikanischen Freiheit.

Freier Körper

Die Schöpfung hat es gut gemeint mit Grant County im Nordosten des Bundesstaats West Virginia. Der Landkreis ist mit spektakulärer Natur gesegnet. Die zerklüfteten Felsen und dichten Wälder des Monongahela National Forest laden zum Wandern ein, malerische Wasserfälle und Bergpanoramen locken Besucher zum Verweilen. Menschen hingegen sind hier die Ausnahme. Nur etwa 11 000 Einwohner hat der ländlich geprägte Landkreis. Die Hauptstadt Petersburg würde in Deutschland wohl noch als großes Dorf durchgehen. Selbst für die Verhältnisse im ohnehin bevölkerungsarmen West Virginia sticht Grant County damit heraus. Nur sechs der 55 Counties im Mountain State sind noch spärlicher besiedelt.[1]

Als sich im Frühjahr 2020 ein neuartiges Virus namens COVID-19 in den USA verbreitete, befand sich Grant County damit in einer guten Ausgangslage. Social Distancing war hier angesichts der wenigen Bewohner und langen Wege ohnehin an der Tagesordnung. Das hielt die Infektionszahlen zunächst niedrig. Eine spezielle COVID-Station, die das Krankenhaus des Landkreises früh in der Pandemie eingerichtet hatte, wurde nach wenigen Monaten wieder aufgelöst. Mangels Patienten. Dabei hielt die Bevölkerung die damals üblichen Vorsichtsmaßnahmen nicht sonderlich streng ein. Im Herbst 2020 waren Masken in Petersburg die Ausnahme. Und auch die Kulturtechnik des beherzten Händedrucks hatte überlebt. Als im Sommer des ersten Pandemiejahres eine große Infektionswelle über die Vereinigten Staaten rollte, gingen die Zahlen zwar auch in Grant County leicht in die Höhe, doch insgesamt kam der Landkreis gut durch die frühe Phase des Virus. Der erste bestätigte Todesfall durch COVID-19 wurde erst am 12. August festgestellt.[2]

Dann ging es abwärts.

Drei Jahre nach dem Ausbruch der Pandemie fällt die Bilanz von Grant County niederschmetternd aus. Die Delta- und Omikron-Varianten wüteten besonders stark in der Region. Gemessen an der Bevölkerungsgröße hatte West Virginia die zweithöchste Sterberate des Landes zu beklagen.[3] Eine traurige Platzierung, an der der Landkreis im Nordosten des Staates seinen Anteil hat. Grant County zeichnete sich trotz seiner spärlichen Besiedelung durch die vierthöchste Infektionsrate des Mountain State aus. Auch was den Anteil der Todesfälle an der Bevölkerung angeht, landete der Landkreis klar im oberen Drittel der Tabelle.[4] Wie konnte es so weit kommen?

Ein Blick auf die Immunisierungsdaten der Region könnte helfen, das Rätsel zu lösen. Denn als im Frühjahr 2021 die neuen mRNA-Impfstoffe gegen das Virus ausgeliefert wurden, hielt sich die Begeisterung in Grant County zurück. Die Kampagnen der Regierungen in Washington und West Virginias Hauptstadt Charleston verfingen im Landkreis nicht gerade gut. Bis heute ist die Immunisierungsquote in der Region äußerst niedrig. Weniger als die Hälfte der Bewohner des Landkreises gilt als vollständig gegen COVID-19 geimpft.[5] Zum Vergleich: In den USA insgesamt haben fast 70 Prozent der Bevölkerung die vollständige Immunisierung erhalten. Sogar in West Virginia insgesamt sind es fast 60 Prozent.[6] Laut Gesundheitsbehörde CDC ist das Sterberisiko durch eine Coronainfektion für Ungeimpfte 14-mal höher als für Menschen, die komplett immunisiert wurden.[7] Da liegt der Verdacht nahe, dass die Vakzinzurückhaltung und die hohe Todesrate im Landkreis ein Stück weit miteinander zusammenhängen.

Als im Herbst 2020 Wirksamkeit der ersten Impfstoffe gegen COVID-19 bekanntgegeben wurde, atmeten die Vereinigten Staaten auf. Nach Monaten erratischen Regierungshandelns gaben die neuartigen Vakzine einem großen Teil des Landes die Hoffnung, dass die Pandemie bald der Vergangenheit angehören würde. Die abgewählte Trump-Administration hatte Milliarden in die Entwicklung und Herstellung der Impfstoffe gepumpt und ihre Produktion damit signifikant beschleunigt.[8] Die Biden-Administration, die im Januar 2021 die Amtsgeschäfte aufnahm, führte die Arbeit fort und entwarf eine höchst erfolgreiche Impfstrategie, mit der es gelang, die Hälfte der US-Bevölkerung in sechs Monaten zu immunisieren.[9] Doch dann begannen die Probleme.

Das Aufkommen der Delta-Variante im Sommer 2021 bremste das Gefühl der Befreiung. Masken kehrten vielerorts in den Alltag zurück, die Schutzmaßnahmen wurden wieder verschärft. Die zunehmende Politisierung der Impfkampagne tat ihr Übriges. Anstatt in der Entwicklung und Verabreichung der Vakzine den überparteilichen Erfolg zweier Präsidenten zu sehen, wendeten sich vor allem Republikaner zunehmend von den Impfstoffen ab. Eine Studie der Kaiser Family Foundation zeigt, wann das blaue und das rote Amerika begannen, sich bei diesem Thema voneinander zu entfernen. In den ersten Monaten des Jahres 2021 war die Impfquote demnach in Landkreisen, die bei der Präsidentschaftswahl 2020 mehrheitlich für Trump gestimmt hatten, vergleichbar hoch wie in denen, die Biden gewonnen hatte. Doch bereits im April begannen die Kurven, sich voneinander zu entfernen, zunächst langsam, dann immer schneller. Im Januar 2022, ein Jahr nach dem Start der Impfkampagne, lag die Immunisierungsquote in Biden-Landkreisen dann bei 65 Prozent – und damit 13 Prozentpunkte höher als in Trump Country. „Nicht nur, dass die COVID-19-Impfung entlang der Parteigrenzen geteilt ist, unsere Umfragen haben auch ergeben, dass die politische Parteizugehörigkeit ein stärkerer nationaler Indikator für die Impfung ist als andere demographische Faktoren“, schrieben die Forscher.[10] Soll heißen: Kein anderes persönliches Merkmal lässt bessere Rückschlüsse auf den Impfstatus einer Person zu als ihre Parteizugehörigkeit.

Die Gründe für diese Entwicklung sind vielfältig. So kamen Untersuchungen zu dem Ergebnis, dass konservative Medien Vorbehalte gegen die Impfstoffe geschürt und diese an ihre Zuschauer weitergegeben hätten.[11] Andere Studien nahmen die politische Führung in die Pflicht. So erklärten ungeimpfte Republikaner eine höhere Bereitschaft zur Immunisierung, nachdem sie Botschaften prominenter Parteifreunde gesehen hatten, die sie zur Immunisierung aufgefordert hatten.[12] Doch auch dieser Effekt hatte seine Grenzen. Nachdem Ex-Präsident Donald Trump, der wohl prominenteste Republikaner des Landes, im Dezember 2021 auf einer Bühne erklärte, er habe seinen Booster bekommen, wurde er von seinem Publikum ausgebuht.[13]

Das zeigt, wie tief die Vorbehalte gegen die Impfstoffe in Teilen der Bevölkerung verankert sind. Und es gibt ja auch durchaus Gründe zur Zurückhaltung, die über parteipolitische Positionierungen hinausgehen. Die Staatsskepsis ist in den USA traditionell hoch. Laut OECD vertrauen weniger als ein Drittel der Amerikaner ihrer Regierung. In Deutschland sind es fast doppelt so viele.[14] Das macht es einer Administration schwer, Bedenken bei einem so sensiblen Thema wie Impfungen zu zerstreuen. Schließlich geht es den Betroffenen um ihre körperliche Unversehrtheit. Und damit um ihre Freiheit.

Wie nah der Staat seinen Bürgern kommen darf, ist in den vergangenen Jahren zu einem zentralen Thema der USA geworden. Die Pandemie hat einen Graben zwischen den Menschen aufgerissen, die eine Impfung oder auch nur das Tragen einer Maske für einen ungerechtfertigten Eingriff in ihre körperliche Autonomie halten, und denen, die solche Maßnahmen für notwendig erachten, um größeren Schaden von verwundbaren Gruppen und der Gesellschaft insgesamt abzuwenden.

Teils nahm der Konflikt absurde Züge an. In Florida etwa sprach sich Gouverneur Ron DeSantis nicht nur gegen eine staatliche Impfpflicht aus, er untersagte auch den Privatunternehmen, von ihren Mitarbeiten eine Immunisierung zu verlangen – ein direkter Eingriff in die Unternehmensfreiheit.[15] Doch DeSantis ging weiter, positionierte sich als Kämpfer gegen COVID-Einschränkungen und Vorsichtsmaßnahmen. Das ging so weit, dass er im Frühjahr 2022 eine Gruppe Schüler anherrschte, die sich dazu entschlossen hatte, Masken zu tragen. „Lächerlich" sei das, so der Republikaner.[16] Vorsichtigere Floridianer waren entrüstet – doch politisch zahlte sich die Pose für DeSantis aus. Im Herbst wurde er mit überwältigender Mehrheit wiedergewählt. Auch wegen seiner Haltung zu den Pandemiemaßnahmen.

Doch der Konflikt um die Rolle des Staates für die Körper seiner Bürger geht weit über COVID-19 hinaus. Seit der Oberste Gerichtshof im Sommer 2022 das landesweite Recht auf Abtreibung kassierte, hat das Thema körperlicher Autonomie eine weitere, explosive Dimension bekommen. Fast 50 Jahre lang waren überall in den USA Schwangerschaftsabbrüche bis zur Lebensfähigkeit des Embryos legal, also zuletzt bis zur 23. oder 24. Woche. Seit dem Sommer 2022 entscheiden jedoch wieder die einzelnen Bundesstaaten, ob und bis wann Abtreibungen rechtskonform durchgeführt werden dürfen. Ein Jahr nach dem Urteil war die Prozedur bereits in 13 Bundesstaaten verboten, vor allem im konservativen Süden. Teils sind nicht einmal Ausnahmen für Opfer von Vergewaltigung und Inzest oder für Frauen vorgesehen, deren Leben durch die Schwangerschaft gefährdet ist.[17]

Die Entscheidung hat landesweit Proteste hervorgerufen – und einen gesellschaftlichen Großkonflikt ausgelöst. Bei den Zwischenwahlen im Herbst 2022 schnitten die Demokraten auch deshalb überraschend gut ab, weil sich die Partei als Verteidiger des Rechts auf Abtreibung präsentierte. Mehr als 60 Prozent der Amerikaner wollen, dass Schwangerschaftsabbrüche in allen oder den meisten Fällen legal sind.[18] Sie sehen in den harschen Gesetzen in Teilen des Landes einen Ausweis eines übergriffigen Staates, der sich in die privatesten Belange von Frauen einmischt – einen eklatanten Verstoß gegen die persönliche Freiheit. Eine einflussreiche Minderheit hingegen hält Abtreibung für Mord – und den Staat in der Pflicht, ungeborenes Leben zu schützen. Wie schon beim Thema Impfung stoßen hier Überzeugungen aufeinander, die sich nicht leicht miteinander in Einklang bringen lassen.

Das Funkgerät auf dem Armaturenbrett knarzt, als Steven Durst langsam die Straße zu seinem Haus hinauffährt. „Hallo Matt. Bist du in Ordnung?", fragt der Mittsiebziger ins Walkie-Talkie. „Ja, Dad", antwortet eine tiefe Stimme aus dem Lautsprecher. „Alles klar, Buddy", sagt Durst. „Wir sind gleich da."

Durst muss immer erreichbar sein, wenn er auf eine Tour durch seine Heimatstadt Bayard fährt. Der pensionierte Bergmann ist der Bürgermeister des kleinen Ortes ganz im Norden von Grant County. Doch sein wichtigster Job wartet zu Hause. Dort verbringt sein Sohn Matthew seine Tage.

Vor fast 25 Jahren hatte Matthew einen schweren Autounfall. Seitdem ist für ihn nichts mehr so, wie es war. Er trug eine schwere körperliche und geistige Behinderung davon, ist auf ständige Betreuung angewiesen. Durst pflegt seinen Sohn, so gut er das in seinem Alter noch kann. Die beiden teilen sich ein verwinkeltes Holzhaus in Bayard, Matthews Mutter hat die Familie verlassen. Durst arbeitet deshalb, so gut es geht, von zu Hause aus. Doch als Bürgermeister muss er gelegentlich auch in anderen Teilen der Stadt nach dem Rechten sehen.

Obwohl: Stadt ist vielleicht ein zu großes Wort. Gerade einmal 241 Menschen wohnen hier noch,[19] überwiegend ältere Leute, die entweder schon seit vielen Jahren in dem Örtchen leben oder für den Ruhestand hergezogen sind. Die Armutsquote liegt bei rund 30 Prozent, das mittlere Haushaltseinkommen beträgt weniger als die Hälfte des USA-weiten Werts. „Früher kamen die Menschen zum Arbeiten hierher", sagt Durst. „Heute suchen sie billigen Wohnraum."

Wie Durst ist auch Bayard in die Jahre gekommen. Von den meisten Häusern blättert die Farbe, die Straßen sind von Schlaglöchern durchzogen. Auf vielen Grundstücken wehen Flaggen: Stars and Stripes, Trump for President, Stars and Bars. Der Bürgermeister passt ganz gut in seine Heimat. Seit mehr als vier Jahrzehnten lenkt er bereits die Geschicke der Stadt, doch wie ein Würdenträger tritt er nicht auf. Weites löcheriges T-Shirt, Jeans-Shorts, Turnschuhe. Mit der Einwohnerzahl sind in den vergangenen Jahren auch seine Aufgaben geschrumpft. Viel Geld hat er nicht zu verteilen. Die beiden Polizisten des Orts arbeiten ehrenamtlich, die Gefängniszellen des kleinen Rathauses dienen mittlerweile als Lagerräume. Früher habe er noch Missetäter eigenhändig verknackt, wenn sie etwas ausgefressen hätten, erzählt Durst. Heute geht das nicht mehr. „Wir müssten hier eine Wachperson haben. Das können wir nicht bezahlen“, sagt er. Auch ins Landkreisgefängnis weist er niemanden ein. Das kostet 75 Dollar pro Nacht – zu viel für die Stadtkasse.

Immerhin: Bayard ist noch da. Es gibt eine Kirche, ein Postamt und sogar einen kleinen Laden. Andere Städte in der Region haben hingegen längst aufgegeben. Nach dem Bürgerkrieg gründeten Eisenbahnbarone hier in der Region eine ganze Reihe von Orten, um die Metropolen der Ostküste und des Mittleren Westens miteinander zu verbinden. Doch seit dem Abstieg der Kohleindustrie in den Appalachen haben viele der Siedlungen sich einfach aufgelöst. Arbeitsplätze gibt es kaum noch. Und auch sonst wirkt es nicht so, als würde hier viel für die Zukunft geplant. Die letzte Schule in Bayard hat schon vor vielen Jahren geschlossen. Auf ihrem ehemaligen Grundstück steht heute ein Denkmal für die Veteranen der amerikanischen Kriege – eines von Dursts Herzensanliegen. „Wenn jemand von hier wegzieht und weiß, dass wir noch seines Großvaters gedenken, dann spendet er womöglich einmal etwas für die Gemeinde“, erklärt er.

Müsste man am Reißbrett einen Ort entwerfen, in dem es Impfkampagnen schwer haben dürften: Das Ergebnis sähe Bayard wohl sehr ähnlich. Wer hier wohnt, erwartet nicht viel vom Staat – und bringt Autoritäten in der Regel ohnehin eine gehörige Portion Skepsis entgegen. Politisch ist der Ort wie der ganze Landkreis nicht nur eine Hochburg der Republikaner – er ist eine Festung. Als Donald Trump 2016 das erste Mal für die Präsidentschaft kandidierte, erzielte er in West Virginia sein bestes Wahlergebnis.[20] Und prozentual die meisten Stimmen holte er in Grant County: mehr als 87 Prozent.[21] Vier Jahre später baute er seinen Triumph gar noch aus.[22]

Auch in Bayard räumte der Ex-Präsident ab, erreichte 2020 fast 90 Prozent im Stimmbezirk. Schon vier Jahre zuvor hatte er hier stark abgeschnitten, holte 104 der knapp über 120 abgegebenen Stimmen im Wahllokal der Stadt. Für seine Rivalin Hillary Clinton machten gerade einmal 18 Bewohner ihr Kreuz.[23] Bürgermeister Dursts Kandidat fehlt in dieser Aufstellung. Zwar ist auch er ein lebenslanger Republikaner, doch mit Trump konnte er nie etwas anfangen. Deshalb schrieb er damals den Namen von John Kasich auf seinen Stimmzettel, seinerzeit Gouverneur von Ohio – ein Konservativer der alten Schule.

Durst hatte Gründe für seinen kleinen Akt der Rebellion: Trumps Persönlichkeit schreckte ihn ab. Aber auch die Gesundheitspolitik des Kandidaten hielt er für fehlgeleitet. Dass Trump die Krankenversicherungsreform seines Vorgängers Barack Obama rückgängig machen wollte, die bis 2022 mehr als 35 Millionen Menschen Zugang zu Krankenkassen ermöglicht hatte,[24] fand der Kleinstadtbürgermeister höchst gefährlich. Er selbst ist auf Obamacare nicht angewiesen, verfügt als pensionierter Bergmann über eine hervorragende Krankenversicherung, wie er sagt. Doch dass der Zugang zu medizinischer Versorgung für andere schlechter sein soll, hält er für ungerecht – auch wegen seiner Erfahrung als Pflegekraft für Matthew.

Alles, was Durst tut, ordnet er den Bedürfnissen seines 45-jährigen Sohnes unter. Deshalb hat er das Funkgerät immer dabei, wenn er das Haus verlässt. Matthew sucht oft den Kontakt zu seinem Vater. Alle paar Minuten knarzt das Walkie-Talkie. In der Regel reicht es dann, wenn Durst einige Worte mit ihm wechselt. Doch sicher kann der Bürgermeister nie sein. Und wenn etwas passiert, muss es schnell gehen. Das Funkgerät ist der einzige Weg für die beiden, in Verbindung zu bleiben. Das Handynetz in Bayard ist so löcherig, dass Durst anders nicht zu erreichen wäre. So bringt der Bürgermeister seinen Sohn durch den Tag. Für mehr reiche es allerdings nicht. „Er ist ein unglücklicher junger Mann", sagt Durst. „Und er ist allein."

COVID stellte Durst vor ganz neue Herausforderungen. Anders als viele seiner Mitbürger nahm er das Virus sehr ernst – vor allem wegen Matthew. Besuch empfing er während der Pandemie nur in der Garage neben seinem Haus, stellte Klappstühle mehrere Meter voneinander entfernt auf, öffnete Türen und Fenster, um für Durchzug zu sorgen. Als schließlich die Vakzine zugelassen wurden, ließ er sich und Matthew schnell impfen. Jeweils zwei Dosen Moderna. Doch sonderlich glücklich ist Durst darüber in der Rückschau nicht.

Es ist nicht so, als wäre der Mittsiebziger ein konsequenter Impfgegner. Als Matthew ein Kind war, achtete Durst darauf, dass sein Sohn alle üblichen Immunisierungen verabreicht bekam. Doch so richtig wohl war ihm bei den COVID-Vakzinen nicht. Dass Matthew kurz nach seiner zweiten Spritze krank wurde, tat er als Zufall ab, aber eine gewisse Sorge blieb. Als sich dann allerdings die Meldungen über Durchbruchsinfektionen mehrten, verlor er den Glauben. „Ich bin als Kind gegen Kinderlähmung geimpft worden und hatte danach keine Kinderlähmung mit leichtem Verlauf", sagt er. Auch in seinem Umfeld blieb die Skepsis gegen die Vakzine hoch. Als es Zeit für eine dritte Dosis wurde, verzichtete Durst – wie der überwältigende Großteil der Bevölkerung von Grant County. Nur sechs Prozent der Bewohner des Landkreises sind geboostert.[25]

Durst bereut nicht, die Impfung verabreicht bekommen zu haben. Es sei damals die richtige Entscheidung für Matthew und ihn gewesen, sagt er. Doch dass seitdem jedes Jahr Kampagnen für Auffrischimpfungen gefahren werden, macht ihn misstrauisch. Der Regierung glaube er – unabhängig vom Parteibuch des Präsidenten – ohnehin nichts „Die wollen den Menschen nur Angst machen, damit sie die Kontrolle über ihr Leben übernehmen können", sagt er. Seine Nachrichten bezieht Durst mittlerweile hauptsächlich von der *Epoch Times*, einer berüchtigten Desinformationsschleuder, die fest im rechten Medienbiotop verankert ist. Doch seine Skepsis gegenüber den Vakzinen hat er nicht nur aus dem Internet. Als Matthew kürzlich für mehrere Tage ins Krankenhaus musste, habe er sich länger mit der Fahrerin des Rettungswagens unterhalten. Die junge Frau, immerhin eine medizinische Fachkraft, sei ungeimpft gewesen. „Sie sagte, dass die Risiken den Nutzen bei weitem übertreffen", so Durst. Da fühlte er sich bestätigt.

Mit Studien oder Fachartikeln, die seine Meinung infrage stellen, braucht man Durst nicht zu kommen. Das Misstrauen gegenüber vermeintlichen Experten ist groß. Seine Freiheit, zu entscheiden, was er in seinen Körper spritzen lässt, will er sich nicht nehmen lassen – schon gar nicht von der Regierung. Dass das Weiße Haus per Dekret eine Impfpflicht für Angestellte und Subunternehmer der Bundesregierung sowie Mitarbeiter im Gesundheitssystem und in großen Unternehmen verhängte,[26] hat ihn aufgeschreckt. Zwar kassierte der Oberste Gerichtshof große Teile des Plans und selbst wenn dies nicht der Fall gewesen wäre, hätte die Vorgabe weder Durst noch Matthew betroffen, doch das Gefühl eines übergriffigen Staates blieb – und bestärkte den Verdacht des Bürgermeisters gegen die Regierung noch mehr.

Der Glaube, dass der Staat mit der Verbreitung der Impfstoffe etwas Böses im Schilde führe, mag die Ausnahme sein. Doch das

Vertrauen in Experten ist mit Blick auf das Coronavirus nicht nur in Bayard rapide gesunken. Eine Umfrage im Frühjahr 2022 kam zu dem Schluss, dass nur noch 44 Prozent der US-Bevölkerung der Gesundheitsbehörde CDC glauben, wenn sie sich zu COVID-19 äußert. Die Zahl für Präsident Joe Biden lag noch niedriger – bei 37 Prozent.[27] So ein Meinungsklima schafft Verunsicherung, insbesondere in einem Land, in dem das Vertrauen in die Kompetenz der politischen Führung ohnehin nicht sonderlich ausgeprägt ist. Dass die Regierung immer oder meistens das Richtige tut, glaubten im Januar 2022 gerade einmal zwei von zehn Amerikanern.[28]

Und Fragen über die Verträglichkeit eines neuartigen Impfstoffes sind ja nicht unvernünftig. In den USA erinnern sich noch viele Menschen an den Schweinegrippeausbruch von 1976. Nachdem im Februar bei mehreren Soldaten auf dem US-Army-Trainingsstützpunkt Fort Dix in New Jersey eine unbekannte Variante des Virus identifiziert wurde, schaltete die Administration von Gerald Ford in den Krisenmodus. Die Grippepandemien von 1957 und 1968 waren den Behörden noch gut im Gedächtnis, der Präsident wollte schnell gegensteuern. Also drängte er den Kongress zur Finanzierung eines ambitionierten Programms, das in kürzester Zeit einen angepassten Impfstoff entwickeln und möglichst das ganze Land gegen das neuartige Virus immunisieren sollte.

Doch die Kampagne steckte früh in Schwierigkeiten. Probleme in der Produktion sorgten dafür, dass die ersten Dosen des neuen Vakzins erst spät verimpft werden konnten. Präsident Ford erhielt seine Spritze am 14. Oktober. Trotzdem gelang es, in drei Wochen mehr als 43 Millionen Amerikaner zu immunisieren.[29] Doch bald wurden Berichte über Nebenwirkungen laut. Mehrere Patienten wurden vom Guillain-Barré-Syndrom befallen, einer Nervenerkrankung, die in seltenen Fällen zu Lähmungen oder gar zum Tod führen kann. Dass diese Erkrankungen tatsächlich etwas mit dem neuen Impfstoff zu tun hatten, ist umstritten, doch die Meldungen allein reichten aus, um die Bevölkerung nachhaltig zu verunsichern. Desinformation tat ihr Übriges.[30] Im Dezember unterbrach die Regierung das Impfprogramm, um das Vakzin genauer zu untersuchen. Die Kampagne wurde nie wieder aufgenommen.[31] Dass sich die neuartige Variante der Schweinegrippe später als relativ harmlos herausstellte, half nicht gerade dabei, das Vertrauen in die Gesundheitsbehörden wieder zu stärken.

Das Echo dieser Episode schwingt bis heute mit, wenn es um das Verhältnis des Staates zur körperlichen Autonomie seiner Bürger geht. Und dass die ersten Impfstoffe gegen COVID-19 auf einer neuartigen Technologie beruhten, hat das Misstrauen in Teilen der Bevölkerung noch wachsen lassen. Da hilft es nicht, dass die Vakzine der Hersteller Pfizer und Moderna den regulären Zulassungsprozess der Medikamentenaufsicht FDA durchlaufen haben[32] und Nebenwirkungen selten sind.[33] Trotzdem bleibt ein harter Kern der US-Bevölkerung skeptisch.

Tammy Nichols blickt ernst in die Kamera. Die 47-Jährige hat sich aus in ihrem Büro im State-Capitol-Komplex in Boise, Idaho, in die Videokonferenz geschaltet. Gewellte dunkelbraune Haare, großkariertes Kleid. Ein Landschaftspanorama schmückt die sonst kargen Wände ihres Arbeitsraumes. Hinter dem schwarzen Lederstuhl an ihrem Schreibtisch blitzt immer wieder eine kleine US-Flagge hervor.

Seit 2018 sitzt Nichols in der Legislatur des Bundesstaats im Nordwesten der USA, zunächst im Repräsentantenhaus, mittlerweile im Senat. Dort dient sie als stellvertretende Vorsitzende im Landwirtschaftsausschuss, hat einen Sitz im Bildungskomitee. Über die Grenzen von Idaho hinaus wurde sie jedoch durch einen Vorstoß bekannt, der mit ihren Politikfeldern eher wenig zu tun hat: Gemeinsam mit einer Kollegin im State House forderte Nichols in einem nur 17 Zeilen langen Gesetzesentwurf, das Verabreichen von mRNA-basierten Impfstoffen zu verbieten.[34] „Es war an der Zeit, dass jemand etwas tut“, sagt sie.

Wenn Nichols über die COVID-Impfstoffe spricht, dann zeichnet sie ein düsteres Bild. Sie habe im Internet zahlreiche Beispiele für ernsthafte Nebenwirkungen gefunden, sagt sie. Ein Bewohner ihres Wahlkreises sitze seit der Injektion im Rollstuhl, die Zahl der Fehlgeburten sei in die Höhe geschossen, habe man ihr erzählt. Es sind Darstellungen, die nur eine höchst entfernte Ähnlichkeit mit den bekannten Nebenwirkungen der Vakzine haben. So teilte die Gesundheitsbehörde CDC mit, dass die üblichen Impfreaktionen wie Kopfschmerzen, Fieber oder Müdigkeit bei Schwangeren stärker ausfallen können. Ein erhöhtes Fehlgeburtsrisiko konnten Wissenschaftler nicht feststellen.[35] Lähmungserscheinungen sind hingegen eine äußerst seltene, aber bekannte Nebenwirkung von COVID-19-Impfstoffen. Allerdings werden sie überwiegend mit den Vakzinen der Hersteller Johnson&Johnson und AstraZeneca in Verbindung gebracht. Beide Impfstoffe basieren nicht auf der mRNA-Technologie, die Nichols verbieten will. Und das Vakzin von AstraZeneca ist in den USA gar nicht zugelassen. Zwar gibt es auch Meldungen über vorübergehende Lähmungserscheinungen nach der Verabreichung eines mRNA-Impfstoffes, doch deren Zahl ist äußerst gering. Einer Untersuchung zufolge tritt die Nebenwirkung nach COVID-Immunisierungen nicht häufiger auf als nach traditionellen Grippeimpfungen.[36] Im Rollstuhl ist wegen der Impfung – soweit bekannt – niemand gelandet.

Nichols wurde für ihre Initiative mit Spott überzogen. Sie verstehe die Technologie nicht, wolle eine lebensrettende Maßnahme verbieten, hieß es in manchem Artikel über ihren Vorstoß.[37] Da half es auch nicht, dass die Senatorin den Gesetzesentwurf kurz nach seiner Vorstellung noch einmal überarbeiten musste. Ursprünglich wollte sie die Verabreichung von mRNA-Impfstoffen an alle Säugetiere verbieten lassen. Doch nach Protesten aus der Landwirtschaft änderte sie die entsprechende Formulierung so, dass nur noch die Impfung von Menschen verboten wäre. Dass ein Arzt im Bundesstaat künftig keine mRNA-Impfstoffe mehr verabreichen dürfte, um seine Patienten zu schützen, ein Bauer aber schon, um eine Kuh zu immunisieren, ging selbst im konservativen Idaho vielen zu weit. Nichols' Verhalten sei eine „Clownshow", urteilte ein Kommentator des *Idaho Statesman*.[38]

Die Senatorin will sich von dem Gegenwind selbstredend nicht bremsen lassen. Eine klassische Impfgegnerin sei sie nicht, betont Nichols. Ihre fünf Kinder hätten ihre Standardimmunisierungen bekommen. Doch was die COVID-Vakzine angeht, vertraue sie schlicht nicht darauf, dass bei der Zulassung alles mit rechten Dingen zugegangen sei. Gegen COVID-19 sei sie – selbstverständlich – nicht immunisiert, weder mit einem mRNA-Vakzin noch einem, das auf einer anderen Technologie basiert. „Ich habe mich nicht impfen lassen und werde das auch nicht ändern", sagt sie. Wie erfolgversprechend ihr Feldzug gegen die neuen Impfstoffe allerdings sein wird, ist eine andere Frage. Die reguläre Sitzungsperiode von Idahos Legislatur endete im April 2023, ohne dass ihr Gesetzesentwurf im parlamentarischen Verfahren große Fortschritte gemacht hätte. Aufgeben will Nichols dennoch nicht. „Ich mache mir gern unkonventionelle Gedanken und handle proaktiv", sagt sie – natürlich immer im Dienst der Freiheit und körperlichen Autonomie.

Doch so richtig passt ihr Gesetzesentwurf nicht zu diesen Werten. Anders als Bürgermeister Durst, der selbst entscheiden will, was er sich in den Körper spritzen lässt, will Nichols die Optionen der Menschen in Idaho einschränken. Das faktische Verbot der mRNA-Technologie würde das Angebot an COVID-19-Impfstoffen in ihrem Heimatstaat erheblich verknappen. Und das nicht, weil die Vakzine von unabhängigen Institutionen als gefährlich oder unwirksam eingestuft worden wären, sondern wegen Nichols' persönlichen Vorbehalten. Mit dem Ideal eines zurückhaltenden Staates, dem sich die Republikanerin eigentlich verschrieben hat, ist das nur schwer zusammenzubringen.

Ohne Beispiel ist es allerdings nicht. Wie der Großteil ihrer Parteifreunde ist Nichols eine überzeugte Abtreibungsgegnerin. Und anders als bei ihrem Impfgesetz hat sie hier die Mehrheit in der Legislatur von Idaho auf ihrer Seite. Nachdem der Oberste Gerichtshof in Washington am 24. Juni 2022 durch seine Entscheidung im Fall Dobbs v. Jackson Women's Health Organization das landesweite Recht auf einen Schwangerschaftsabbruch bis zur Lebensfähigkeit des Embryos kassierte,[39] zögerten die Machthaber in Boise nicht lang. Schon im August setzte der Bundesstaat ein Gesetz in Kraft, das die allermeisten Abtreibungen verbot. Es war vorsorglich bereits zwei Jahre zuvor verabschiedet worden – für den Fall, dass der Supreme Court einmal das Recht auf Schwangerschaftsabbruch einschränken würde. Nichols, damals noch im Repräsentantenhaus des Staates, hatte für die Vorlage gestimmt. Auch weitere Verschärfungen des Verbots fanden ihre Unterstützung.[40] Heute hat Idaho eines der restriktivsten Abtreibungsrechte der USA.[41]

Und der Bundesstaat im Nordwesten des Landes ist nicht allein. Vor allem im Süden der Vereinigten Staaten haben von Republikanern dominierte Legislaturen seit der Dobbs-Entscheidung den legalen Zugang zu Schwangerschaftsabbrüchen stark eingeschränkt. Laut Berechnungen der *Washington Post* war die Prozedur damit für mehr als 21 Millionen Mädchen und Frauen im Alter zwischen 15 und 44 Jahren schon im Sommer 2022 nicht mehr zugänglich[42] – ein erheblicher Eingriff in deren körperliche Selbstbestimmung. Seitdem dürfte die Zahl weiter gestiegen sein.

Das Leben von Renee Bracey Sherman wäre sehr anders verlaufen, wenn sie eine von diesen Frauen gewesen wäre. Sie war 19 Jahre alt, als sie feststellte, dass sie schwanger war, und einen

Abbruch vornehmen ließ. Sie lebte damals in einem Vorort von Chicago, ihre Eltern arbeiteten beide als Krankenpfleger, unterstützten das Recht auf Abtreibung. Trotzdem sprach sie zunächst nicht mit ihnen über den Eingriff.

Das hat sich geändert. Heute ist Sherman eine der sichtbarsten Aktivistinnen für ein einschränkungsfreies Abtreibungsrecht. Sie ist die Gründerin von *We Testify*, einer Organisation, die sich für die Vertretung von Menschen einsetzt, die abgetrieben haben „und ihre Geschichten an der Schnittstelle von *race*, Klasse und Geschlechtsidentität erzählen", wie sie es formuliert. Ihr Ziel ist es, Schwangerschaftsabbrüche aus der Tabuzone zu holen, die Prozedur vom Stigma zu befreien. Dafür tritt sie auf Demonstrationen auf, geht in Diskussionen, schreibt Meinungsbeiträge. Eine Website nannte sie einmal die „Beyoncé des Abtreibungsgeschichtenerzählens".[43] Sherman gefällt der Vergleich.

Für die Mittdreißigerin ist Freiheit ohne die vollständige Kontrolle über den eigenen Körper nicht vorstellbar. Und dazu gehört für sie auch das uneingeschränkte Recht auf Schwangerschaftsabbruch. „Wenn wir nicht über unsere Familienplanung bestimmen können, ist es unmöglich, das Leben zu führen, das wir führen möchten", sagt sie in ihrer Wohnung in Washington, DC. „Und was haben wir dann schon?"

Sherman verfolgt ihre Ziele kämpferischer als manch andere Abtreibungsrechtlerin. Wenn sie Reden hält, trägt sie oft ein schwarzes T-Shirt, auf dem in großen weißen Buchstaben steht: I had an abortion – Ich habe abgetrieben. Damit unterscheidet sie sich von vielen anderen Aktivistinnen, die zumindest optisch oft bewusst zurückhaltend auftreten. Doch Shermans Ziele sind ja auch größer. Eine Rückkehr zum Zustand vor der Dobbs-Entscheidung hält sie nicht für ausreichend. Damals habe es zwar das landesweite Recht auf Abtreibung gegeben, sagt sie, doch für viele Frauen sei die Prozedur dennoch kaum zugänglich gewesen. „Ein Abbruch kostet zwischen 350 und 500 Dollar", sagt sie.

Viel Geld in einem Land, in dem laut einer Studie der Federal Reserve Bank 40 Prozent der Bevölkerung nicht in der Lage sind, eine unerwartete Ausgabe von 400 Dollar ohne Probleme zu stemmen.[44] „Dass durch das Urteil jetzt eine Kriminalisierung möglich ist, ist neu", so Sherman. „Ansonsten hat sich für eine Menge Frauen nicht viel geändert."

Die Aktivistin ärgert sich besonders über den Diskurs, der das Thema Abtreibung seit Jahrzehnten begleitet. „Als ich angefangen habe, meine Geschichte zu teilen, wurde zum größten Teil über verheiratete weiße Frauen gesprochen, die eine gewollte Schwangerschaft abbrechen mussten", sagt sie. Damit sei ein bewusst trauriges Narrativ gesetzt worden, das jedoch nur einen kleinen Teil der durchgeführten Abtreibungen abdeckte.

Als Tochter eine schwarzen Krankenschwerster brachte Sherman eine andere Perspektive in die Diskussion, legte sich mit dem Pro-Choice-Establishment an. Einmal geriet sie mit der ehemaligen Präsidentin von Planned Parenthood aneinander, einer Gesundheitsorganisation, die auch Schwangerschaftsabbrüche durchführt. Safe, Legal and Rare – sicher, legal und selten – der Dreiklang, mit dem traditionelle Abtreibungsrechtsbefürworter die Prozedur seit Jahrzehnten verteidigten, sei keine gute Formel, so Sherman. Der Begriff „selten" impliziere, dass man sich wegen einer Abtreibung schuldig fühlen müsse. „Er gibt der Person, die abgetrieben hat, die Schuld – als ob sie nur etwas falsch gemacht hätte", so die Aktivistin. Dies lenke davon ab, dass viele Frauen keinen Zugang zu angemessener Gesundheitsversorgung oder Verhütungsmitteln hätten.[45] Auch sei es falsch, Schwangerschaftsabbrüche mit persönlichen Tragödien oder Abwägungen zu rationalisieren. „Es geht nicht immer um gesundheitliche Probleme oder darum, dass ein Mädchen noch die Schule fertigmachen muss", sagt Sherman. „Manche Frauen wollen einfach nicht schwanger sein."

Shermans Vision eines unbeschränkten und öffentlich finanzierten Zugangs zu Abtreibung ist nicht die Mehrheitsmeinung in den Vereinigten Staaten. Zwar spricht sich ein Großteil der Amerikaner in Umfragen dafür aus, Schwangerschaftsabbrüche in allen oder den meisten Fällen legal durchführen lassen zu können,[46] doch ein genauerer Blick setzt diese Zahlen in einen anderen Kontext. Eine Erhebung des Meinungsforschungsinstituts Marist kommt zu dem Schluss, dass 66 Prozent der US-Bevölkerung Abtreibungen nach dem ersten Trimester ablehnen.[47] Dass ein Abbruch während der gesamten Schwangerschaft erlaubt sein sollte, finden nur zwei von zehn Amerikanern.

Sherman weiß, dass sie die Öffentlichkeit nicht auf ihrer Seite hat. Und sonderlich optimistisch, dass sich die Dinge in ihrem Sinn ändern werden, ist sie auch nicht. Die jüngst verabschiedeten restriktiven Abtreibungsgesetze hätten die Situation für viele Frauen unerträglich werden lassen. „Sie werden eingeschüchtert. Und es wird ihnen eine medizinische Behandlung vorenthalten, die sie brauchen", so Sherman. „Das verletzt ihre Menschenrechte. Und nimmt ihnen ihre Freiheit." Selbst die Bemühungen in liberalen Bundesstaaten, das Recht auf Abtreibung zu schützen, hält sie nicht für weitgehend genug. Schließlich seien auch dort die finanziellen Hürden vor allem für arme Frauen hoch. Dies sei inakzeptabel, denn auch solche Beschränkungen hielten Frauen davon ab, über ihren eigenen Körper zu bestimmen.

Die Welt, die Sherman sich wünscht, ist eine andere. Sie will einen uneingeschränkten und legalen Zugang zu Abtreibungen, öffentlich finanziert, ohne Rolle für den Staat. Größtmögliche Freiheit für Frauen, uneingeschränkte Kontrolle über ihren Körper und Familienplanung. „Was ich mir vorstelle, hat es in der Geschichte der Welt noch nie gegeben", räumt sie ein. Also macht sie weiter – in der Hoffnung, ihrer Vorstellung irgendwann zumindest einmal nahe zu kommen.

Freiheit in Sicherheit

Am 7. November 1996 sitzt Joseph Payne in seiner Zelle im Greensville Correctional Center im Süden des US-Bundesstaats Virginia und wartet auf den Tod. Am Abend soll der verurteilte Mörder per Giftspritze hingerichtet werden.[1] Seine Chancen, die Nacht zu überleben, sind gering. Am Nachmittag hat der Oberste Gerichtshof in Washington, DC, es abgelehnt, seinen Fall anzuhören. Damit muss Payne darauf hoffen, dass der Gouverneur von Virginia Gnade walten lässt. Doch in der Hauptstadt Richmond regiert seit 1994 der konservative Hardliner George Allen, ein überzeugter Anhänger der Todesstrafe. Seit er im Amt ist, wurden im Commonwealth bereits zehn Menschen hingerichtet. Aufgehalten hat Allen keine einzige Exekution.[2] Paynes Schicksal scheint besiegelt. Im „Death House“, wie der Bereich des Gefängnisses genannt wird, in dem die Hinrichtungen durchgeführt werden, hat er bereits seine Henkersmahlzeit serviert bekommen.[3] Doch dann, drei Stunden vor seinem letzten Gang, kommt die überraschende Nachricht: Allen hat die Exekution abgesagt. Payne wird den Rest seines Lebens im Gefängnis verbringen. Doch sterben muss er in dieser Nacht nicht.

George Allen erinnert sich noch gut an den Abend im November vor mehr als 25 Jahren. Schließlich war es das einzige Mal in seinen vier Jahren als Gouverneur, dass er die Hinrichtung eines Verurteilten aufgehalten hat. „Der Fall war besonders“, sagt er. Kurz vor der geplanten Hinrichtung seien Zweifel an der Schuld des Verurteilten aufgekommen. Payne saß bereits seit 1981 wegen des Mordes an einer Frau in einem Vorort von Washington im Gefängnis. In der Haftanstalt, so der Vorwurf, soll er erneut getötet haben. Ein Mitgefangener war 1985 in seiner

Zelle eingeschlossen, mit Farbverdünner übergossen und angezündet worden. Das Opfer starb neun Tage später an den Folgen seiner Verbrennungen, allerdings ohne den Täter zu identifizieren. Zeugen belasteten Payne. Er habe das tödliche Streichholz geworfen. Ein Gericht verurteilte ihn daraufhin zum Tod, doch schon bald wurden Zweifel laut. Payne bestritt die Tat vehement, andere Häftlinge änderten ihre Aussage, Geschworene äußerten Bedenken. Sogar die Mutter des Getöteten bat Allen um Gnade.[4] Am Ende war der Gouverneur nicht mehr sicher, ob es wirklich Payne war, der das Opfer angezündet hatte. Also entschloss er sich, die Todesstrafe in lebenslange Haft umzuwandeln.

Allen sitzt in seinem Büro in Virginia Beach. Nach einer langen Karriere in Richmond und Washington befindet er sich mittlerweile im politischen Ruhestand. Bilder aus seiner Karriere umrahmen das mit Biografien und Büsten gefüllte Bücherregal hinter seinem Schreibtisch. An der Wand lehnen zwei Säbel. Allen selbst tritt weniger martialisch auf. Typ Großvater. Die Ärmel seines hellblauen Freizeithemds hat er bis zu den Ellenbogen hochgerollt. Unter dem offenen Kragen blitzt ein weißes T-Shirt hervor. Seine Antworten unterbricht er immer wieder, um Tabaksaft in einen Kaffeebecher aus Pappe zu spucken, den er griffbereit auf seinem Schreibtisch platziert hat.

Ein Hardliner ist er allerdings bis heute geblieben. Insgesamt 24 Männer wurden während seiner Zeit im Amt als Gouverneur von Virginia hingerichtet. Allen hätte jede dieser Exekutionen aufhalten können, doch genutzt hat er diese Macht lediglich für Payne. „In keinem der anderen Fälle hatte ich Zweifel“, sagt er. Selbst Appelle von religiösen Würdenträgern konnten den gläubigen Christen nicht zur Gnade bewegen. Prediger Pat Robertson, ein guter Freund von Allen, versuchte vergeblich, auf ihn einzuwirken. Auch Mutter Teresa hat ihm einmal einen Brief geschrieben. „Darin stand sinngemäß: Ich weiß nicht, was der Verurteilte getan hat, aber ich weiß, dass Gott vergibt“, erinnert sich

Allen. „Da habe ich mir nur gedacht: Ich weiß sehr genau, was der Verurteilte getan hat. Und es war brutal und abscheulich." Bis heute hält er die Todesstrafe für ein wichtiges Instrument. Sie diene der Abschreckung, bewahre das Gefühl von Gerechtigkeit in der Gesellschaft und – ja – garantiere auch ihre Freiheit.

Freiheit und Sicherheit passen in vielerlei Hinsicht nur schlecht zusammen. Letztere wird vor allem durch Kontrolle hergestellt, durch Einschränkungen und Verbote. Das verträgt sich nicht gut mit der freien Entfaltung des Einzelnen. Gleichzeitig ist Freiheit ohne eine gewisse Grundordnung kaum vorstellbar. In der Anarchie entscheidet nicht das Individuum, sondern der Stärkere. Ganz ohne Regeln geht es also nicht, doch zu viele ersticken die Freiheit. Das macht das Austarieren der beiden Werte so schwierig. Sie bedingen einander – und sind doch auch Gegensätze.

Kein Wunder also, dass sich in den USA immer wieder Konflikte an der Frage entzünden, wie Freiheit und Sicherheit miteinander in Einklang gebracht werden sollen. Das grundsätzliche Bekenntnis der amerikanischen Gesellschaft steht etwa im scharfen Kontrast zu einem der repressivsten Strafrechtssysteme der liberalen Welt. In 18 Ländern wurden 2021 Exekutionen durchgeführt. Die Vereinigten Staaten sind die einzige westliche Demokratie auf der Liste.[5] Die Gefängnispopulation ist eine der größten auf dem Planeten, die Strafen sind hart. Gleichzeitig leisten sich die USA eines der liberalsten Waffenrechte der Welt. Für einen großen Teil der Bevölkerung bedeutet dies, dass ihre Sicherheit eben nicht von einem im Zweifel übergriffigen Staat abhängig ist, sondern selbst in die Hand genommen werden kann. Doch es heißt auch, dass Waffengewalt längst zu einem Alltagsphänomen geworden ist, das die Schwächsten der Gesellschaft in Gefahr bringt und damit in ihrer freien Lebensgestaltung erheblich einschränkt. An beiden Komplexen entzündet sich immer wieder heftiger Streit – über Freiheit, Sicherheit und die Regeln des Zusammenlebens.

Wenn Ex-Gouverneur Allen über sein Staatsverständnis spricht, dann greift er weit zurück. Seine Bild einer idealen Gesellschaft habe er von Thomas Jefferson geerbt, sagt er – dem Autor der Unabhängigkeitserklärung und dritten Präsidenten der Vereinigten Staaten. Eine weise Regierung, hatte Jefferson anlässlich seiner ersten Inauguration ins Präsidentenamt gesagt, sei dafür verantwortlich, „die Menschen davon abzuhalten, einander zu verletzen, und lässt ihnen ansonsten die Freiheit, ihr eigenes Streben nach Gewinn und Verbesserung zu regeln".[6] Für Allen beschreibt diese Passage aus dem Jahr 1801 bis heute sehr gut, wie ein Staat aufgebaut sein sollte. Die Regierung ist demnach dafür verantwortlich, die Sicherheit seiner Bürger zu schützen – und solle ich ansonsten aus den Angelegenheiten der Menschen heraushalten.

Allens Vermächtnis in Richmond folgt dieser Vorstellung. Von zu vielen Auflagen hält er grundsätzlich nichts. Schon als Abgeordneter in der Delegiertenkammer von Virginia in den 1980er Jahren kämpfte er gegen die Gurtpflicht für Autofahrer. Der Eingriff in die Freiheit des Individuums sei zu groß, als dass man einen Menschen zum Anschnallen zwingen sollte, findet er bis heute. Als Gouverneur nutzte er seine Macht ebenfalls für den Kampf gegen zu strenge Verkehrsregeln. Eines seiner Vetos legte er gegen ein Gesetz ein, dass die Fahrer von Pick-up-Trucks dazu verpflichtet hätte, Kinder auf dem Rücksitz anzugurten.[7]

Beim Thema öffentliche Sicherheit hingegen endete für Allen die Liberalität. Wie fast überall in den Vereinigten Staaten war auch in Virginia die Kriminalitätsrate in den späten 1980er und frühen 1990er Jahren stark angestiegen. Kurz nach seinem Amtsantritt 1994 drängte Allen deshalb auf eine Strafrechtsreform. Der Bundesstaat schaffte Bewährungsstrafen größtenteils ab und führte das sogenannte „Truth in Sentencing"-Programm ein. Seitdem sind vorzeitige Entlassungen für Verurteilte erst möglich, wenn sie mindestens 85 Prozent ihrer Strafe abgesessen haben. Die Reform sei ein „durchschlagender und eindeutiger Erfolg gewesen",[8] teilte die Strafvollzugskommission von Virginia anlässlich des zehnten Jubiläums der Neugestaltung des Systems mit. Tatsächlich sank in dem Staat bald die Kriminalitätsrate. Im Rest des Landes allerdings auch. Die Bürgerrechtsorganisation ACLU kritisiert den Schritt bis heute. „Truth in Sentencing" habe vor allem zu überfüllten Gefängnissen und verschwendeten Steuergeldern geführt.[9]

Für Allen zahlte sich die harte Linie gegenüber Straftätern gleichwohl aus. Nach seinen vier Jahren als Gouverneur – Virginia erlaubt keine direkte Wiederwahl – kandidierte er für einen Sitz im US-Senat. 2001 zog er in die obere Kongresskammer ein. Er galt als potenzieller Präsidentschaftskandidat der Republikaner für die Wahl 2008. Allen „verbindet die soziale Kompetenz von Bill Clinton mit der Überzeugung von Ronald Reagan und der unbedrohlichen Persönlichkeit von George W. Bush um das Jahr 2000, bevor er zu einer Hassfigur für die Linke wurde", pries das konservative Magazin *National Review* seine Fähigkeiten.[10] Doch als er sich 2006 um eine zweite Amtszeit im Senat bewarb, stolperte er über einen Skandal. Während eines Wahlkampfauftritts bezeichnete er einen indischstämmigen Mitarbeiter seines demokratischen Gegenkandidaten zweimal als „Makaken".[11] Ein Video des rassistischen Ausfalls ging viral, Allen verlor die Wahl. 2012 trat er erneut für den Senat an, doch auch diesmal unterlag er.

Es war allerdings nichts Allens Haltung zum Thema Kriminalität, die seine politische Karriere ins Schlingern brachte. Überhaupt scheint *Tough on Crime* bei den Wählern nach wie vor gut anzukommen. Vor den Zwischenwahlen 2022 zeigen Umfragen, dass Gewalttaten für mehr als 60 Prozent aller registrierten Wähler ein wichtiger Faktor für ihre Wahlentscheidung waren.[12] Denn die Angst vor Kriminalität ist in den USA anhaltend hoch.

Laut Erhebungen des Meinungsforschungsinstituts Gallup glauben große Mehrheiten in der US-Bevölkerung seit 2002, dass die Straftaten in den USA jedes Jahr ansteigen.[13] Doch das stimmt nicht. Gemessen an der Bevölkerung ist etwa die Zahl der Gewalttaten in den Vereinigten Staaten seit 1991 fast kontinuierlich und stark gesunken – auch wenn es 2020 leicht nach oben ging. Das geht aus der Kriminalitätsstatistik des FBI hervor. Betrachtet man lediglich Morde, fällt der Anstieg gleichwohl steiler aus.[14] Trotzdem: Vom Höhepunkt der Kriminalitätswelle in den 1990er Jahren sind die USA heute weit entfernt. Damals wurden 758,2 Gewalttaten pro 100 000 Einwohner registriert. 2020 waren es 398,5.[15]

Doch trotz dieser langfristigen Entwicklung sinkt in den Vereinigten Staaten eine andere Zahl nur langsam: die der Gefängnispopulation. Über alle Ebenen verteilt sitzen rund 1,8 Millionen Menschen in amerikanischen Gefängnissen.[16] Lediglich China sperrt mehr seiner Landsleute ein.[17] Vier Prozent der Weltbevölkerung lebt in den Vereinigten Staaten, doch das Land stellt 16 Prozent der Häftlinge auf dem Planeten.[18] Das passt nicht gut zu einer Nation, die sich selbst als Heimat der Freiheit versteht.

Die Probleme mit der Praxis sind offensichtlich. Allein schon die Gebäude sind überfüllt. So waren die Gefängnisse der Bundesregierung etwa im Jahr 2019 zu 130 Prozent belegt. In den Bundesstaaten waren es im Durchschnitt 103 Prozent.[19] Auch gibt es auffällige Unterschiede zwischen den Bevölkerungsgruppen. Gemessen an ihrem Anteil an der Bevölkerung kommen etwa auf jeden weißen Häftling fast fünf Schwarze.[20] Und: Sonderlich erfolgreich scheint das massenhafte Einsperren eines großen Teils der Bevölkerung nicht zu sein. 44 Prozent aller Häftlinge, die aus einem Gefängnis entlassen werden, kehren innerhalb eines Jahres wieder in eine Haftanstalt zurück.[21]

Es sind Zahlen wie diese, die immer mehr Staatsanwälte in den Vereinigten Staaten zum Umdenken bringen. *Tough on Crime* habe schlicht nicht funktioniert, sagen sie. Stattdessen setzen sie auf Therapien und Reformprogramme. Nicht aus übertriebener Gutherzigkeit, sondern um für ihre Wähler mehr Sicherheit herzustellen, die Kriminalität langfristig zu senken – und so die Freiheit im Land zu vergrößern. Doch die Widerstände gegen diesen Ansatz sind enorm.

Stockton hat schon bessere Zeiten gesehen. Wann immer in den USA eine Liste mit den gefährlichsten Orten des Landes erstellt wird, landet die Stadt im Central Valley von Kalifornien weit oben.[22] Durch ihre Lage an gleich zwei Autobahnen eignet sie sich hervorragend als Umschlagplatz für den Drogenhandel. Das zieht kriminelle Banden an. 2019 zählte die örtliche Polizei stolze 70 Gangs in der Stadt.[23] Gleichzeitig wird es zunehmend eng in Stockton. Immer mehr Menschen, die sich das Leben in der rund eineinhalb Stunden entfernten und teurer werdenden Bay Area um San Francisco herum nicht mehr leisten können, ziehen in die Region. In den vergangenen 15 Jahren wuchs die Bevölkerung von Stockton um rund 100 000. Heute leben etwa 450 000 Menschen in der Stadt.[24] Das treibt die Mieten in die Höhe und sorgt für steigende Obdachlosigkeit im Landkreis – mit allen Problemen, die das mit sich bringt.[25]

Diese Entwicklungen haben die Stadt über die Jahre zunehmend unsicher werden lassen. Im Jahr 2020 kamen auf 100 000 Einwohner mehr als 695 Gewaltverbrechen. Im US-Durchschnitt lag diese Zahl bei rund 228.[26] Das San Joaquin County Jail, das Gefängnis des Landkreises, der auch Stockton umfasst, kratzt seit Jahren an der Kapazitätsgrenze.[27] Doch verbessert hat sich dadurch wenig.

Tori Verber Salazar liebt ihre Heimat trotz der Probleme. Sie ist in Stockton aufgewachsen, in einem konservativen Haushalt in bitterer Armut. Schwierigkeiten gab es schon damals, erinnert sie sich. Alkohol und Drogen waren allgegenwärtig. Ihr Vater, ein Polizist, brachte abends schon einmal Betrunkene mit nach Hause, die er auf Streife aufgesammelt hatte. „Er ließ sie im Polizeiauto vor der Tür ihren Rausch ausschlafen“, sagt Verber Salazar. „Er wusste: Wenn er sie mit aufs Revier nimmt und sie die Nacht im Gefängnis verbringen, dann sind sie im System. Dann wird ihr Leben nicht mehr leichter.“

Die Arbeit ihres Vaters faszinierte Verber Salazar. Auch sie widmete ihr Leben der Verbrechensbekämpfung. Allerdings ging sie nicht zur Polizei, sondern zur Staatsanwaltschaft. 1987 begann sie, im Büro des District Attorneys von San Joaquin County zu arbeiten, studierte neben ihrem Fulltime-Job Jura. 2001 stieg sie zur stellvertretenden Bezirksstaatsanwältin auf, machte sich in einer Sondereinheit einen Namen, die sich speziell um Morde im Gangmilieu kümmerte. 2014 wählten die Bürger von San Joaquin County sie zur Chefin der Behörde. Im Wahlkampf hatte Verber Salazar ihre Erfolge gegen Bandenkriminalität vor sich hergetragen – und die hohen Haftstrafen, die sie vor Gericht für Täter erstreiten konnte.[28]

Doch einmal im Amt setzte bei Verber Salazar ein Umdenken ein. Sie und ihre Kollegen hatten gerade eine ganze Reihe harter Strafen für Kriminelle erstritten – doch die Lage in Stockton wurde nicht besser, sondern schlimmer. Die Rückfallquoten stiegen. Drogenkonsum, Gewalt, sexueller Missbrauch und Kindesmisshandlung schossen in die Höhe. „Um uns herum ist alles zusammengebrochen“, erinnert sie sich. „Also mussten wir den Mut haben, etwas Neues zu probieren.“

Verber Salazar sitzt auf der Terrasse des Gaylord National Resort & Convention Center in National Harbor, knapp hinter der Stadtgrenze von Washington, DC. Ganz konnte sie die Müdigkeit nicht aus ihrem Gesicht vertreiben. Erst am Vortag ist sie von der Westküste eingeflogen, der Minijetlag hat sie noch im Griff. Doch wenn sie über ihre Arbeit spricht, kehrt die Energie in ihre Augen zurück. Das Thema elektrisiert sie bis heute.

Deshalb ist sie in die Hauptstadt gekommen. Im Gaylord Resort findet in diesen Tagen die CPAC statt, das jährliche Klassentreffen der konservativen Bewegung. Auf der Hauptbühne wird in den nächsten Tagen unter anderem Donald Trump sprechen – ein Mann, der in seinen Reden die Todesstrafe für Drogendealer fordert und auch sonst vor allem für ein hartes Vorgehen gegen Kriminelle eintritt. Dass seine Administration auch eine Strafrechtsreform durch den Kongress gebracht hat, die unter anderem die Mindeststrafen für den Besitz von Rauschgift senkte und frühere Entlassungen bei guter Führung ermöglichte,[29] spielt bei seinen Auftritten hingegen kaum mehr eine Rolle. Auch sonst wirken die Redner im Potomac Ballroom eher nicht offen für Reformansätze in der Verbrechensbekämpfung. *Tough on Crime* erntet verlässlich Applaus. Trotzdem glaubt Verber Salazar, dass ihre Botschaft auch hier ankommen wird. In kleinen Diskussionsrunden, abseits des Zirkusses auf der Hauptbühne, sei die Offenheit für neue Ansätze im Strafrecht größer, glaubt sie. Und dass Verber Salazar selbst Republikanerin ist, schadet sicher nicht.

Womöglich half es ihr sogar, ihre Versuche im eher konservativen San Joaquin County trotz aller Widerstände durchzuboxen. Denn was sie in Stockton und Umgebung umsetzte, war nicht weniger als eine kleine Revolution. Anstatt ihren Erfolg daran zu messen, wie viele Menschen sie ins Gefängnis stecken kann, versuchte sie, möglichst viele aus dem Strafvollzug herauszuhalten und Kriminalität möglichst zu verhindern, bevor sie passiert. Sie wies die Polizei etwa an, an den Wochenenden nicht mehr nur vor den vor allem von hispanischen Hilfsarbeitern frequentierten Bars Alkoholkontrollen durchzuführen, sondern überall. „In den Country Clubs wird genauso viel getrunken, aber da wollte niemand hinschauen", sagt sie. Doch schon ein Strafzettel wegen Trunkenheit am Steuer könne das Leben ärmerer Menschen völlig aus der Bahn werfen. „Sie müssen die Strafe abstottern, irgendwie die Gebühren bezahlen, um ihr Auto zurückzubekommen“, sagt Verber Salazar. Denn ohne Auto ist in San Joaquin County schnell auch der Job weg. Und dann fingen die Probleme erst richtig an.

Doch nicht nur auf der Straße wollte die Bezirksstaatsanwältin neue Dinge ausprobieren. Im Gefängnis setzte sie verstärkt auf Rehabilitierungsmaßnahmen, engere Begleitung von Gefangenen, psychologische Betreuung, Arbeitsprogramme. Die Maßnahmen sollten Häftlingen nach ihrer Entlassung die Wiedereingliederung in die Welt außerhalb der Gefängnismauern erleichtern – und so Rückfälle verhindern.

Dass Wegsperren und nicht die Wiedereingliederung der Verurteilten seit Jahren der Fokus des amerikanischen Strafsystems ist, hält Verber Salazar für kurzsichtig. Denn auch wenn viele Häftlinge lange im Gefängnis bleiben – auf Bundesebene beträgt die durchschnittlich verhängte Haftstrafe 147 Monate, mehr als zwölf Jahre[30] – der Großteil der Verurteilten kehrt irgendwann aus der Haft zurück. „Für immer im Knast bleiben nur wenige“, sagt Verber Salazar. Die rund 2500 zum Tode Verurteilten etwa, die auf ihre Hinrichtung warten. Oder die rund 200 000 Menschen, die lebenslänglich oder mehr als 50 Jahre Haft aufgebrummt bekommen haben. Die meisten anderen kommen irgendwann wieder auf dem Gefängnis heraus. Und wenn sie dann nicht auf ein Leben in Freiheit vorbereitet sind, ist ein erneutes Abrutschen in die Kriminalität vielleicht nicht garantiert, aber doch sehr wahrscheinlich. „Warum verschwenden wir also die Zeit, in der wir diese Menschen in unserem Gewahrsam haben?“, fragt Verber Salazar. „Wir sollten in diesen Jahren daran arbeiten, dass sie nach ihrer Entlassung in der Gesellschaft funktionieren können.“

Natürlich sind die Widerstände gegen einen solchen Ansatz groß. Gerade für Opferfamilien ist es oft nicht leicht, wenn der Fokus des Strafsystems sich weg von dem Gedanken der Bestrafung und – ja – Vergeltung bewegt. Bei jüngeren Tätern habe sie deshalb versucht, Maßnahmen mit den Angehörigen der Opfer abzustimmen. „Ich habe ihnen erklärt, wie sich der Häftling im Gefängnis verhalten hat, welche Schritte er unternommen hat und warum ich etwa ein Arbeitsprogramm für sinnvoll erachte", erklärt Verber Salazar. Meistens hätten die Familien den Empfehlungen ihrer Behörde zugestimmt. „Sie wollten lieber, dass der Täter nicht rückfällig wird, als dass er unvorbereitet auf die Welt losgelassen wird und womöglich noch einer anderen Familie Leid antut", sagt sie. Einfach waren diese Unterhaltungen nicht. Aus ihrer Zeit in der Einheit für Gangmorde erinnert sie sich noch gut, wie nach der Tat zwei zerstörte Familien im Gerichtssaal saßen. Eine würde die nächsten Jahre jeden Sonntag auf den Friedhof fahren, um das Grab ihres Kindes zu pflegen. Die andere ins Gefängnis, um ihr Kind zu besuchen. Das könne eine Gemeinde zerreißen. Deshalb sei es so wichtig, die Gewaltspirale zu durchbrechen.

Der Erfolg bestätigte Verber Salazar. Die Rückfallquote in Stockton sank, die Zahl der Verbrechen auch. Sogar 2021, als Gewalttaten in Kalifornien um sechs Prozent in die Höhe schossen, gingen sie in San Joaquin County zurück.[31] Trotzdem gelang es der Staatsanwältin nicht, die Bevölkerung auf ihrer Seite zu behalten. Nach dem Ende der COVID-19-Pandemie wuchs das Gefühl der Unsicherheit angesichts steigender Kriminalitätsraten fast überall in den USA wieder. Auch hatte sich Verber Salazar mit der örtlichen Polizeigewerkschaft angelegt, Mitarbeiter ihrer Behörde stellten sich gegen sie. Ihr Rückhalt in Stockton sank. Da half es auch nicht mehr, dass ihr Büro im vergangenen Jahr die größte Razzia in der Geschichte des Landkreises gegen Gangs durchgeführt hatte. 90 Verdächtige wurden festgenommen, Waffen, Drogen und Bargeld beschlagnahmt.[32] Doch die Stimmung in San Joaquin County konnte auch dieser Erfolg nicht mehr ändern. Im Juni 2022 wählte die Bevölkerung Verber Salazar nach acht Jahren im Amt ab. Ihr Gegner hatte im Wahlkampf ganz auf *Tough on Crime* gesetzt, drehte nach seiner Vereidigung einige ihrer Reformen zurück. Verber Salazar will trotzdem weiter für ihren Ansatz kämpfen. Sie plant, eine Anwaltskanzlei zu eröffnen, die mit einer angeschlossenen Hilfsorganisation Mandanten schnell in passende Programme vermittelt. Zu tun haben wird sie genug. „Seit ich aus dem Amt bin, ist die Zahl der Straftaten wieder gestiegen", sagt sie.

Verber Salazar war nicht die einzige Bezirksstaatsanwältin, die im vergangenen Jahr von den Wählern abgestraft wurde. Selbst in der liberalen Hochburg San Francisco stimmte die Bevölkerung gegen einen progressiven Amtsinhaber. In anderen Landkreisen konnten die Reformanhänger sich hingegen behaupten. *Tough on Crime* ist heute keine Garantie mehr für einen Wahlsieg. Zunehmend setzt sich die Überzeugung durch, dass das massenhafte Wegsperren eines großen Teils der Bevölkerung mehr Probleme schafft, als es löst. Trotzdem bleibt der Druck auf Staatsanwälte hoch, die mit freiheitlicheren Mitteln gegen Kriminalität vorgehen wollen. Und er kommt nicht nur von den Wählern.

Der Raum, aus dem sich Andrew Warren in den Zoom zuschaltet, ist auf Videokonferenz getrimmt. Drei moderne Malereien schmücken die ansonsten leere Wand hinter ihm, das Bücherregal an der Seite des Raums ist vollgestellt mit Fotos. Warren selbst umgibt die Aura des ernsthaften Verbrechensbekämpfers. Die graumelierten Haare sind ordentlich kurz geschnitten, das weiße Hemd faltenfrei. Direkt hinter sich hat Warren einen Pappaufsteller mit dem Link zu seiner Website platziert. Dort sammelt er Spenden für seine Klage gegen Ron DeSantis, den Gouverneur von Florida.

Warren hat in diesen Tagen mehr Zeit, als ihm lieb ist. Eigentlich sollte der Jurist in Tampa, Florida, und dem umliegenden Hillsborough County Verbrechen aufklären, Prozesse vorbereiten und Straftäter verfolgen. Diesen Auftrag haben ihm zumindest die Wähler in seinem Landkreis gegeben. 2016 und 2020 bestimmten sie Warren zu ihrem State Attorney, wie die Bezirksstaatsanwälte in Florida genannt werden. Doch anstatt seinen Job zu machen, verbringt Warren derzeit viel Zeit zu Hause. Denn am 4. August 2022 entfernte ihn DeSantis per Dekret aus seinem Amt.[33] Die Begründung: Warren habe das Recht nur selektiv umgesetzt und damit die Bürger in Tampa und Umgebung in Gefahr gebracht.

Wenn es um Verbrechensbekämpfung geht, dann ist DeSantis ein Republikaner der alten Schule. Harte Kante, keine Gnade. Warren steht für einen anderen Ansatz. Bevor der Gouverneur ihn absetzte, war er einer der bekanntesten Reformstaatsanwälte des Landes. Seine Wähler wussten, was sie bekommen würden. Bereits in seinem ersten Wahlkampf hatte der Demokrat deutlich gemacht, dass er in der Strafverfolgung einen anderen Weg gehen würde als sein republikanischer Vorgänger, ein *Tough-on-Crime-*Knochen, der die Verbrechensbekämpfung in Hillsborough County mehr als eineinhalb Jahrzehnte koordiniert hatte.

Und Warren hielt Wort. Kaum im Amt richtete er eine Kommission zur Überprüfung von Verurteilungen ein, die Unschuldsvermutungen nachgehen sollte. Innerhalb weniger Jahre trug sie dazu bei, einen Mann zu entlasten, der 37 Jahre zu Unrecht im Gefängnis gesessen hatte. Auch hob die Kommission eine Reihe von Verurteilungen auf, die sich auf Aussagen von Polizisten gestützt hatten, die später wegen Fehlverhaltens entlassen wurden.[34]

Doch Warren ging weiter, wollte die Strafverfolgung insgesamt reformieren. Dies sei keine Entscheidung zwischen Härte und vermeintlicher Nachlässigkeit, sagt er. „Wenn jemand 17 Verurteilungen wegen Gewalttaten angesammelt hat, dann müssen wir ihn wegschließen und den Schlüssel wegwerfen“, erklärt Warren. Aber wenn jemand etwa wegen Drogenabhängigkeit oder psychologischer Probleme immer wieder mit dem Gesetz in Konflikt käme, dann löse man das Problem nicht, indem man ihn ins Gefängnis stecke. „Wir müssen die zugrundeliegenden Schwierigkeiten angehen“, findet der Jurist. „Ansonsten können wir Rückfälle nicht vermeiden. Dann wird das Gefängnistor zur Drehtür.“

Es ist eine Überzeugung, zu der Warren durch jahrelange Erfahrung in der Strafjustiz kam. Bevor er sich in seiner Heimat in Florida als Bezirksstaatsanwalt bewarb, arbeitete er viele Jahre für das Justizministerium. Zunächst verfolgte er Straßenkriminalität in Washington, DC. Später machte er sich einen Namen als Experte im Bereich Finanzkriminalität. 2013 wurde er nach Tampa versetzt. Drei Jahre später kandidierte er als State Attorney – und gewann knapp und überraschend.

In der Folge baute Warren die Strafverfolgung in Hillsborough County konsequent um. Bezirksstaatsanwälte haben in den USA traditionell einen großen Spielraum, wie sie gegen Kriminalität vorgehen und welche Straftaten sie verfolgen. Und Warren schöpfte ihn voll aus. Er beendete Taktiken der Polizei, die vom Justizministerium in Washington als rassistisch gebrandmarkt worden waren.[35] Er sprach sich für eine Reform des Kautionssystems aus.[36] Als nach der Ermordung des Afroamerikaners George Floyd durch einen weißen Polizisten im ganzen Land Demonstrationen stattfanden, lehnte Warren es ab, kleinere Gesetzesverstöße, die im Zuge der Proteste stattgefunden hatten, zu verfolgen.[37] Nachdem der US Supreme Court im Sommer 2022 das landesweite Recht auf Abtreibung kassierte und Florida neue Beschränkungen für Schwangerschaftsabbrüche in Kraft setzte, unterschrieb Warren zudem mit anderen Bezirksstaatsanwälten aus dem ganzen Land einen Brief, in dem er klarstellte, dass sein Büro keine Ressourcen darauf aufwenden werde, „Entscheidungen im Bereich der reproduktiven Gesundheit zu kriminalisieren“.[38] Durch solche Schritte wurde Warren zu einer über Florida hinaus bekannten Stimme für einen Reformansatz in der Strafverfolgung. Doch das macht ihm nicht nur Freunde. Hardliner in Kriminalitätsfragen sahen in ihm einen gefährlichen Gegner. Der Abtreibungsbrief lieferte DeSantis nun den Vorwand, gegen den State Attorney vorzugehen.

„In den letzten Jahren haben es einzelne Staatsanwälte auf sich genommen, zu bestimmen, welche Gesetze sie mögen und durchsetzen und welche sie nicht mögen und nicht durchsetzen wollen, und die Ergebnisse in Städten wie Los Angeles und San Francisco waren katastrophal“, sagte der Gouverneur anlässlich Warrens Entfernung aus dem Amt. Er glaube nicht, „dass die Menschen in Hillsborough County eine Agenda haben wollen, die im Grunde genommen *woke* ist“. Anstelle von Warren setzte er eine Loyalistin ein, die zahlreiche Reformen des Demokraten rückgängig machte. Verbessert hat sich seitdem wenig. Die Kriminalitätsrate in Tampa ist nach jahrelangem Rückgang im Zuge der COVID-19-Pandemie seit 2020 wieder ein gutes Stück angestiegen.[39] Gesunken sei sie seit seiner Absetzung nicht, sagt der Ex-Staatsanwalt.

Dass seine Reformen auf Widerstand stoßen würden, davon war Warren ausgegangen. „Aber habe ich erwartet, dass der Gouverneur das Recht bricht, indem er mich dafür suspendiert, dass ich von meinem von der Verfassung garantierten Recht auf freie Meinungsäußerung Gebrauch mache?“, fragt er. „Mit Sicherheit nicht.“ DeSantis habe gegen das Gesetz verstoßen, findet Warren. Ein Bundesgericht bestätigte seine Sicht. „Nicht einen Hauch von Fehlverhalten“ könne man Warren nachweisen, schrieb der zuständige Richter in seinem Urteil. DeSantis habe gegen die Verfassung von Florida verstoßen und den Staatsanwalt in seinen Rechten beschnitten. „Kurz gesagt: Die entscheidenden Beweggründe für die Suspendierung waren das Interesse, einen Reformstaatsanwalt zu Fall zu bringen – einen Staatsanwalt, dessen Leistung nicht mit der Law-and-Order-Agenda des Gouverneurs übereinstimmte – und der politische Nutzen, der sich daraus ergeben würde“, heißt es in dem Urteil weiter.[40] Seinen Job bekam der Demokrat trotzdem nicht zurück. Er habe nicht die Kompetenz, ihn wieder einzusetzen, schrieb der Richter. Warren hat Berufung eingelegt.

Trotz dieses Rückschlags sieht sich der Jurist durch den Gerichtsbeschluss gestärkt. Bestätigte er doch seine Sicht, dass es sehr wohl in seiner Verantwortung lag, zu entscheiden, welche Verbrechen er in Hillsborough County wie verfolgen würde. „Es ist das Recht gewählter Staatsanwälte, im Einklang mit ihrer Gemeinde Prioritäten zu setzen", sagt Warren. Und genau das habe er getan. In seinen Wahlkämpfen habe er den Wählern sehr genau gesagt, was sie von ihm erwarten könnten – „und so habe ich gewonnen". Ob er seinen Job allerdings auf den Rechtsweg zurückbekommt, ist längst nicht klar. Prozesse in den Vereinigten Staaten können sich Monate oder Jahre hinziehen – womöglich bis über das Ende seiner regulären Amtszeit hinaus. Doch sollte der Rechtsweg nicht zum Ziel führen, könnte Warren 2024 erneut für seinen alten Job kandidieren. Er sei offen dafür, sagt er. Doch derzeit konzentriere er sich vor allem darauf, so schnell wie möglich wieder ins Amt zu kommen.

Die Fälle aus Tampa und Stockton zeigen, wie groß die Widerstandkräfte gegen einen Umbau im Strafsystem in den USA sind. Dabei hat auch die amerikanische Bevölkerung längst erkannt, dass der Status quo kaum zu einer freien Gesellschaft passt. Laut einer Gallup-Umfrage aus dem Jahr 2020 hat sich die Zahl der Amerikaner, die die Justiz für zu lasch halten, seit 1992 halbiert – von 83 Prozent auf 41 Prozent. Im selben Zeitraum hat sich die Zahl derer, die sie für zu hart halten, auf 21 Prozent verzehnfacht. Die Trendlinien sprechen also für mehr Veränderung, nicht für weniger. Auch unterstützten 63 Prozent der Befragten das Ziel, die Kriminalitätsrate durch die Bekämpfung sozialer und wirtschaftlicher Probleme zu senken. Mehr Geld für die Polizei forderten in derselben Umfrage nur 34 Prozent.[41]

Die langfristige Entwicklung geht daher auch in den Vereinigten Staaten in Richtung Reform. Das bewies zuletzt ausgerechnet Virginia, die Heimat von George Allen. 2021 schaffte das Commonwealth als erster Südstaat die Todesstrafe ab.[42] Ein Schritt, den der Ex-Gouverneur nicht unbedingt unterstützt. Er sei weiter ein Anhänger, sagt er, allerdings habe die Strafe in den vergangenen Jahren aufgrund ihrer seltenen Anwendung ohnehin an Bedeutung verloren. Tatsächlich hatte in Virginia seit 2017 keine Exekution mehr stattgefunden.[43] Für sein persönliches Sicherheitsempfinden habe sich durch die Abschaffung und die damit wegfallende vermeintliche Abschreckung allerdings nichts verändert, sagt der Ex-Gouverneur. „Wir haben hier immer noch das Recht auf Selbstverteidigung", so Allen. „Und eine Waffe habe ich auch."

Damit ist er nicht allein. Laut einer Studie des Meinungsforschungsinstituts Pew leben rund 40 Prozent der Amerikaner in einem Haushalt mit mindestens einer Waffe.[44] Wie viele Pistolen und Gewehre in den Vereinigten Staaten insgesamt im Umlauf sind, lässt sich gleichwohl nicht so einfach beantworten. Ein nationales Register existiert nicht. 2017 allerdings schätzte das in Genf angesiedelte Small Arms Survey, dass in den USA rund 393 Millionen Waffen in Privatbesitz seien. Damit wäre das Land damals für 40 Prozent des weltweiten Waffenbesitzes durch Zivilisten verantwortlich gewesen – bei gerade einmal vier Prozent der Weltbevölkerung.[45] Die Zahl dürfte seit der Erhebung eher gestiegen als gesunken sein.

Individueller Waffenbesitz war von Beginn an Teil der amerikanischen Kultur. Doch dass die Zahl der Waffen die der Einwohner des Landes deutlich übertrifft, ist eine verhältnismäßig neue Entwicklung. Mitte der 1990er Jahre waren nur rund 192 Millionen Pistolen, Revolver und Gewehre in den Händen von Privatpersonen.[46] Laut einer Studie der Johns Hopkins University wurden sie größtenteils zum Jagen genutzt.[47] Doch das änderte sich. Laut einer Gallup-Umfrage ist für fast zwei Drittel der amerikanischen Waffenbesitzer der Schutz ihrer persönlichen Sicherheit der Grund für die Anschaffung.[48] Seit 2013 erlauben alle 50 Bundesstaaten und die Hauptstadt Washington, DC zumindest einigen Zivilisten das Tragen versteckter Waffen in der Öffentlichkeit.[49] 1990 war dies noch in 16 Bundesstaaten verboten. Unter anderem in Texas.[50]

Damit sind Schusswaffen in den USA längst zu einem Alltagsphänomen geworden. Eine Pistole an der Hüfte des Mannes neben einem an der Tankstelle ist in großen Teilen des Landes keine Seltenheit. Viele sehen in dem Recht auf Waffenbesitz eine der tragenden Säulen der amerikanischen Freiheitsbewegung. Eine bewaffnete Bevölkerung, so die Lesart, sei in der Lage, sich gegen einen übergriffigen Staat zu verteidigen, ihre Rechte auch gegen ein potenziell tyrannisches Regime durchzusetzen. Dass der zweite Verfassungszusatz das individuelle Recht auf Waffenbesitz festschreibt, hat der Oberste Gerichtshof 2008 festgestellt.[51] Ob dies tatsächlich die Absicht der Gründerväter der Vereinigten Staaten war, ist umstritten. Doch für die Lebensrealität spielen entsprechende Historikerdebatten keine Rolle. Derzeit sind die USA die bewaffnetste Nation der Welt. Auf Platz zwei folgt das Kriegsland Jemen.[52]

Die Kehrseite dieser Entwicklung ist offensichtlich. 2020 kamen in den USA 45 222 Menschen durch Schusswaffen ums Leben – der Großteil von ihnen durch Selbstmord.[53] Diese Zahl ist in den vergangenen Jahren stetig gestiegen. Die Summe der mit einer Schusswaffe verübten Morde liegt in den Vereinigten Staaten gemessen an der Bevölkerungsgröße 22-mal höher als in der Europäischen Union.[54] Die führende Todesursache für Kinder und Jugendliche in den USA sind: Waffen.[55]

Tetiana Hatley neigt dazu, die Dinge etwas weiter zu treiben als andere. Es ist ein Wesenszug, der ihr gute Dienste geleistet hat.

In ihrer Jugend in der Ukraine fing sie mit dem Gewichtheben an – und machte aus dem Hobby bald ihre Berufung. Wo andere eine Freizeitbeschäftigung sahen, sah sie den Leistungssport. Sie trainierte hart, wurde Teil der Nationalmannschaft. Im Alter von 18 Jahren erstemmte sie sich den Weltmeistertitel – als bis dahin jüngste Frau, wie sie erzählt. Sie hoffte, dass ihre sportliche Karriere ihr ein Visum für die USA ermöglichen würde, doch der Versuch scheiterte. Hatley blieb gleichwohl dran, suchte andere Wege in ihr Sehnsuchtsland. 2012 erkämpfte sie sich schließlich eine Green Card. Vor zwei Jahren nahm sie die amerikanische Staatsangehörigkeit an.

Mit Schusswaffen hatte Hatley bis zu ihrem Umzug in die USA nie etwas zu tun. Schießen hatte sie in der Ukraine nur mit Sportschützen in Verbindung gebracht – nichts, was die Gewichtheberin interessiert hätte. Das änderte sich in Amerika. Ihr ebenfalls in den Staaten lebender Stiefvater nahm sie eines Tages mit auf den Schießstand. Hatley hatte Spaß, aber so richtig begeistert war sie noch nicht. Das änderte sich, als sie ihren zweiten Ehemann kennenlernte. Der ehemalige Air-Force-Soldat kannte sich gut aus, führte sie näher an die Waffenkultur des Landes heran. 2019 kaufte Hatley ihre erste Pistole. Sie war angefixt.

Hatley sitzt in einem Coffeeshop in Chantilly, Virginia, einem Ort im Speckgürtel von Washington, DC. Kinnlange braune Haare, offenes Lächeln, roter Strasshirsch auf dem grauen T-Shirt: Rein optisch weist nichts darauf hin, dass die junge Frau bei sich zu Hause ein ganzes Arsenal verstaut hat. Wie viele Waffen sie und ihr Mann insgesamt besitzen, kann sie nicht genau beziffern. „Zu wenige“, sagt sie und lacht.

Für die ehemalige Weltmeisterin waren die Waffen eine neue Herausforderung. Schnell wurden ihr die statischen Ziele auf dem Schießstand zu langweilig. Also erhöhte sie den Schwierigkeitsgrad. Sie feuerte aus Helikoptern, brachte sich das beidhändige Schießen bei. Bald nahm sie an 2 Gun Action Challenge

Matches teil – eine Kombination aus Hindernisparcours, taktischer Mission, Zielschießen mit scharfer Munition und Cross Fit. In manchen Wettbewerben ist sie die einzige Frau. „Ich habe nun einmal einen gewissen Konkurrenzgeist", sagt sie.

Doch es ist nicht nur der Spaß, der Hatley tief in die Waffenkultur hineingezogen hat. Es ist auch der Sicherheitsgedanke. Zwar leben sie und ihre Familie in einer der sichersten Regionen der USA,[56] doch auch in der Gegend um Chantilly herum ist die Kriminalität zuletzt gestiegen.[57] Dass einige Geschäfte in der Nachbarschaft das Tragen von Waffen dennoch untersagen, kann sie nicht verstehen. Sie würde solche Läden nie betreten, wenn sie keine bewaffneten Wachleute an der Tür hätten, sagt sie. „Verbrecher halten sich nicht an solche Verbote", so ihre Begründung. Ohne Waffe in der Nähe fühle sie sich schutzlos.

Damit ist sie nicht allein. Die steigenden Kriminalitätsraten lassen das Bedürfnis vieler Amerikaner wachsen, ihre Sicherheit in die eigene Hand zu nehmen. Der Anteil der Waffenbesitzer an der Bevölkerung wächst – vor allem dadurch, dass immer mehr Frauen zur Pistole oder zum Gewehr greifen. Zwar ist die Geschlechterlücke immer noch groß, doch sie schrumpft. Vor rund 15 Jahren besaßen Erhebungen des Meinungsforschungsinstituts Gallup zufolge nur 13 Prozent aller Amerikanerinnen eine Waffe. Heute sind es 22 Prozent. Für Männer sank diese Zahl im selben Zeitraum von 46 auf 43 Prozent.[58]

Längst haben sich die Waffenhersteller auf den neuen Markt eingestellt. Pistolen gibt es mittlerweile in allen Größen und Farben – natürlich auch im unvermeidlichen Pink. Jedes Waffengeschäft, das etwas auf sich hält, hat heute auch Handtaschen mit speziellen Fächern für Pistolen im Angebot. Das Verkaufsargument: Sicherheit – und damit Freiheit – für alle.

Auch Hatley führt Frauen – sie spricht konsequent von Ladys – an Handfeuerwaffen heran. Sie leitet den regionalen Ableger der Gruppe A Girl & A Gun im Norden Virginias. Regelmäßig kommt sie mit interessierten Damen zusammen, geht Sicherheitsvorkehrungen durch, erklärt Funktionen, gibt Tipps für den Waffenkauf. „Oft hat der Ehemann einfach eine rosafarbene Pistole mitgebracht, ohne dass die Lady sie ausprobiert hat", sagt Hatley. Nicht selten hätten die Neubesitzerinnen dann Angst vor der Waffe, wüssten nicht, wie sie damit umgehen sollen. Doch Angst, findet Hatley, ist ein schlechter Ratgeber. „Eine Waffe ist nicht böse oder gefährlich", sagt sie. Der richtige Umgang damit sei entscheidend.

Wer in Ashburn, Virginia, etwas erleben will, der fährt vermutlich den Russell Branch Parkway entlang. Die Straße am Rande der Stadt unweit des internationalen Flughafens von Washington, DC, ist Heimat für eine ganze Reihe von Sport- und Unterhaltungseinrichtungen. Ein Golfrestaurant mit angeschlossener Driving Range hat hier seine Tore eröffnet. Um die Ecke wird Skydiving angeboten. Und dann wäre da noch das XCAL Shooting Sports and Fitness, ein moderner Schießstand mit angeschlossenem Gym. Direkt am Eingang lockt eine voll ausgestattete Kaffeebar den Kunden, einige Schritte weiter, vorbei an Vitrinen voller Pistolen, Revolver, Shotguns und Sturmgewehre, kann man sich zum Schießen anmelden. Das freundliche Personal trägt Polohemden mit eingesticktem Firmenlogo auf der Brust. Hinter der Kasse hängt eine Panzerfaust an der Wand.

Sonderlich hoch sind die Hürden für Anfänger hier nicht. Alles, was man mitbringen muss, ist ein Führerschein. Ein vierminütiges Sicherheitsvideo und ein per QR-Code aufgerufenes Formular zum Haftungsausschluss später kann man auf einem privaten Schießstand auf Pappziele anlegen. Alternativ werden auch Spa-Behandlungen angeboten.

Hatley ist natürlich eine viel zu erfahrene Schützin, um ihre Freizeit auf einer solchen Shooting Range zu verbringen. Trotzdem ist sie nach Ashburn gekommen. Ihre Haare trägt sie in einem kurzen Pferdeschwanz unter einer dunklen Schirmmütze. Auch sonst ist sie sportlich gekleidet. Dass ihr Ziel an diesem Vormittag der Schießstand ist und nicht das Gym, lässt sich höchstens an der riesigen Waffentasche erkennen, sie sie über ihre Schulter geworfen hat. Auf ihr prangt die blau-gelbe Flagge der Ukraine.

Hatley strahlt Sicherheit aus. Zu Beginn der Stunde geht sie die wichtigsten Vorsichtsmaßnahmen durch: Behandle jede Waffe, als wäre sie geladen. Ziele nie auf etwas, das du nicht zerstören willst. Sei sicher, was dein Ziel ist und was sich dahinter befindet. Und: Leg den Finger erst dann auf den Abzug, wenn du bereit zum Feuern bist. Erst dann packt sie ihr Arsenal aus – zunächst mehrere Pistolen mit mehr oder weniger großem Kaliber, dann ein Sturmgewehr, schließlich eine Shotgun. Es ist nur ein Bruchteil der Waffen, die sie und ihr Mann zu Hause haben, aber für eine Demonstration ist es mehr als genug.

Schnell ist zu spüren, dass Hatley zertifizierte Waffentrainerin ist. Immer wieder erklärt sie die richtige Handstellung, korrigiert den Stand, gibt Tipps für besseres Zielen. Schließlich zeigt sie, wie es richtig geht, greift nach ihrem halbautomatischen AR-15. Sie hat es selbst gebaut, die Einzelteile nach ihren Anforderungen zusammengestellt. Das Schutzblech über dem Lauf ziert in geschwungener Schrift „We The People", die ersten Worte der amerikanischen Verfassung. Hatley legt an, wirft einen kurzen Blick durch das Zielfernrohr – und schießt zwei Patronen durch die Mitte des bereits durchlöcherten Pappmännchens, das am Ende der Schießanlage von der Decke baumelt.

Nichts an diesem Vormittag im XCAL wirkt gefährlich. Das liegt am freundlichen Ambiente des Geschäfts, aber vor allem an Hatley. Für die erfahrene Trainerin sind klare Regeln und Vertrautheit der Schlüssel zu einem verantwortungsbewussten Umgang mit Schusswaffen. Strengere Gesetze lehnt sich gleichwohl ab. Die brächten nichts. Natürlich sollte jeder, der eine Waffe kauft, ein Training durchlaufen, findet sie. Aber verpflichten könne man dazu niemanden. Dagegen spreche der zweite Verfassungszusatz.

Mit dieser Meinung ist sie selbst in den waffenverliebten Vereinigten Staaten in der Minderheit. Fast zwei Drittel der amerikanischen Bevölkerung sind mit dem Zustand der Waffengesetze unzufrieden.[59] In einigen Umfragen sprechen sich gar mehr als 70 Prozent dafür aus, das Recht auf Waffenbesitz restriktiver als heute auszulegen.[60] Doch die Chance, dass es dazu kommt, ist gering. Der politische Widerstand gegen schärfere Gesetze ist groß – und das nicht nur wegen der Macht der National Rifle Association (NRA), dem Interessenverband der Waffenhersteller. Denn auch wenn sich große Mehrheiten für eine Einschränkung aussprechen: Eine Priorität hat das Thema für die meisten Wähler nicht.[61] Für die Gegner einer Verschärfung ist das liberale Waffenrecht hingegen eines der wichtigsten Anliegen. Das macht es für Abgeordnete mit vielen Waffenfans im Wahlkreis politisch riskant, für Veränderungen einzutreten – insbesondere für Republikaner. Als die Biden-Administration im Jahr 2022 eine überparteilich ausgehandelte, moderate Verschärfung des Waffenrechts durch den Kongress brachte, stimmten im Repräsentantenhaus gerade einmal 14 Politiker der GOP für die Reform.

Auf Hatley und ihren Mann haben die neuen Regeln keine Auswirkung. Und wenn es um das Thema Sicherheit geht, verlassen sie sich ohnehin nicht auf den Staat. Zu Hause lagert ihr Arsenal im Safe. Und um Unfälle gar nicht erst zuzulassen, haben sie auch ihren zwei Söhnen, beides Teenager, früh den Umgang mit Waffen beigebracht. Eine Pistole des Kalibers .22 sei für junge Schützen schon leicht zu bedienen. „Die hat nach dem Abzug kaum einen Rückstoß, aber auch sie macht ein Loch", sagt Hatley. Waffennarren hätten sie so allerdings nicht herangezogen. „Zum Schießstand wollen die Jungs nur noch selten mitkommen", sagt Hatley. Zu langweilig sei das Hobby der Eltern mittlerweile. Doch ihre Schlussfolgerung bleibt: Der verantwortungsbewusste Umgang mit Schusswaffen schützt die Sicherheit des Einzelnen. Und seine Freiheit.

Am 14. Februar 2018 um 14.21 Uhr betritt ein ehemaliger Schüler das Gebäude 12 der Marjory Stoneman Douglas High School in Parkland, Florida.[62] Für sich genommen macht der junge Mann kaum einen bedrohlichen Eindruck. Er ist 1,70 Meter groß, wiegt keine 60 Kilogramm.[63] Doch der 19-Jährige hat sich Mühe gegeben, seine schmächtige Statur zu kaschieren. Er trägt die Uniform des Junior Reserve Officers‘ Training Corps der US-Army, ein Hemd mit kastanienbraunem Kragen, schwarze Hose, dazu Stiefel, Baseball-Mütze und Sichtschutz. Bei sich hat er eine schwarze Waffentasche, in der ein semiautomatisches Sturmgewehr der Bauart AR-15 steckt. Auch Rauchgranaten und Munition hat er mitgebracht. In beide Seiten des Magazins hatte er zuvor Hakenkreuze geritzt.[64] 15 Sekunden nachdem er die Schule betreten hat, zieht er die Waffe aus der Tasche. Dann eröffnet er das Feuer.

In den nächsten Minuten wird der Schütze zunächst im ersten Stockwerk des Gebäudes Schüsse abgeben. Dann betätigt er den Feueralarm – mutmaßlich, um Schüler aus ihren Klassenzimmern zu locken. Schließlich geht er die Treppen hinauf, schießt auch auf der zweiten und dritten Etage auf ehemalige Lehrer und Klassenkameraden. Als er um 14.27 Uhr seine Waffe ablegt und das Gebäude verlässt, sind 17 Menschen tot. Um 15.40 Uhr wird der Schütze festgenommen.[65] Kurz zuvor hatte er sich noch bei einem Subway etwas zu trinken gekauft und sich in einem nahegelegenen McDonald's mit einem ehemaligen Mitschüler unterhalten. Dass der Schütze dessen Schwester kurz zuvor angeschossen und schwer verletzt hat, sagt er seinem Bekannten nicht.[66]

Die sechs Minuten am Valentinstag haben das Leben tausender Menschen verändert. Zuallererst natürlich das der Schwerverletzten und der Angehörigen der Ermordeten. Aber die Auswirkungen des Massakers sind weit über diesen Opferkreis hinaus spürbar. Schon wegen der unfassbar hohen Zahl der Toten ist Parkland zu einem der wenigen School Shootings geworden, die aus der Masse der Schießereien an Bildungseinrichtungen in den USA hervorstechen. Der Name des Orts in Florida ist zu einer Chiffre geworden – wie Columbine, Sandy Hook oder Uvalde. Der Schmerz, den der Schütze seiner Heimat und dem ganzen Land zugefügt hat, wird nicht vergehen. Und er wirft einmal mehr die grundsätzliche Frage auf, warum es den Vereinigten Staaten nicht gelingt, das Verhältnis aus Freiheit und Sicherheit so auszutarieren, dass Kinder keine Angst um ihr Leben haben müssen, wenn sie morgens ihr Schulgebäude betreten. Denn School Shootings sind eine amerikanische Besonderheit. In keinem anderen Land der Welt passieren sie mit einer annähernd vergleichbaren Regelmäßigkeit. Zwischen 2009 und 2018 fanden in den USA 288 Schießereien in Schulen statt. In Mexiko, der zweiplatzierten Nation, waren es im selben Zeitraum acht.[67]

Sirenen können Angelina Lazo bis heute zum Erstarren bringen. „Manchmal wenn ein Krankenwagen an mir vorbeifährt, starre ich einfach ins Nichts", sagt sie. „Dann bin ich mit meinen Gedanken wieder zurück in Parkland." Sie war 18 Jahre alt, als am 14. Februar 2018 der Feueralarm und die Schüsse durch das Schulgebäude hallten. Eigentlich hätte sie sich damals auf ihre letzten Wochen als Schülerin an der Marjory Stoneman Douglas High School vorbereiten sollen, die kürzer werdende Zeit mit ihren Freunden genießen. Doch der Anschlag auf ihre Schule änderte alles. Anstatt ihre Schulzeit mit der gebotenen Leichtigkeit zu beenden, stürzte sie sich in den Aktivismus – organisierte Demonstrationen für ein schärferes Waffenrecht, trat im Fernsehen auf, damit die Opfer nicht in Vergessenheit geraten. Zum Abschlussball, den die Schule trotz der Tragödie veranstaltete, ging sie verkleidet als Lady Stark of Winterfell aus der Fernsehserie *Game of Thrones*. Doch die erhoffte Zerstreuung fand sie im Ballsaal des Westin Fort Lauderdale Beach Resorts nicht – und das nicht nur wegen der 17 Schweigesekunden, mit denen an die Getöteten des Massakers erinnert werden sollte. „Ich habe so oft auf dem Abschlussball geweint, weil es Schüler gab, die dort hätten sein sollen", twitterte sie nach der Feier. „Aber sie waren nicht da …" Unter den Opfern des Schützen waren auch vier Mitglieder der Abschlussklasse.[68]

Gemessen an dem, was Lazo hätte passieren können, hat sie noch Glück gehabt. Nachdem der Schütze das Feuer eröffnet hatte, kam sie unverletzt aus der Schule, konnte sich schnell in Sicherheit bringen. Keine Selbstverständlichkeit. Einen ihrer Freunde, Joaquin Oliver, richtete der Schütze geradezu hin. Ein Überwachungsvideo hielt fest, wie er Oliver außerhalb eines Badezimmers im dritten Stock von Gebäude 12 aus nächster Nähe erschoss. Bei der Autopsie stellte der Gerichtsmediziner mehrere Einschusswunden im Körper des 17-Jährigen fest – unter anderem in Olivers rechter Hand. Der junge Mann hatte versucht, die Kugeln aus dem Sturmgewehr abzuwehren. Vergeblich. Ein Projektil traf ihn über dem linken Ohr in den Kopf.[69] Während des Prozesses gegen den Schützen wurde Oliver als „Opfer Nr. 15" geführt.

Von Olivers Tod erfuhr Lazo am Tag nach dem Attentat auf ihre Schule. Bis heute kann sie den Verlust nur schwer verarbeiten. Einmal sah sie einen jungen Mann mit schwarzem Kapuzenpullover, Rucksack und blondierten Haaren durch das Fenster des Geschäfts, in dem sie damals arbeitete, und begann plötzlich zu weinen. „Ich dachte, es wäre Joaquin", erinnert sie sich.

Doch es ist nicht nur die Trauer, durch die Lazos Leben bis heute von der Erfahrung geprägt wird. Ihr Vertrauen in ihre Sicherheit in der Welt hat Schaden genommen. Der Schütze war kein Fremder. Er und Lazo saßen zusammen im Biologieunterricht. Einen Ruf als Sonderling hatte er schon lange. Vor dem

Attentat hätten Schüler immer wieder gescherzt, dass der Junge wohl eines Tages die Schule zusammenschießen würde. Doch es gab auch ernstzunehmende Hinweise auf die Gefährlichkeit des jungen Mannes. Auf Social Media posierte er mit Waffen, lud Bilder von Tieren hoch, die er gefoltert und getötet hatte. Sogar seine Mutter nannte ihn Zeugenaussagen zufolge „böse“.[70] Trotzdem konnte er am Valentinstag 2018 bewaffnet und unbehelligt seine ehemalige Schule betreten und ein Blutbad anrichten.

Lazo ist mit dieser Erfahrung alles andere als allein. Laut einer Auswertung der *Washington Post* haben seit dem Attentat auf die Columbine High School in Colorado im Jahr 1999 rund 350 000 Kinder in den USA eine Schießerei an ihrer Schule erlebt.[71] Tendenz stark steigend. Die Zahl der School Shootings kletterte 2022 auf 46 – ein historischer Höchststand. Längst nicht alle dieser Attacken enden tödlich. Doch für die Überlebenden sind die Auswirkungen dennoch äußerst ernst. Laut einer Auswertung des Stanford Institute for Economic Policy Research haben Überlebende ein deutlich erhöhtes Risiko, an psychischen Erkrankungen zu leiden. Im direkten Umkreis von Schulen, die einen tödlichen Angriff erlebt haben, steigt die Verschreibungsquote für Antidepressiva für Jugendliche. Die akademischen Leistungen sinken – und damit langfristig auch das Durchschnittseinkommen.[72] Die Folgen sind also selbst für die vermeintlich glücklichen Opfer der Massenschießereien ernst und langanhaltend.

Auch Lazo lebt bis heute mit den Auswirkungen des Massakers. Kurz nach ihrem High-School-Abschluss zog sie mit ihren Eltern nach Georgia, weit weg von Parkland, für einen Neuanfang. Zunächst hasste sie es. Der Umzug riss sie aus ihrem Umfeld, sie vermisste ihre Freunde. Doch in der Rückschau ist sie ihren Eltern dankbar. „Ich habe damals gar nicht gemerkt, wie sehr mich der Vorfall mitgenommen hat“, sagt sie.

Heute geht es ihr besser. Lazo ist verheiratet, arbeitet in einem Brautmodengeschäft. Gemeinsam mit ihrem Mann macht sie Pläne für die Zukunft, denkt über Kinder nach und über die Eröffnung eines italienischen Restaurants. Aber leicht war es für sie nicht, an diesen Punkt zu kommen. In Georgia wurde bei ihr eine Posttraumatische Belastungsstörung diagnostiziert. Sie begann eine Therapie. Doch hinter sich gelassen hat sie Parkland bis heute nicht. Immer wieder – vor allem am Valentinstag – kämen die Erinnerungen und Gefühle des 14. Februar 2018 zurück. „Ich habe gelernt, damit umzugehen", sagt Lazo. „Aber es ist immer noch ein Teil von mir."

Ist Angelina Lazo frei? Große Teile ihres Lebens sind geprägt von einem Trauma, dem sie nicht entkommen kann. Die sehr amerikanische Erfahrung, Opfer eines School Shootings zu sein, belastet sie seit Jahren, gefährdete ihre Gesundheit, ihre Beziehung, bestimmte ihren Lebensort und ihren Freundeskreis. Das Sicherheitsempfinden der jungen Frau bleibt erschüttert durch einen Gewaltakt, der ohne das sehr spezielle Freiheitsverständnis in den USA mit Blick auf Waffen wohl nicht in dieser Form stattgefunden hätte. Mit Blick auf Lazo und viele andere Überlebende ist die Abwägung von Freiheit und Sicherheit damit gescheitert. Mit Blick auf die Ermordeten erst recht. Der Schütze wiederum wird am Leben bleiben. Viereinhalb Jahre nach seiner Bluttat verurteilte ihn ein Gericht zu lebenslanger Haft. Bewährung ausgeschlossen.[73]

Freies Wort

Auf den ersten Blick unterscheidet sich Skokie, Illinois, nicht von tausenden anderen kleinen Gemeinden im Mittleren Westen der USA. Freistehende Einfamilienhäuser, ein paar Grünflächen, ein Rathaus aus rotem Backstein mit korinthischen Säulen vor dem Eingang und einer kleinen goldenen Kuppel auf dem Dach. Fast 70 000 Menschen leben hier im Speckgürtel von Chicago, mehr als genug, um den Ort zur Kleinstadt zu erklären. Doch Skokie wollte das nie. Zeitweise nannte sich die Siedlung „das größte Dorf der Welt".[1]

In den 1970ern stach Skokie jedoch nicht nur durch seine betonte Provinzialität aus den Vororten in der Region hervor. Das Dorf machte landesweit Schlagzeilen, stand im Mittelpunkt einer enormen Kontroverse, die es bis vor den Obersten Gerichtshof der Vereinigten Staaten schaffte. Skokie wurde zu einem Symbol für den Streit um die Grenzen des Sagbaren, die Schranken der Meinungsfreiheit und den Umgang mit Hass.

Wie viele andere Gemeinden im Mittleren Westen wurde Skokie im späten 19. Jahrhundert zunächst von den Nachfahren deutscher Einwanderer besiedelt. Doch nach dem Zweiten Weltkrieg begann der Anteil der jüdischen Bevölkerung zu wachsen. In den 1970ern stellten Juden die Mehrheit der Bewohner des Dorfes, ein großer Teil, Schätzungen zufolge bis zu 7000, waren Überlebende des Holocaust und ihre Familien.[2] Da kam es als ein besonders großer Schock, dass im September 1976 plötzlich Flugblätter in der Gemeinde auftauchten. Sie zeigten ein Hakenkreuz, das nach der Karikatur eines osteuropäischen Ghettojuden greift. Begleitet wurde die antisemitische Zeichnung von drei Worten in Großbuchstaben: WE ARE COMING. Wir kommen.[3]

Der Absender der Pamphlete war die National Socialist Party of America (NSPA), eine rechtsextreme Splittergruppe, die sich im Streit von der American Nazi Party abgespalten hatte. Groß war sie nicht. Vielleicht zwei Dutzend Mitglieder gingen regelmäßig in der Parteizentrale in der Marquette-Park-Nachbarschaft auf der South Side von Chicago ein und aus,[4] in der Gründer Frank Collin Hitlerbilder und rassistische Parolen an die Wände gehängt hatte.

Collin brauchte Aufmerksamkeit, um sein Weltbild in die Öffentlichkeit zu tragen. Also demonstrierte er mit seinen Anhängern in voller Nazi-Uniform – Braunhemd, Schaftstiefel, Schulterriemen, Hakenkreuzarmbinde – in der städtischen Grünanlage, die dem Viertel seinen Namen gab. Eine Provokation, insbesondere für die schwarzen Anhänger der Martin Luther King Jr. Coalition, die ebenfalls im Marquette Park Kundgebungen abhielt, um gegen Diskriminierung auf dem Wohnungsmarkt zu demonstrieren. Im Sommer 1976 kam es immer wieder zu Zusammenstößen zwischen den Gruppen. Einmal, als die Bürgerrechtler nicht auftauchten, attackierten rund 200 Unterstützer der NSPA stattdessen die wartende Polizei. Irgendwann hatte die Stadtverwaltung genug von den ständigen Störungen und verhängte Auflagen für Kundgebungen. Gruppen, die in städtischen Parks demonstrieren wollten, mussten ab sofort eine Kaution in Höhe von 50 000 Dollar hinterlegen und eine Schadensversicherungspolice mit einer Deckungssumme von bis zu 300 000 Dollar vorweisen[5] – ein faktisches Demonstrationsverbot. Denn so viel Geld hatten weder die Coalition noch die Nazi-Partei zur Verfügung. Und einen Versicherer hätten sie ohnehin nicht gefunden.

Für Collin waren die Auflagen ein Desaster. Ohne die öffentlichen Demonstrationen hatte er kaum eine Möglichkeit, seine Ideologie zu verbreiten. Also suchte er nach einem neuen Ort, um seine Kundgebungen abzuhalten. Kurz nachdem er die antisemitischen Flugblätter in den Gemeinden nördlich der Metropole hatte verteilen lassen, schickte er ein Schreiben an die Verwaltungen mehrerer Vororte. Unter dem Briefkopf der NSPA aus Hakenkreuz und Reichsadler beantragte er die Genehmigung für eine Kundgebung seiner Partei. Alle Gemeinden ignorierten das Schreiben. Bis auf Skokie.[6]

Dass uniformierte Nazis durch ihr Dorf marschieren wollten, löste unter den Bewohnern einen Aufschrei aus. Die Verwaltung suchte hastig nach Gründen, die Demonstration zu verhindern. Wie schon die Stadtregierung von Chicago verabschiedete der Stadtrat von Skokie eine Auflage, die von Organisatoren von Kundgebungen eine Versicherung gegen mögliche Schäden verlangte. Auch verhängte das Dorf ein Uniformverbot, um den Bewohnern den Anblick von Braunhemden zu ersparen.[7] Doch Collin ließ sich davon nicht abhalten. Die Empörung war genau das, was er erreichen wollte. Also provozierte er weiter. „Ich hoffe, dass sie Angst haben. Ich hoffe, dass sie schockiert sind", sagte er einem Journalisten der *Chicago Sun Times*. „Es ist mir egal, ob die Mutter, der Vater oder der Bruder von jemanden in den Gaskammern gestorben ist. Das Traurige ist nicht, dass sechs Millionen Juden tot sind. Das Traurige ist, dass es so viele jüdische Überlebende gibt."[8] Im März 1977 schrieb der Nazi-Führer den nächsten Brief an Skokie, sprach den Auflagen des Dorfes die Rechtmäßigkeit ab und kündigte eine Demonstration für den 1. Mai an. 30 bis 50 Nazis in brauner Uniform mit Hakenkreuzbinde würden eine halbe Stunde vor den Säulen des Rathauses Losungen wie „Freie Meinungsäußerung für das weiße Amerika" skandieren und sich dann in die Parteizentrale auf der South Side von Chicago zurückziehen. Skokie blieb hart, klagte, um die Kundgebung zu untersagen. Da griff Collin zum Telefon und wählte die Nummer des Büros der Bürgerrechtsorganisation ACLU in Illinois.[9]

Mit Rechtsstreitigkeiten kannte sich die American Civil Liberties Union aus. Gegründet wurde die Organisation 1920, um den damals grassierenden Einschränkungen der Bürgerrechte in den USA etwas entgegenzusetzen. Während des Ersten Weltkriegs hatte die Regierung die Meinungs- und Pressefreiheit massiv beschnitten,[10] nach dem Waffenstillstand ergriff der erste *Red Scare* das Land – also die Angst vor kommunistischer Infiltration. Die Administration reagierte mit Härte. Unter Aufsicht des damaligen Justizministers wurden tausende verdächtigte Kommunisten, Sozialisten und Anarchisten ohne Haftbefehl in Gewahrsam genommen, 249 Menschen ohne Verfahren abgeschoben[11] – ein klarer Verstoß gegen die in der amerikanischen Verfassung garantierten Grundrechte. Als Reaktion gründete der Aktivist Roger Nash Baldwin in New York die ACLU, um die Freiheiten der amerikanischen Bevölkerung zu verteidigen.[12] In der Folge klagte die Organisation immer wieder, wenn der Staat die Rechte seiner Bürger aus ihrer Sicht ungerechtfertigt einschränkte – sei es die Unverletzbarkeit der Wohnung, der Anspruch auf einen fairen Prozess oder eben die Meinungsfreiheit. Ihr Motto: Wir verteidigen die Rechte aller Menschen im ganzen Land.[13]

Angesichts dieses Selbstverständnisses zögerte die ACLU im Frühjahr 1977 auch nicht, als sie plötzlich einen Nazi am Telefon hatte. Mit der Rechtslage waren die Anwälte der Organisation vertraut. Nachdem Chicago die finanziellen Auflagen für Demonstrationen in öffentlichen Parks verhängt hatte, verklagte die ACLU die Stadt im Namen der Martin Luther King Jr. Coalition. Nun übernahm sie auch die Verteidigung der NSPA – und das sehr erfolgreich. In einer Reihe von Prozessen bis hinauf zum US Supreme Court setzte sie das Recht der Nazis durch, in Uniform durch das von zahlreichen Holocaustüberlebenden bewohnte Dorf zu marschieren.[14] Doch trotz des Triumphes verzichtete die NSPA schlussendlich auf einen Marsch in Skokie. Collin wollte nicht in dem Vorort demonstrieren, sondern in Chicago. Und nachdem er dort eine Fläche fand, auf der er ohne Genehmigung seine Kundgebung abhalten konnte, wandte sich die Partei vom

Dorf ab. Im Juni 1978 demonstrierte die Gruppe in der Innenstadt, einen Monat später kehrte sie für eine Kundgebung in den Marquette Park zurück. Bei beiden Veranstaltungen standen rund 25 uniformierte Nazis etwa 2000 Gegendemonstranten gegenüber.[15] Ein Jahr später setzte die NSPA Frank Collin ab, nachdem bekannt geworden war, dass er einen jüdischen Vater hatte und obendrein pädophil war.[16] 1981 löste sich die Partei auf.

Für die ACLU war der Ausgang der Skokie-Prozesse ein juristischer Erfolg. Doch für das Überleben der Organisation war er gefährlich. Aus dem ganzen Land gingen Austrittserklärungen in der Zentrale der Bürgerrechtler ein. Schätzungen zufolge verlor sie bis zu 50 000 Mitglieder.[17] „Wir steckten in der Krise", sagt Ira Glasser, langjähriger Chef der Bürgerrechtsorganisation. Trotzdem habe man intern die Entscheidung, die Nazis zu vertreten, nie in Frage gestellt.

Glasser sitzt im Empire Diner an der 10th Avenue im New Yorker Stadtteil Chelsea. Mittlerweile ist er in seinen Achtzigern, doch wenn er über Skokie und die Folgen spricht, blitzen die Augen über seinem buschigen grauen Schnurrbart auf. Kurz nachdem die NSPA im Marquette Park aufmarschieren durfte, im Herbst 1978, übernahm Glasser die Führung der ACLU. Zuvor hatte er bereits den Ableger der Organisation in New York geleitet. Doch die Folgen der Nazi-Prozesse überschatteten seine ersten Monate im neuen Amt. „Wir waren auf die Spenden unserer Mitglieder angewiesen, um unsere Arbeit zu machen", sagt Glasser. Die Austrittswelle war deshalb für die ACLU extrem gefährlich. Finanzielle Reserven hatte die Organisation nicht. Also setzte sich Glasser hin und schrieb einen Brief an die verbliebenen Förderer. Der Titel: „Warum die ACLU die freie Rede von Rassisten und Totalitaristen verteidigt".

Der Ton des Schreibens war nüchtern, doch an Glassers Überzeugung ließ es keinen Zweifel. „Wir können dem ersten

Verfassungszusatz nicht treu bleiben, wenn wir ihm den Rücken kehren, sobald er auf die Probe gestellt wird", schrieb er. Denn das Recht auf freie Meinungsäußerung gelte auch für diejenigen, „deren Ansichten wir am meisten verachten".[18] Dann bat er um zusätzliche Spenden für die ACLU.

Der Brief war ein Erfolg. Innerhalb weniger Monate sammelte die Organisation mehr als eine Million Dollar an Zuwendungen ein. Noch Jahre später nutzte sie das Schreiben zum Spendensammeln und zur Anwerbung neuer Mitglieder. Auch verschaffte Glassers Haltung der ACLU in der Bevölkerung Respekt. Der neue Direktor stieg zu einem der führenden öffentlichen Intellektuellen des Landes auf. Das nutzte er, um die Organisation zu professionalisieren. 1978 unterhielt die ACLU nur in etwa der Hälfte der Bundesstaaten ein Büro. 2001, am Ende von Glassers Amtszeit, war sie ins ganze Land expandiert. Ihr Budget hatte der Chef von jährlich vier Millionen Dollar auf mehr als das Zehnfache gesteigert. Auch erweiterte Glasser den Instrumentenkasten der Bürgerrechtler. Anstatt nur auf Klagen und Prozesse zu setzen, baute die ACLU unter ihm einen Lobbying-Arm auf und setzte auf öffentliche Informationskampagnen. Bis heute sieht Glasser seine Erfolge als einen Nachhall auf die Skokie-Prozesse und ihre Verteidigung in der Öffentlichkeit. „Es hat funktioniert, weil wir unsere Position erklärt und keinen Rückzieher gemacht haben", sagt er. Und diese Erklärung hätte schlicht bei genügend Menschen Anklang gefunden – „inklusive bei solchen, die die Nazis hassten".

Die Meinungsfreiheit ist womöglich die wichtigste tragende Säule der Vereinigten Staaten. Es ist kein Zufall, dass sie bei der Aufstellung der Grundrechte in der Bill of Rights an erster Stelle steht. Der fast ungehinderte Austausch von Argumenten, Einschätzungen und Informationen ist das Fundament der amerikanischen Republik. „Unsere Freiheit hängt von der Pressefreiheit ab", schrieb Thomas Jefferson bereits 1786. „Und sie kann nicht eingeschränkt werden, ohne verloren zu gehen."[19]

Aus dieser Tradition leiten die USA einen viel weitergehendes Meinungsfreiheitsverständnis ab, als es in Europa üblich ist. Holocaust-Leugnung ist legal, die Hürde für Rechtsmittel gegen Verleugnung oder Beleidigung sehr hoch. Vieles, was in europäischen Ländern als *Hate Speech* verboten ist, bleibt hier erlaubt. Dahinter steht die Überzeugung, dass nicht der Staat oder ein Gericht über eine vermeintliche Wahrheit entscheiden soll, sondern ein freier Wettbewerb von Argumenten zu den besten Ergebnissen führt. Die Amerikaner teilen diese Überzeugung. Lediglich in Teilen Skandinaviens ist der Rückhalt für die Meinungsfreiheit in der Bevölkerung größer als in den USA.[20]

Doch unangetastet ist die freie Rede in den Vereinigten Staaten nicht. Seit den ersten Tagen der Republik gab es Versuche, sie einzuschränken. John Adams, einer der Gründerväter der Vereinigten Staaten und ihr zweiter Präsident, brachte nur wenige Jahre nach der Ratifizierung der Verfassung und der darin enthaltenen Grundrechte eine Reihe von Gesetzen durch den Kongress, die Kritik an der Regierung unter Strafe stellten.[21] In der Folge wurden 20 Journalisten, die der Opposition nahestanden, verhaftet.[22] Doch man muss nicht weit in die Vergangenheit blicken, um Angriffe auf die Meinungsfreiheit zu finden. Besonders in republikanisch dominierten Regionen mehren sich seit einigen Jahren die Bücherverbote in Schulen und die Verbannung unerwünschter Meinungen aus der Öffentlichkeit. Im Kulturbetrieb und an Universitäten beklagen hingegen gerade Konservative ein repressives Meinungsklima, das Gedanken jenseits des – zumeist linksliberalen – Mainstreams kaum mehr zulässt und das durch die Verbannung bestimmter Wörter aus dem Diskurs weitere Barrikaden aufbaut. Die Meinungsfreiheit wird also in die Zange genommen. Sogar die ACLU hat sich ein Stück weit von ihr abgewendet. In den ersten drei Jahren der Trump-Administration fanden sich die Begriffe „Meinungsfreiheit" und „Erster Verfassungszusatzartikel" kein einziges Mal in ihren Jahresberichten. Als die Organisation 2017 das Recht von Rechtsradikalen unterstützte, in Charlottesville, Virginia, zu demonstrieren, kritisierten Mitarbeiter die Entscheidung. Einen Verteidigungsbrief wie den von Ira Glasser schrieb die Führung diesmal nicht.[23]

Auch Glasser musste die Bedeutung der Meinungsfreiheit erst lernen. Er wuchs in Brooklyn auf, verbrachte seine Tage auf den Straßen von East Flatbush. Eine natürliche Toleranz für beleidigende Worte hat er damals nicht entwickelt. „Wenn dich jemand einen dreckigen Juden nannte, dann gab es zwei Möglichkeiten", erinnert er sich. „Man konnte ihm eine reinhauen oder, wenn er größer war, konnte man wegrennen." Erst bei der ACLU lernte er zu schätzen, wie zentral das freie Wort für eine freie Gesellschaft ist.

Vorherbestimmt war das nicht. Den ersten Job beim New Yorker Ableger der Organisation nahm Glasser 1967 nur widerwillig an. Eigentlich hatte er schon abgesagt, hoffte stattdessen auf eine Stelle im Stab von Senator Robert F. Kennedy. „Ich war ein großer Bewunderer", sagt er. In Kennedy sah er einen Politiker, der das Land zusammenbringen könnte, sollte er den Sprung ins Weiße Haus schaffen. Über Beziehungen schaffte es Glasser tatsächlich, einen Termin bei dem Politiker in Washington an Land zu ziehen. Voller Hoffnung fuhr er in die Hauptstadt.

Kennedy ließ sich gerade die Haare schneiden, als er den damals 28-Jährigen in seinem Büro im Senat empfing. Das Gespräch verlief gut, doch einen Job hatte der Politiker nicht im Angebot. Es sei noch zu früh, um über eine Präsidentschaftskandidatur nachzudenken, erklärte Kennedy. „Er riet mir dann, die Stelle bei der ACLU anzutreten", erinnert sich Glasser. „Er sah das Potenzial in der Organisation." Also sagte Glasser den bereits abgesagten Job doch noch zu – in der Hoffnung, in Kennedys Team wechseln zu können, sobald dieser ins Rennen um die Präsidentschaft einsteigen würde. Ein Jahr später kandidierte der Senator tatsächlich, doch für Glasser ergab sich auch diesmal nichts. Bevor der Senator ein großes Wahlkampfteam aufbauen konnte, wurde Kennedy in Los Angeles ermordet. Glasser blieb bei der New Yorker ACLU.

Bald lernte er die Stärken der Organisation kennen – und schaffte es, eigene Akzente zu setzen. Als George Wallace, ehemaliger Gouverneur von Alabama und rassistischer Präsidentschaftskandidat, 1968 in New York sprechen wollte, versuchte die Stadt seinen Auftritt zu verhindern. Glasser sorgte dafür, dass die ACLU sein Rederecht vor Gericht verteidigte, schickte als Anwältin allerdings Eleanor Holmes Norton, eine schwarze Juristin, die heute im Kongress Washington, DC, vertritt.[24] „Wallace und seine Leute dachten zunächst, sie wäre die Sekretärin", sagt Glasser. Das änderte sich bald. Sie gewann den Prozess. Wallace konnte auftreten.

Dass seine Organisation einen überzeugten Verteidiger der Segregation vertreten würde, stand für ihn nie in Frage – genauso wenig wie seine Kollegen in Chicago ein Jahrzehnt später zögerten, als die NSPA anrief. Denn was den Schutz der Meinungsfreiheit angeht, ist Glasser kompromisslos. Einschränkungen seien wie Giftgas, findet er. „Man will es gegen die Bösen einsetzen, doch dann dreht sich der Wind und es trifft einen selbst." Es sei gefährlich, dem Staat das Recht zu geben, Meinungen zu unterdrücken, die ihm nicht passten. Denn selbst wenn die Instrumente zunächst gegen Äußerungen eingesetzt würden, die man selbst rundheraus ablehne, gebe es keine Garantie, dass die gleichen Maßnahmen nicht bei nächster Gelegenheit gegen andere Gruppen angewendet würden. Die Forderungen nach Versicherungen gegen mögliche Demonstrationsschäden seien dafür ein gutes Beispiel. Chicago sei nicht die erste Stadt gewesen, die auf diese Idee gekommen sei, als sie die Nazis aus ihren Grünanlagen fernhalten wollte. „Wir kannten das schon sehr gut aus den Südstaaten, wo so Demonstrationen gegen die Rassentrennung unterdrückt werden sollten", sagt Glasser. Jede Einschränkung der Meinungsfreiheit, abgesehen vielleicht von direkter Gewaltandrohung oder dem Ruf „Feuer!" in einem vollbesetzten Theater, hält er deshalb für gefährlich – gerade für den Fortschritt liberaler Anliegen. „Jede einzelne Bewegung für soziale Gerechtigkeit, die es jemals in Amerika gegeben hat, begann mit freier Rede", so Glasser. Das Recht, zu demonstrieren und seine Meinung laut zu sagen, ist damit unverzichtbar, wenn man die Freiheit in den Vereinigten Staaten erhalten und vergrößern will.

Glasser ist mit seiner Überzeugung nicht allein. Einer Umfrage im Auftrag der Knight Foundation zufolge halten rund neun von zehn Amerikanern den Schutz der Meinungsfreiheit für einen essenziellen Teil der US-Demokratie. Ebenso viele sprechen sich dafür aus, dass auch unpopuläre Meinungen frei geäußert werden dürfen – und sehen in der freien Rede die Möglichkeit für marginalisierte Gruppen, auf ihre Anliegen hinzuweisen. Dass es dabei zu Friktionen kommen kann, nimmt der Großteil der Bevölkerung ebenfalls in Kauf. Auch vermeintlich schlechte oder beleidigende Meinungen beförderten „gesunde Debatten" in der Öffentlichkeit, sagen immerhin noch 77 Prozent der Befragten.[25]

Doch dieser Zuspruch ist nicht das ganze Bild. Studien kommen zunehmend zu dem Ergebnis, dass immer mehr Amerikaner den Mund halten, wenn es um kontroverse Themen geht. In einer Umfrage sagten 55 Prozent der Teilnehmer, sie hätten ihre Meinung in den vorangegangenen zwölf Monaten mindestens einmal aus Angst vor Konsequenzen oder scharfer Kritik für sich behalten.[26] Für den Zustand der Meinungsfreiheit in den Vereinigten Staaten kann das kein gutes Zeichen sein.

Immer wieder werden amerikanische Universitäten als Grund für diese Entwicklung angegeben. Das Narrativ: Vermeintlich hypersensible Studenten begehren gegen ihre Lehrer auf, sobald sie mit unangenehmen oder verstörenden Inhalten konfrontiert werden, und versuchen, sie aus ihrem Job zu drängen. *Cancel Culture* nennen Kritiker diesen Mechanismus, der längst die Universitäten verlassen und die ganze Gesellschaft ergriffen hat – vor allem Bereiche wie Medien und Kultur, die angeblich politisch links dominiert sind.

Wie groß der Einfluss der *Cancel Culture* tatsächlich ist, lässt sich schwer quantifizieren. Doch man kann sich dem Phänomen annähern. Die Foundation for Individual Rights and Expression (FIRE) führt seit dem Jahr 2000 eine Datenbank über Vorstöße von amerikanischen Studenten, ihre Lehrer für von der Meinungsfreiheit gedeckte Aussagen zu sanktionieren. Bis zum Frühjahr 2023 zählte die Stiftung insgesamt 1080 solcher Versuche. Und tatsächlich hat ihre Zahl in den vergangenen Jahren rapide zugenommen. Im Jahr 2000 fand FIRE noch vier solcher Zwischenfälle, 2022 bereits 145. Insgesamt 225 Lehrkräfte haben seit dem Beginn der Zählung ihre Stelle verloren.[27] Das ist eine besorgniserregende Entwicklung. Allerdings unterrichten an amerikanischen Colleges mehr als 1,5 Millionen Menschen.[28] Ein Massenphänomen ist die vermeintliche *Cancel Culture* damit nicht.

Doch selbst wenn es sich in der Praxis nur um wenige Fälle handelt: Die Wahrnehmung, dass bestimmte Meinungen nicht laut gesagt werden dürfen, existiert. Wie die Umfragen zeigen, fühlt sich der Großteil der Bevölkerung nicht frei, kontroverse Überzeugungen kundzutun, und zensiert sich aus Angst vor Konsequenzen. Wie begründet diese Ängste sind, ist eine andere Frage. Warnungen vor einem neuen Puritanismus oder Vergleiche mit Maos Kulturrevolution, die immerhin bis zu zwei Millionen Menschen ihr Leben kostete,[29] mögen maßlos überzogen sein. Doch die Sorge um den Zustand der amerikanischen Meinungsfreiheit ist real.

Das Theater war schon immer ein Ort, an dem sich Brian Clowdus frei fühlen konnte. „Ich habe angefangen im Kirchenchor zu singen, als ich gerade einmal laufen konnte", erinnert er sich. Clowdus wuchs in einer Kleinstadt in Alabama auf, auf der Bühne spürte er die Unabhängigkeit, die er suchte. Also blieb er dabei, spielte und sang während seiner gesamten Schulzeit. Nach dem Abschluss wollte er die Leidenschaft zu seinem Beruf machen. Doch während des Theaterstudiums am Amherst College in Massachusetts bemerkte er, dass er ein besonderes Talent hatte. „Ich war immer ein guter Schauspieler und Sänger", sagt Clowdus. „Aber ich war ein herausragender Regisseur." Während viele seiner Kommilitonen berühmt werden wollten, wollte er gestalten, inszenieren. Und seine Visionen, so glaubte er, könne er am besten in seinem eigenen Theater umsetzen. 2009, noch während des Masterstudiums an der University of South Carolina, gründete er das Serenbe Playhouse in einem Vorort von Atlanta, Georgia.

Obwohl: Das Wort Playhouse führt womöglich in die Irre. Denn ein Gebäude, eine physische Struktur mit einer Bühne und Zuschauerplätzen, hatte Clowdus nicht. Kein Problem, fand er. „Ich hatte schon früher im Freien gespielt und dachte: Fangen wir doch einfach draußen an, das kostet nichts." Also nutzte er die Landschaft von Georgia, um in den nächsten Jahren immer neue Stücke zu inszenieren. Seine Company gab *Das hässliche Entlein* an einem Teich, das *Dschungelbuch* in einem Baumhaus und *Hair* auf einem Feld. Bald wurden die Stücke ambitionierter. Für *Oklahoma* ließ Clowdus echte Pferde über die Wiese hinter einer Scheune galoppieren, während einer Inszenierung von *Miss Saigon* einen Huey Helicopter vor dem Publikum landen. Für *Titanic* entwarf das Serenbe Playhouse ein Gerüst als Bühne, das in einem riesigen Wasserbecken schwimmen und untergehen konnte. Für *Carousel* baute Clowdus ein Riesenrad auf.

Seine spektakulären Inszenierungen erregten Aufmerksamkeit. Bald bemerkte die Szene auch außerhalb von Georgia, was da in einem Vorort von Atlanta passierte. Das Fachmagazin *Playbill* erklärte das Serenbe Playhouse zu einem der besten Theater des Landes.[30] Clowdus expandierte, gründete eine Firma, um außerhalb der Region zu inszenieren. In der Folge führte er Regie auf vier Kontinenten, landete auf zahlreichen Bestenlisten in Atlanta und darüber hinaus. Das Aspen-Institut nahm ihn als Fellow auf.[31] „Ich wurde schnell zum Liebling des amerikanischen Theaters, weil ich eine sehr interessante Geschichte hatte", sagt Clowdus. „Ich schuf etwas aus dem Nichts und bewies, dass man ohne viel Geld Geschichten erzählen kann, wenn man es einfach macht."

Dann folgte der Absturz.

Zehn Jahre nachdem Clowdus das Serenbe Playhouse gegründet hatte, gab er die kreative Leitung überraschend ab. Er habe sich mehr auf seine Projekte außerhalb von Georgia konzentrieren wollen, sagt er. Doch bald tröpfelten Gerüchte über andere Gründe für seinen Rückzug in die Öffentlichkeit. Clowdus habe ein unsicheres Arbeitsumfeld geschaffen, seine Mitarbeiter schlecht behandelt und mangelnde Sensibilität für die Belange von Minderheiten an den Tag gelegt, hieß es.

Wenige Monate später, als die Vereinigten Staaten nach dem Mord an George Floyd durch einen Polizisten von landesweiten Protesten ergriffen wurden, blieb es nicht mehr bei Gerüchten. Mehrere Schauspieler des Serenbe Playhouse machten ihre Vorwürfe öffentlich. In langen Beiträgen auf Social Media schilderten sie vermeintlich unangemessenes Verhalten von Clowdus und anderen Mitarbeitern. Clowdus habe etwa bei einer Inszenierung des Stückes *Ragtime* eine Szene, „in der ein Charakter das N-Wort benutzt und ein Hassverbrechen begeht, wieder und wieder geprobt und verboten, dass Menschen den Raum verlassen", schrieb eine Schauspielerin. Dies habe schwarze Mitglieder des Ensembles „völlig fassungslos und traumatisiert" zurückgelassen. Auch habe Clowdus während der Proben für *A Christmas Carol* rassistische Witze eines Schauspielerkollegen geduldet, darunter das Spiel mit einer „Tar Baby"-Puppe und Unterhaltungen in einem übertriebenen „Deep South Negro"-Dialekt.[32] Ein schwarzer Schauspieler beklagte, er habe für das Stück *The Secret Garden* ein kulturell unsensibles Kostüm tragen müssen und sei während der Inszenierung von *Shenandoah* von einem weißen Kinderdarsteller angespuckt worden.[33] Weitere Wortmeldungen folgten. Im Juni 2020 gab das Theater bekannt, die Arbeit vorübergehend einzustellen und sämtliche Mitarbeiter zu entlassen.[34] Und auch auf Clowdus prasselte plötzlich die Kritik ein. „Ich bin öffentlich gecancelt worden", sagt er.

Clowdus sitzt in seinem Haus in Panama City, Florida. Beigefarbenes Basecap, modernes helles Brillengestell, akkurat gestutzter Bart, tief ausgeschnittenes schwarzes V-Neck – kurz: Typ Theatergenie. Seit etwas mehr als drei Jahren lebt er hier, baute seine Existenz neu auf. Denn 2020 war hart. Die Pandemie erstickte die Pläne für seine neue Theater-Company zunächst, dann kam die Kontroverse um das Serenbe Playhouse. Freunde wendeten sich ab, die Szene wollte nichts mehr von ihm wissen. „Es fühlte sich an wie ein Trauerfall oder eine Scheidung", erinnert er sich.

Es war vor allem die Zielrichtung der Vorwürfe, die ihn überraschte. Er sei ein fordernder Chef gewesen, sagt Clowdus, doch mit Sicherheit kein Rassist. Nach dem Mord an George Floyd habe er seine Solidarität mit der Bewegung für den Abbau von Vorurteilen und Benachteiligungen bekundet, in seiner Firma einen Mitarbeiter für Gleichberechtigung, Integration und Gemeinschaftsbildung eingestellt. Und als offen schwul lebender Mann, der im tiefen Süden aufgewachsen war, habe er ohnehin immer mehr zu den Unterdrückten gehalten. Doch alle Beteuerungen halfen nichts. Gegen die Anschuldigungen drang er nicht durch. Und irgendwann wollte er das auch nicht mehr. „Diese Vorwürfe waren absoluter Bullshit", sagt er. „Und ich werde mich nicht für etwas entschuldigen, das nicht wahr ist."

Man muss die Kontroverse um Clowdus vielleicht noch einmal zusammenfassen – und auch das, was ihm nicht vorgeworfen wird. Niemand behauptet, er habe gegen ein Gesetz verstoßen. Niemand behauptet, er habe in seiner Zeit im Serenbe Playhouse selbst rassistische Begriffe benutzt. Es heißt, er habe sich unsensibel verhalten, ein unangenehmes Arbeitsklima zugelassen und sei nicht aufmerksam genug gewesen, wenn es um die Sicherheit seiner Schauspieler gegangen sei. Es gibt Hinweise dafür, Teile dieser Vorwürfe als begründet anzusehen. Während der *Titanic*-Inszenierung etwa befiel einen Schauspieler eine Infektion, nachdem er während der Proben über Stunden in einem Tümpel ausharren musste.[35] Er verbrachte neun Tage im Krankenhaus. Auch während anderer Produktionen sollen Sicherheitsstandards nicht eingehalten worden sein. Doch in der Kritik an Clowdus spielte dieses Thema nur eine untergeordnete Rolle. Seine Existenz bedrohte der Vorwurf, ein Rassist zu sein – oder zumindest Rassismus zu dulden. Bald wurden die Social-Media-Posts seiner ehemaligen Schauspieler an Bühnen weitergeleitet, an denen er mit seiner neuen Firma inszenieren sollte. Eine nach der anderen sagte daraufhin ab. Und Clowdus, so beschreibt er es, verstand plötzlich die Welt nicht mehr.

Es war etwa in dieser Zeit, dass sich der Theatermann zunehmend politisierte. Er habe schon immer einige konservative Ansichten gehabt, sich aber nicht sonderlich für Politik interessiert, sagt er. Auch sei ihm das Thema nicht wichtig gewesen – schon gar nicht mit Blick aufs Theatermachen. Doch das änderte sich nun. Er stieß im Internet auf konservative Kommentatoren, die sich über die Auswüchse der *Cancel Culture* beschwerten – und fühlte sich verstanden. Er setzte sich eine rote „Keep America

Great"-Mütze auf, machte im Herbst 2020 Wahlkampf für Donald Trump. Am 4. Januar 2021 teilte er auf Social Media ein Foto mit Jacob Chansley, besser bekannt als der QAnon-Schamane, der zwei Tage später mit Hörnern und Fell auf dem Kopf das Kapitol stürmen sollte.[36] 2022 kandidierte Clowdus in Florida für einen Sitz in der Legislatur. Er verlor deutlich.

Beruflich hingegen ging es für ihn nach einiger Zeit wieder aufwärts. Seine neue Identität als Konservativer eröffnete ihm neue Möglichkeiten. Er begann wieder, zu inszenieren, wenngleich für ein neues Publikum. Im Sommer 2021 brachte Clowdus einmal mehr *Oklahoma!* auf die Bühne, diesmal in einer Scheune in Virginia. Es war seine Comebackshow – und gleichzeitig ein Statement. Den Großteil der Rollen besetzte er mit Menschen, die wie er gecancelt worden sind oder in rechten Organisationen aktiv waren. Die Hauptrolle gab er James O'Keefe, einem bekannten rechten Aktivisten, der keine nennenswerte Schauspielerfahrung mitbrachte. Eine andere Rolle besetzte er mit einem konservativen jamaikanisch-amerikanischen Ex-Skeleton-Olympioniken. Die Theaterszene ignorierte die Inszenierung. Die einzige Kritik der Aufführung brachte das örtliche Lokalblatt.[37] Etwas mehr Aufmerksamkeit erregte er, als er wenige Monate später nach Georgia zurückkehrte. Dort brachte er – wenig subtil – ein Stück über die Hexenverfolgung in Salem auf die Bühne.[38]

Mit seiner neuen Ausrichtung kam für Clowdus auch der Erfolg zurück. Doch die Episode hat ihm auch etwas genommen. „Theatermachen fühlt sich heute anders an", sagt er. Und in der Wahrnehmung der Szene, die ihn so lange gefeiert hat, existiert er faktisch nicht mehr. Er ist heute nicht mehr der „Liebling des amerikanischen Theaters", er ist der „konservative" oder „kontroverse" Regisseur. Das verändert zwangsläufig, wie seine Inszenierungen wahrgenommen werden – und wer sie sich überhaupt noch ansieht. Im Mainstream gibt es für ihn kaum noch einen

Platz. Die Qualität seiner Arbeit ist in den Hintergrund gerückt. Für die Freiheit seiner Kunst ist das keine gute Entwicklung. Aber: Er kann weitermachen, seine Visionen weiter umsetzen, seine Inszenierungen nutzen, um seine politischen Botschaften vor Publikum ins Land zu tragen. Clowdus spricht. Und er wird gehört.

Das Schreiben lag Ellen Hopkins schon immer. Ihr erstes Gedicht veröffentlichte sie im Alter von neun Jahren in der Lokalzeitung *Palm Springs Desert Sun*,[39] später arbeitete sie als freie Journalistin in Nevada. Sie hatte bereits eine Familie, schrieb neben den Aufträgen für Zeitungen und Magazine eigene Kinderbücher. Hopkins schien angekommen zu sein, führte mit Mann und Kindern ein entspanntes Mittelschichtsleben auf dem Land in Nevada zwischen Reno und Carson City. Doch als sich ihre Tochter in den Teenagerjahren verliebte, änderte sich für Hopkins alles.

Der ehemaligen Vorzeigeschülerin bekam der Einfluss des Angehimmelten nicht gut. Bald kam sie mit Crystal Meth in Berührung. Es blieb nicht beim jugendlichen Ausprobieren. Hopkins' Tochter stürzte in die Sucht – mit allen negativen Konsequenzen. Sie bekam sieben Kinder von sieben Vätern, verlor zwischenzeitlich das Sorgerecht für alle von ihnen. Zwei Jahre verbrachte sie im Gefängnis. Immer wieder holte die Sucht sie ein, es dauerte Jahre, bis sie sich aus dem Strudel befreien konnte. Heute ist sie clean, arbeitet als Immobilienmaklerin in Tennessee. Doch der Weg aus der Krise war lang. „Sie hat den falschen Mann getroffen, und ihr Leben war für 25 Jahre versaut", sagt ihre Mutter.

Hopkins sitzt im ihrem Arbeitsraum ihres Hauses in Missouri. Sie und ihr Mann sind kürzlich aus dem Westen hierhergezogen, um näher bei ihrer Tochter zu sein. Die Autorin ist der gesetzliche Vormund für mehrere ihrer Enkel, einige von ihnen sind noch schulpflichtig. Da sind kürzere Wege hilfreich, wenn sie mit den Kindern ihre Tochter besuchen will. „Ich bin froh, dass es ihr endlich besser geht“, sagt Hopkins. „Ich war nicht sicher, ob das jemals passieren würde.“

Für Hopkins war die Geschichte ihrer Tochter ein Ansporn. Sie wollte verhindern, dass andere Jugendliche die gleichen Schwierigkeiten durchleben müssten. Also tat sie das, was sie am besten konnte: Sie schrieb. 2004 veröffentlichte sie das Buch *Crank*, in dem sie die Sucht ihres Kindes in Versform verarbeitete. Hopkins hielt sich nicht zurück. *Crank* beschreibt Drogen, Gewalt und Sex mit unverstellten Worten. Das Buch war ein Erfolg, gelobt von der Kritik, mehrfach mit Preisen ausgezeichnet. Hopkins schrieb zwei Fortsetzungen, stieg zu einer einflussreichen Autorin für Young Adult Literatur auf. „Ich habe mit meinen Büchern immer das Ziel, dass Kinder bessere Entscheidungen treffen“, sagt sie. Doch dafür sei es wichtig, ehrlich zu den Lesern zu sein. „Ich glorifiziere nichts“, sagt sie. „Aber ich beschönige auch nichts.“

Es ist eine Herangehensweise, die schon immer auf Kritik gestoßen ist. In den fast 20 Jahren seit dem Erscheinen von *Crank* habe sie tausende E-Mails von besorgten Eltern bekommen, die von ihrer Sprache verstört waren. Hopkins stellte sich der Kritik, schrieb häufig zurück, erklärte ihre Gründe. Doch eines Tages hatte sie eine ungewöhnliche Nachricht in ihrem Posteingang. Ein Schulbezirk in Florida hatte beschlossen, ihre Bücher aus der örtlichen Schule und Schulbücherei zu verbannen. Hopkins war schockiert. Dass einzelne Eltern ihre Bücher ablehnten, konnte sie verstehen. Doch dass ein School Board – und damit eine offizielle Institution – ihre Werke verbietet, sei etwas völlig anderes. „Ich habe mich nur gefragt: Warum wollen sie mein Buch nicht?“, erinnert sich Hopkins. Doch bald hatte sie kaum noch Zeit, die Motive einzelner Schulbezirke zu hinterfragen. Denn in den folgenden Wochen und Monaten verschwanden ihre Bücher aus immer mehr Schulbibliotheken, vor allem in konservativen Bundesstaaten. Laut PEN America ist Hopkins derzeit die am häufigsten verbotene Autorin der USA.[40]

Die einzige ist sie gleichwohl nicht. Seit einigen Jahren drängen konservative Elternorganisationen verstärkt darauf, Bücher aus Schulbibliotheken und Klassenräumen zu entfernen, deren Inhalte sie ablehnen. Flankiert wird diese Bewegung in zahlreichen republikanisch dominierten Bundesstaaten. Florida etwa verabschiedete bereits mehrere Gesetze, die das Entfernen von Büchern erleichtern und Eltern ein größeres Mitspracherecht darüber einräumen, was so in Schulbibliotheken stehen soll. „Unglaublich verstörende Dinge" habe er in manchen Büchereien gesehen, sagte Gouverneur Ron DeSantis anlässlich der Unterzeichnung eines solchen Gesetzes.[41] Die neuen Regeln geben Aktivisten nun einen Hebel, gegen Bibliothekare und unerwünschte Inhalte vorzugehen. Betroffene hingegen sprechen von Einschüchterungskampagnen. In einigen Schulbezirken wurden die Regale fast vollständig leergeräumt, um möglichen Kritikern keine Angriffsfläche zu bieten.[42]

Der Druck wirkt. Allein im Schuljahr 2021/2022 zählte PEN America fast 1650 Einzeltitel, die aus Schulbibliotheken verbannt wurden.[43] Die Zahl sei mit Sicherheit zu niedrig angesetzt, teilte die Organisation mit. Insgesamt seien in 138 Schulbezirken in 32 Bundesstaaten Verbote verhängt worden. Angeführt wird die Liste von Distrikten in Texas, gefolgt von Florida. Insgesamt sind die Bibliotheken von vier Millionen Schülern betroffen. Überwiegend träfen die Verbote Bücher, in denen es um Themen wie sexuelle Identität und Rassismus geht.[44] Im folgenden Schuljahr setzte sich der Trend fort.[45] Die American Library Association (ALA) kam in einer Untersuchung zu ähnlichen Ergebnissen. Die Versuche, Bücher aus Bibliotheken zu verbannen, hätten sich zwischen 2021 und 2022 fast verdoppelt, seien derzeit so hoch wie nie, heißt es dort.[46]

Und es braucht nicht viel, um das Verbot eines Buchs durchzusetzen. Am 15. September 2021 tritt während der Sitzung eines School Boards im Umland von Austin, Texas, eine blonde Frau in wehendem rotem Kleid ans Rednerpult. Sie will über *Out of Darkness* sprechen, einen Jugendroman, den die Autorin Ashley Hope Pérez 2015 veröffentlicht hat. Es ist kein leichter Stoff, den sich Pérez damals vorgenommen hat. Das Buch erzählt von einer Liebesbeziehung zwischen einem schwarzen Jungen und einem mexikanisch-amerikanischen Mädchen im Jahr 1937 vor dem Hintergrund einer wahren Geschichte einer Gasexplosion in einem texanischen Schulhaus, bei der rund 300 Schüler und Lehrer ums Leben kamen. Es behandelt komplizierte Themen wie Rassismus, Segregation und Klassenunterschiede. Die Kritiken waren gut, *Out of Darkness* gewann mehrere Preise. Doch darüber will die blonde Frau am Podium nicht sprechen. Ihr geht es nur um eine kurze Szene.

In der Passage, die sie in dem Buch gefunden hat, fantasiert ein Junge über Analsex mit Mädchen. Lang ist die Textstelle nicht, vielleicht ein paar Zeilen. Doch sie reicht aus, um die Frau in Rage zu bringen. „Ich möchte nicht, dass meine Kinder in der Mittelschule etwas über Analsex lernen", ruft sie dem School Board entgegen, das eigentlich über Maßnahmen zur Bekämpfung von COVID-19 im Bezirk beraten soll. „Ich hatte noch nie Analsex. Ich will auch keinen Analsex haben. Ich will nicht, dass meine Kinder Analsex haben. Ich möchte, dass Sie sich auf die Bildung und nicht auf die öffentliche Gesundheit konzentrieren!" Schnell macht ein Video des kurzen Auftritts die Runde. Im Internet amüsiert man sich, der Clip schafft es in die Late-Night-Show von Jimmy Kimmel. Doch die Witze können die Folgen des nur rund zweiminütigen Auftritts nicht überdecken: Die Frau bekommt ihren Willen. Der Schulbezirk nimmt *Out of Darkness* aus den Büchereien der Mittelstufe.[47]

Pérez fällt es schwer, über die Episode zu lachen. Sie meldet sich aus Columbus, Ohio. Dort unterrichtet sie unter anderem lateinamerikanische Literatur und über Jugend- und Kinderbücher an der Ohio State University. Zunächst hatte sie noch versucht, der Absurdität der Szene etwas entgegenzustellen, produzierte selbst ein kurzes Video, in dem sie mit der blonden Frau vermeintlich einen Dialog eingeht. Doch bald merkte sie, dass die Situation zu ernst war. „Der Clip hat sichergestellt, dass mein Buch auf den Listen aller dieser Gruppen landet, die Bibliotheken leerräumen wollen", sagt sie. Tatsächlich zählt *Out of Darkness* – bei seinem Erscheinen gelobt, aber kein Bestseller – heute zu den am häufigsten verbotenen Titeln des Landes.[48]

Pérez schmerzt das. Das Buch war ihr wichtig. Sie ist im Osten von Texas aufgewachsen, nicht weit entfernt von der Katastrophe, die sie in *Out of Darkness* beschreibt. Vor ihrem Literaturstudium unterrichtete sie an einer Highschool in Houston – und bemerkte, dass etwas fehlte. Die Jugendbücher in den Bibliotheken richteten sich kaum an ihre Schüler, die überwiegend Latinos waren und aus Arbeiterfamilien kamen. Also begann sie, für diese Jugendlichen zu schreiben. Ihren ersten Roman veröffentlichte sie 2011.

Dass die Kontroverse um *Out of Darkness* organisch entstanden ist – dass eine besorgte Mutter womöglich überreagiert habe –, glaubt sie nicht. Erste Schulbezirke in Texas hatten ihr Buch bereits aus ihren Bibliotheken entfernt, bevor das Video der blonden Frau viral ging und ihren Roman zur Zielscheibe machte. An einen Zufall glaubt Pérez nicht. Schließlich trat ihre Anklägerin auch später immer wieder als rechte Provokateurin in Erscheinung. Auch gibt es online Listen von Büchern, gegen die Aktivisten bei ihren Schuldistrikten Einspruch einlegen sollen – inklusive Materialsammlungen zur Unterstützung der Anträge. Für Pérez' Buch haben sich die Betreiber einer dieser Seiten aus Texas etwa die Mühe gemacht, Passagen aus Sexszenen abzuschreiben und die Schimpfwörter im rund 400 Seiten langen Text zu zählen.[49] Dass normale Eltern mit zu viel Zeit und einem zu großen Sendungsbewusstsein hinter solchen Seiten stehen, glaubt die Autorin nicht. „Das ist eine Kampagne", sagt sie. Auch die ALA spricht mittlerweile von „organisierten Zensurgruppen."[50]

Ein Blick auf die Liste der am häufigsten verbotenen Bücher macht dann auch schnell deutlich, welches Ziel hinter der vermeintlichen Kampagne steckt: Die Organisatoren versuchen, bestimmte Themen aus dem Diskurs fernzuhalten – und damit den freien Austausch von Informationen zu unterdrücken – im Sinne eines rechtskonservativen Weltbildes. Es ist kein Zufall, dass es vor allem Titel trifft, die sich mit Themen wie Sexualität und Rassismus befassen.

Und es ist auch nicht so, dass nur Bücher betroffen wären, die wie *Crank* oder *Out of Darkness* eine Sprache nutzen, die Eltern womöglich von ihren Kindern fernhalten wollen. Ein Werk, das ebenfalls regelmäßig weit oben auf den Listen der verbotenen Bücher landet, ist *Beyond Magenta* von Susan Kulkin. Der Bildband zeigt Porträts transsexueller Jugendlicher, begleitet von kurzen Texten, in denen die Abgebildeten sich und ihr Leben vorstellen. Kulkin, selbst eine Transfrau, nahm das Projekt in Angriff, „um trans und nonbinären Jugendlichen die Gelegenheit zu geben, sich selbst zu definieren", wie sie es formuliert.

Beyond Magenta erschien 2014 – zu einer Zeit, als Transpersonen noch weniger sichtbar waren als heute. „Die Community wurde damals kaum oder gar nicht in den Mainstream-Medien oder Büchern abgebildet", so Kulkin. Ein Bestseller war der Bildband nicht, doch die Autorin ist dennoch stolz auf den Effekt, den das Buch hatte. „Mir haben sechs Menschen Nachrichten geschrieben, in denen stand, sie seien am Rande des Selbstmordes gewesen", sagt sie. Doch andere Jugendliche wie sich selbst zu sehen, hätte ihnen das Gefühl gegeben, nicht allein zu sein.

„Allein für diese sechs hat es sich gelohnt, das Buch zu schreiben", so Kulkin.

Wohl wegen seines Sujets gab es schon bald nach dem Erscheinen Kritik an *Beyond Magenta.* Das Buch sei Anti-Familie und Anti-Religion, hieß es – Vorwürfe, die Kulkin vehement abstreitet. Auch verboten wurde es früh. Doch im Zuge des Anstiegs der Verbannungen aus Schulbezirken ist auch Kulkins Band zuletzt wieder aus zahlreichen Bibliotheken verschwunden.[51] Die Autorin findet das fatal. „Ich mache mir große Sorgen, dass Jugendliche, die das Buch brauchen, keinen Zugriff mehr darauf haben", sagt sie. Die Meinungsfreiheit in den USA sei in Gefahr.

Das sieht auch Hopkins so. Die anhaltende Kontroverse um ihre Bücher habe durchaus einen Effekt auf ihre Arbeit. Plötzlich mache sie sich Gedanken, die sie früher nie hatte. Muss ich das wirklich so formulieren? Bekommen Bibliothekare Ärger, wenn sie mein neues Buch kaufen? Wie reagiert mein Lektor, wenn ich das so schreibe? „Ich habe plötzlich die Schere im Kopf gemerkt", sagt sie. Und es sei schwierig gewesen, ihr nicht nachzugeben. Hinzu komme das Gefühl der persönlichen Unsicherheit. Demnächst stehen für sie einige Termine in Louisiana auf dem Programm – einer der konservativeren Staaten des Landes mit laxen Waffengesetzen. „Ich bin in den vergangenen Jahren alles Mögliche genannt worden – bis hin zu pädophil", sagt sie. „Da macht man sich schon Gedanken, wer so alles zu deiner Lesung kommt." Einschüchtern lassen wolle sie sich allerdings nicht. Die Tasche für den nächsten Trip in die Südstaaten ist bereits gepackt.

Auch Pérez kann heute nicht mehr so unbeschwert wie früher an ihren Büchern arbeiten. Beim Schreiben von *Out of Darkness* habe sie nur die Highschoolschüler, die sie damals unterrichtete, in ihren Gedanken gehabt. Das Buch war für sie, ihr Publikum. Jetzt hätten sich auch ihre Kritiker in ihren kreativen Prozess gedrängt. „Die rechten Aktivisten sind in meinen rhetorischen

Raum eingedrungen“, sagt sie. „Ich versuche sie zu ignorieren. Aber sie sind laut.“

Es ist kein gutes Zeichen für den Zustand der freien Rede in den Vereinigten Staaten, wenn Autorinnen gegen den Impuls ankämpfen müssen, sich selbst zu zensieren, oder Angst vor Lesungen haben. Der zunehmende Druck auf Schulbezirke, Bücher zu bestimmten Themen aus dem Programm zu entfernen, schränkt den Raum für Diskussionen ein, für den Austausch von Argumenten – also für das, was der erste Verfassungszusatz schützen soll und was so vielen Amerikanern eigentlich heilig ist. Da ist es kein Wunder, dass die Bewegung nur wenige Anhänger hat. Einer Umfrage der ALA zufolge lehnen es rund 70 Prozent der amerikanischen Wahlbevölkerung ab, dass Bücher aus Schulbibliotheken entfernt werden. Und Demokraten und Republikaner liegen in dieser Frage nicht weit auseinander.[52]

Im Empire Diner an der 10th Avenue ist Glasser von den Entwicklungen im Land nicht überrascht. Linke *Cancel Culture*, rechte Bücherverbote – das passe sehr gut zusammen. „Der Feind der Freiheit ist die Macht“, sagt er. Deshalb ergebe es Sinn, dass der Druck auf die Meinungsfreiheit aus unterschiedlichen Richtungen komme. Im Kulturbetrieb oder an Universitäten falle es den Progressiven nun einmal leichter, den Korridor des Sagbaren einzuschränken. In konservativen Schulbezirken hingegen den Rechten. Das heiße jedoch nicht, dass die Gefahr für die Freiheit aus beiden Richtungen gleich groß sei. „Nixon war natürlich schlimmer als Carter“, sagt Glasser. „Verklagt haben wir trotzdem beide.“

Die Freiheit in den Vereinigten Staaten, davon ist Glasser überzeugt, war trotz allem noch nie so groß wie heute. Auch wenn es Bestrebungen gebe, hart erkämpfte liberale Triumphe der Vergangenheit wieder rückgängig zu machen, sei es doch unmöglich, erkämpfte Freiheiten vollständig auszuradieren. „Der

Supreme Court kann das Recht auf Abtreibung kassieren, aber er kann nicht die 50 Jahre ungeschehen machen, in denen es Bestand hatte", sagt er. Er erinnere sich noch gut an die Zeit, in der Schwangerschaftsabbrüche überall in den USA verboten waren. Damals habe es kaum eine breite öffentliche Diskussion über das Thema gegeben, keinen leichten Zugang zu Informationen für Frauen oder überhaupt zur Prozedur. „Wenn meine Schwester damals ungewollt schwanger geworden wäre, hätte sie ein ernsthaftes Problem gehabt, für das es keine naheliegende Lösung gab", sagt Glasser. „Dorthin gibt es kein Zurück."

Ähnlich blickt er auf die Bücherverbote. Natürlich sei die Bewegung gefährlich, doch der Zugang zu Informationen sei für Schüler heute dennoch offener und leichter, als er es jemals vorher gewesen war. Kontroverse Inhalte seien heute für Kinder und Jugendliche erreichbar, auch wenn sie nicht in der Schule angeboten werden. Dafür sorgten schon das Internet und der freiere Fluss an Informationen. „In meiner Schulzeit wurden kontroverse Bücher nicht aus der Schulbibliothek entfernt", sagt er. „Sie waren gar nicht erst drin."

Also alles gut? Alles kein Problem? Glasser schaut ernst. Dann streckt er den Arm aus, tippelt mit Zeige- und Mittelfinger am Rand des Dinertisches entlang. „Die Freiheit in den USA ist heute so groß wie nie zuvor. Weit wie die Tischplatte", sagt er. Doch Fehltritte dürfe sich das Land nicht leisten – denn neben dem Tisch gehe es weit nach unten. „Wir sind immer am Abgrund."

Freie Wahl

Neil Volz reckt die Faust in die Luft, als er am 18. August 2020 die Life Church in Fort Myers, Florida, verlässt. Die Kameras fangen das Strahlen unter seinem dichten braunen Vollbart ein, nachdem er die blaue Schutzmaske vom Gesicht nimmt. „Das war aufregend“, sagt Volz. Dann zeigt er auf den kleinen Aufkleber, den er am Revers seines hellgrauen Jacketts befestigt hat. Nur zwei Worte stehen dort in weißen Buchstaben auf blauem Grund über einer kleinen US-Flagge: I Voted – ich habe gewählt. Einen solchen Sticker kann sich jeder Wähler in den Vereinigten Staaten nach der Stimmabgabe im Wahllokal mitnehmen, doch für Volz ist der Aufkleber etwas ganz Besonderes. „Ich habe mich sofort auf ihn gestürzt“, sagt er. „Denn darauf habe ich 16 Jahre gewartet.“

Die Wahl, in der Volz sein Kreuzchen machen konnte, war nicht die wichtigste auf dem Planeten. Es war die republikanische Primary in Lee County an Floridas Golfküste. Trotzdem war Volz überwältigt. „Ich habe den Rest des Tages alle möglichen Menschen umarmt und abgeklatscht“, erinnert er sich drei Jahre später. „Es war wie eine große Feier.“ Dass er mit seiner Stimme einen befreundeten Kandidaten, den späteren Kongressabgeordneten Byron Donalds, unterstützen konnte, machte den Tag für Volz noch schöner. Als das Wahllokal in der Life Church am Morgen seine Türen öffnete, stand er deshalb als Erster in der Schlange.[1] Volz wollte keine Minute länger als nötig ein Nichtwähler bleiben.

Politik war über viele Jahre Volz' Leidenschaft und Lebensinhalt. Schon im Alter von 22 Jahren unterstützte er als Freiwilliger die Präsidentschaftskampagne von Bill Clinton in seiner Heimat in Ohio. Clinton gewann den Staat knapp, doch Volz wandte sich dennoch bald von dem Demokraten ab, heuerte bei einem aufstrebenden republikanischen State Senator namens Bob Ney an. Als Ney 1994 ins US-Repräsentantenhaus gewählt wurde, nahm er Volz mit. Plötzlich arbeitete der junge Mann im Kapitol, zunächst als Pressesprecher des frisch vereidigten Congressman, später als Stabschef. Volz genoss den Job, vernetzte sich in republikanischen Zirkeln und im politischen Washington. Im Januar 2000 lernte er beim Golfspielen auf den Nördlichen Marianen den Lobbyisten Jack Abramoff kennen. Es war der Ausgangspunkt für einen Skandal, der Washington einige Jahre später erschüttern sollte.

Denn in den folgenden Monaten nahm Volz immer wieder Geschenke von Abramoff und seinen Mitarbeitern an und reichte sie an Ney weiter – Footballtickets etwa oder Karten für ein U2-Konzert. Als Gegenleistung setzten sich Volz und Ney im Kongress für die Belange von Abramoffs Kunden ein. Ein klassisches Quid pro quo also. Das war – natürlich – illegal.[2]

Doch für Volz ergab sich aus der Konstellation auch eine Chance. 2002 wechselte er aus dem Kongressbüro direkt in das Lobbyingunternehmen von Abramoff und kultivierte Ney von dort aus weiter. Er flog den Abgeordneten zu exklusiven Golftrips aus, lud ihn in teure Restaurants ein. Ney revanchierte sich, indem er die gesetzgeberischen Wünsche von Abramoff im Kongress voranbrachte. Im Herbst 2005 flog der Skandal auf[3] – und brachte nicht nur Ney in Erklärungsnot, sondern auch Mitarbeiter von Tom DeLay, damals der zweitmächtigste Republikaner im Repräsentantenhaus. DeLay war auch Teil eines luxuriösen Golfausflugs nach Schottland gewesen, den Abramoff organisiert hatte. Im April 2006 kündigte er seinen Rückzug aus der Politik an.[4] Verurteilt wurde DeLay nicht, doch sein Ruf in Washington war ruiniert. 2009 nahm er als Kandidat an der Fernsehsendung *Dancing with the Stars* teil.[5] Auch Ney verabschiedete sich aus dem Kongress. Doch anstatt ins Fernsehen ging er ins Gefängnis.[6]

Für Volz war das Risiko einer Haftstrafe ebenfalls groß. Er war in alle Details des Bestechungsskandals verwickelt, sein Name stand in tausenden inkriminierenden E-Mails. Ihm drohte eine Anklage unter anderem wegen Verschwörung zum Betrug an den Vereinigten Staaten – ein Verbrechen, das mit bis zu zehn Jahren Gefängnis geahndet werden kann.[7] Also wendete er sich ans Justizministerium, bot seine Hilfe bei den Ermittlungen an, im Gegenzug für ein niedriges Strafmaß.[8] Die Regierung akzeptierte. Am 8. Mai 2006 erklärte sich Volz vor einem Richter in Washington, DC, für schuldig.[9] Seine Strafe: zwei Jahre auf Bewährung und eine Geldbuße in Höhe von 2000 Dollar.[10]

In den folgenden Jahren versuchte Volz, seine Existenz wieder aufzubauen. Das Gefängnis konnte er umgehen, doch sein Name war plötzlich eng mit einem Politikskandal verknüpft. Und auf jedem offiziellen Dokument musste er den kleinen Kasten für „vorbestraft" ankreuzen. Bei seiner Verurteilung war Volz 35 Jahre alt. Außerhalb der Politik hatte er nie gearbeitet. Doch für Jobs in diesem Bereich war er vorerst verbrannt. Also stürzte er sich zunächst in Freiwilligendienste, verließ Washington und zog nach Fort Myers. Er schrieb ein Buch über sein Leben – das Cover ziert eine dem mythischen Ikarus nachempfundene Figur mit Flügeln und einem Aktenkoffer, die sich einem sonnengleich strahlenden Kapitol nähert – und begann, für Kirchen im Südwesten Floridas zu arbeiten. So setzte er sein Leben Stück für Stück wieder zusammen. Doch als vollwertiger Bürger fühlte er sich auch Jahre nach dem Ende seiner Bewährungszeit nicht. Denn eines der fundamentalsten Rechte eines jeden amerikanischen Staatsbürgers blieb ihm vorenthalten: Wählen durfte er aufgrund seiner Verurteilung in Florida nicht. Der Staat untersagte es damals Menschen mit einer Vorstrafe, ihre Stimme abzugeben. Und zwar lebenslang. Ausnahmen konnte nur der Gouverneur persönlich machen. Doch der nutzte diese Macht kaum.

Volz fand das ungerecht. Er hatte seine Verurteilung akzeptiert, seine Strafe verbüßt. Trotzdem blieb er ein Bürger zweiter Klasse. Und er war nicht allein. Rund 1,6 Millionen Menschen durften damals in Florida aufgrund einer Vorstrafe nicht an Wahlen teilnehmen. Das entsprach in etwa zehn Prozent der wahlberechtigten Bevölkerung.[11] Einer von ihnen war Desmond Meade, der Gründer der Florida Rights Restoration Coalition (FRRC). Die Organisation arbeitete seit Jahren daran, Vorbestrafte wieder zu Wählern zu machen. Doch die Widerstände waren groß.

Meade hatte in seiner Zeit als Helikoptermechaniker in der US-Army eine Kokainsucht entwickelt und mehrfach Ärger mit dem Gesetz bekommen. Das Militär schmiss ihn raus, er landete im Gefängnis. Nach seiner Entlassung arbeitete er zunächst als Bodyguard für Prominente in Florida – ein Job, der ihn bald wieder zum Koks brachte. Immer wieder landete er in Haft. 2005 schaffte er den Absprung. Er lebte nun in einem Obdachlosenheim, doch er schaute nach vorne, holte seinen Collegeabschluss nach, studierte später Jura.[12]

2015 trafen sich Volz und Meade das erste Mal. Und sie fanden schnell einen Draht zueinander. Meade sah in dem Republikaner Volz einen guten Partner – jemanden, der den politischen Prozess verstand, sein Anliegen teilte, aber aus einer völlig anderen politischen Tradition kam. „Er nannte mich manchmal *das Einhorn*", sagt Volz und lacht. Bald arbeitete Volz Vollzeit für die FRRC, stieg zu Meades Stellvertreter auf. Gemeinsam brachten sie in Florida ein Referendum auf den Weg, um verurteilten Verbrechern, die ihre Strafen verbüßt hatten, das Wahlrecht zurückzugeben. Ausgenommen waren lediglich Mörder und Sexualstraftäter. Die Kampagne war ein überwältigender Erfolg. Am 6. November 2018 stimmten fast 65 Prozent der Wähler des Sunshine States für die Neuregelung.[13] Es war „die größte Ausweitung des Wahlrechts in Amerika seit einer Generation", schrieb der *Guardian.*[14]

Doch der Triumph war nur von kurzer Dauer. Wenige Monate nach dem Erfolg der FRRC schränkte Floridas von den Republikanern dominierte Legislatur die Reform schon wieder ein. Lediglich Straftäter, die sämtliche ausstehenden Gebühren bei Gerichten bezahlt hatten, konnten sich nun wieder in die Wählerlisten eintragen lassen – eine Regelung, die schlagartig fast 775 000 Verurteilten erneut das Wahlrecht entzog.[15] Kritiker waren entsetzt, sahen in der Auflage eine Wiedereinführung der längst verbotenen „Kopfsteuern", die im späten 19. Jahrhundert die schwarze Bevölkerung in Südstaaten von den Urnen fernhalten sollte. Doch Floridas Gerichte bestätigten die Neuregelung. Sie ist bis heute in Kraft.

Die Maßnahme sorgte dafür, dass nur ein Bruchteil der Vorbestraften in Florida wieder zu „Returning Citizens" wurden, wie Volz die Betroffenen nennt. Zwei Jahre nach dem erfolgreichen Referendum hatten sich nur 67 000 ehemalige Straftäter im Staat als Wähler registrieren lassen[16] – ein Bruchteil von den mehr als eine Million Menschen, die ihr Wahlrecht eigentlich zurückbekommen sollten. Volz und Meade gehören dazu, seit 2020 wählen sie wieder mit. Doch die neuen Auflagen bedeuten, dass ihre Mission noch nicht abgeschlossen ist. Heute arbeitet die FRRC daran, Betroffenen beim Navigieren durch die verwirrende Verwaltung des Staates zu helfen, um ihre möglichen Schulden bei Gerichten herauszufinden und zu begleichen. Denn Fehler können zu enormen Problemen führen. Kurz vor den Zwischenwahlen 2022 wurden mehrere Menschen in Florida festgenommen, die sich mutmaßlich zu Unrecht als Wähler registrieren ließen. Später veröffentlichtes Bodycam-Material von den Festnahmen zeigte, wie irritiert die Betroffenen auf die Vorwürfe reagierten. Sie hatten sich, beteuern sie, mit den besten Absichten in die

Wählerverzeichnisse eintragen lassen.[17] Doch der Staat Florida geht hart gegen die vermeintlichen Wahlbetrüger vor. Ihnen drohen nun fünf Jahre in Haft. Der Großteil der Verdächtigen ist schwarz.

Für Kritiker waren die Polizeibilder ein Echo aus Amerikas dunkler Geschichte. 1870, fünf Jahre nach dem Ende des Bürgerkriegs und der Abschaffung der Sklaverei in den USA, ratifizierten die Vereinigten Staaten den 15. Verfassungszusatzartikel, der das Wahlrecht auf die – männlichen – Angehörigen aller Bevölkerungsgruppen ausweitete.[18] Dies bedrohte die etablierten Machtstrukturen in weiten Teilen des Landes, vor allem im Süden, wo ein faktisches Apartheidsystem den schwarzen Bevölkerungsteil unterdrückte. Bis 1880 verabschiedeten daher 13 Bundesstaaten Gesetze, die Vorbestraften das Wahlrecht entzogen. Gleichzeitig wurden die sogenannten *Black Codes* eingeführt – Gesetze, „die im Grunde das Leben der Schwarzen kriminalisierten", wie es bei der Bürgerrechtsorganisation ACLU heißt. Plötzlich waren Dinge wie „Umherwandern ohne Arbeit", „Herumlungern" oder das „Führen eines unordentlichen Hauses" strafbar.[19] Die Auswirkungen waren schnell spürbar. 1850, rund ein Jahrzehnt vor dem Ausbruch des Bürgerkriegs, waren etwa in Alabama zwei Prozent aller Gefängnisinsassen nichtweiß. 1870 war diese Zahl auf 74 Prozent gestiegen.[20] Es war einer von vielen Wegen, die schwarze Bevölkerung vom Wählen abzuhalten. Die bereits erwähnten Kopfsteuern oder bewusst verwirrende Lesens- oder Wissenstests waren weitere Maßnahmen.[21] Und forderten Schwarze dennoch ihre in der Verfassung garantierten Rechte ein, blieb der weißen Elite immer noch die Gewalt als letztes Mittel.

Die Vereinigten Staaten bezeichnen sich gern als älteste bestehende Demokratie auf dem Planeten, doch sonderlich repräsentativ waren ihre Wahlen lange Zeit nicht. Als das junge Land 1788 das erste Mal ein Staatsoberhaupt wählte, gaben gerade einmal 1,8 Prozent der Bevölkerung ihre Stimme ab. In nur sechs der elf teilnehmenden Bundesstaaten (North Carolina und Rhode Island hatten die Verfassung noch nicht ratifiziert) war überhaupt ein Teil der Bürger aufgerufen, an die Urnen zu gehen – zum allergrößten Teil weiße Männer mit Grundbesitz.[22] Doch selbst unter den wenigen Wahlberechtigten war das Interesse anscheinend nicht groß. Experten schätzen die Wahlbeteiligung auf 11,6 Prozent. Vier Jahre später sank sie sogar noch weiter ab – auf 6,3 Prozent.[23]

Das sind Zahlen, die sich nicht gut mit dem Selbstverständnis der Vereinigten Staaten als modernem Geburtsort der Freiheit vertragen. Die amerikanischen Revolutionäre begründeten ihre Abspaltung vom britischen Imperium mit der Gleichheit der Menschen und dem Recht auf „Leben, Freiheit und das Streben nach Glück“,[24] doch in der Praxis tauschten sie nur eine kleine herrschende Elite durch eine andere aus. Gleichwohl setzte die Unabhängigkeit eine Entwicklung in Gang, die zumindest auf dem Papier alle amerikanischen Staatsbürger auch zu potenziellen Wählern machte. Doch bis dieses in den Gründungsdokumenten angelegte Versprechen erfüllt war, dauerte es beinahe 200 Jahre.

Das Frauenwahlrecht wurde erst 1920 eingeführt.[25] Und selbst nach der Verabschiedung des 15. Verfassungszusatzes gelang es der weißen Elite des Südens, schwarze Wähler über Jahrzehnte zum allergrößten Teil von den Urnen fernzuhalten. Erst 1965 untersagte Washington durch die Verabschiedung des Voting Rights Acts diskriminierende Wahlgesetze, die Minderheiten an der Stimmabgabe hindern sollten.[26] Eine vollwertige Demokratie sind die Vereinigten Staaten damit noch keine 60 Jahre.

Und bis heute prägen Institutionen das politische System, die den Willen der Mehrheit der Bevölkerung blockieren und das Prinzip „Eine Person, eine Stimme“ aushebeln. Das ist kein

Unfall, sondern Absicht. In den Senat etwa schicken alle Bundesstaaten zwei Abgeordnete – das gilt für Wyoming (Bevölkerung: rund 579 000) genauso wie für Kalifornien (Bevölkerung: 39 240 000). Damit zählt in der oberen Kongresskammer die Stimme eines Wählers in Cheyenne deutlich mehr als die einer Wählerin in Sacramento. Diese Konstruktion war der Preis der kleinen Staaten für die Billigung der Verfassung. Der Senat sollte sicherstellen, dass bevölkerungsarme Bundesstaaten nicht einfach von den Großen überstimmt werden konnten.

Dieses Ungleichgewicht hat Auswirkungen – auch auf die Wahl des Staatsoberhaupts. Der Präsident wird durch das Electoral College gewählt, in dem jeder Bundesstaat so viele Wahlleute stellt, wie er Abgeordnete in beiden Kongresskammern entsendet. Auch das sorgt dafür, dass die Bevölkerung in spärlich besiedelten Staaten größeren Einfluss auf das Ergebnis hat. Die Folge: Bereits fünfmal wurden US-Präsidenten gewählt, die weniger Stimmen erhalten hatten als ihre Gegenkandidaten, zuletzt George W. Bush im Jahr 2000 und Donald Trump 2016. Auch das hatten die Gründerväter der Vereinigten Staaten durchaus beabsichtigt. Das Electoral College sollte die junge Republik vor der Machtübernahme durch Populisten schützen, die an die niedrigsten Instinkte der Wähler appellierten. „Das Wahlverfahren bietet die moralische Gewissheit, dass das Amt des Präsidenten niemals einem Mann zufallen wird, der nicht in besonderem Maße mit den erforderlichen Qualifikationen ausgestattet ist", schrieb Alexander Hamilton in den *Federalist Papers*.[27] Ob sich diese Vorhersage bewahrheitet hat, kann man diskutieren.

Doch zusätzlich zu diesen in der Verfassung angelegten Mechanismen versuchen die Parteien die Regeln des demokratischen Prozesses zu ihrem Vorteil auszulegen. Das Zuschneiden von günstigen Wahlkreisen fürs Repräsentantenhaus zum Nutzen der Mehrheitspartei gehört in vielen Bundesstaaten zum politischen

Alltag. Und auch der Kampf ums Wahlrecht war mit der Verabschiedung des Voting Rights Acts nicht beendet. Das zeigte zuletzt nicht nur das Beispiel Florida. Im Jahr nach der Präsidentschaftswahl 2020, die Ex-Präsident Donald Trump fälschlicherweise als gestohlen bezeichnet, erschwerten die Legislaturen in 19 von den Republikanern dominierten Bundesstaaten die Stimmabgabe.[28] Die Begründung: Das Vertrauen in den demokratischen Prozess müsse wiederhergestellt werden. Gegner dieser Verschärfungen sehen in den neuen Regeln vielmehr den Versuch, Wählergruppen von den Urnen fernzuhalten, die traditionell den Demokraten näherstehen, etwa junge oder schwarze Wähler. Ihnen, so die Sorge, soll die Teilnahme an Wahlen so erschwert werden, dass sie resigniert aufgeben – und so eine Herrschaft der Minderheit akzeptieren.

Eine Maßnahme, die von Konservativen in den vergangenen Jahren immer wieder ergriffen wurde, ist die Einführung sogenannter Voter-ID-Laws. 2005 verabschiedete Indiana als erster Bundesstaat die Pflicht, dass sich Wähler vor der Stimmabgabe mit einem Lichtbildausweis identifizieren müssen. Heute verlangen dies 35 Bundesstaaten.[29] In Ländern wie Deutschland ist das eine Selbstverständlichkeit, doch in den USA, wo es keine staatliche Ausweispflicht gibt, liegt die Sache anders. Laut einer Studie der University of Maryland hatten vor der Wahl 2020 mehr als sieben Millionen wahlberechtigte Amerikaner kein gültiges von der Regierung ausgestelltes Ausweisdokument zur Verfügung – insbesondere Angehörige von Minderheiten.[30] Zwar akzeptieren einige Bundesstaaten auch andere Identitätsnachweise, doch auch hier gibt es auffällige Unterschiede. In Texas etwa können sich Wähler mit einer Waffenbesitzkarte ihren Stimmzettel abholen, aber nicht mit einem Studentenausweis.[31]

Kritiker sehen in solchen Diskrepanzen einen Beleg dafür, dass die Gesetze bestimmte Gruppen gezielt von Wahlen ausschließen sollen. Organisationen wie die ACLU verweisen auf

Studien, die zeigen, dass strenge Voter-ID-Laws die Wahlbeteiligung um zwei bis drei Prozentpunkte senken.[32] Verteidiger der Gesetze wiederum halten sie für ein zwingend notwendiges Instrument, um Wahlbetrug zu verhindern. Nur so, glauben sie, könne die Akzeptanz für das System erhalten bleiben. Die Öffentlichkeit ist in diesem Fall auf der Seite der Unterstützer. Fast acht von zehn Amerikanern halten es für richtig, dass sich Wähler vor der Stimmabgabe ausweisen müssen.[33]

Manche Aktivisten gehen in die Politik, weil sie ein Kandidat begeistert oder ein Ziel motiviert. Dan McGrath war vor allem sauer. „Für mich war es ein Akt der Selbstverteidigung", sagt er. Es war das Jahr 2004. McGrath lebte in Minneapolis, Minnesota – einem Landesteil, der für seine Freundlichkeit bekannt ist. *Minnesota Nice* nennt sich das über die Grenzen des Mittleren Westens hinaus bekannte Phänomen. Doch mit Höflichkeit, so glaubte McGrath, komme er nicht mehr weiter. Dass die Stadtverwaltung ein Rauchverbot in Restaurants erlassen oder Truckfahrern verbieten wollte, im Winter parkend ihren Motor laufen zu lassen, hielt er für fehlgeleitet. „Absoluten Wahnsinn!", wie er es formuliert. Also ging er immer wieder zum Rathaus, um sich zu beschweren. So rutschte er langsam in die republikanischen Zirkel von Minnesota. Zwei Jahre später leitete er bereits einen – erfolglosen – Gouverneurswahlkampf. Bald arbeitete er für die Partei und mit ihr verbündete Interessengruppen.

2008 war ein wichtiges Wahljahr für die Republikaner in Minnesota. Im Schatten der Präsidentschaftswahl wollte Senator Norm Coleman seinen Sitz in der oberen Kongresskammer verteidigen. Die Demokraten hatten den ehemaligen TV-Star Al Franken aufgestellt, ein unabhängiger Kandidat warb ebenfalls um Stimmen. Die Umfragen sahen von Anfang an ein knappes Rennen voraus, Coleman musste um sein Amt zittern. Also stürzte sich auch McGrath in die Arbeit, um seinem Parteifreund den Job zu retten. Doch eines Tages, so erinnert er sich, erlebte er etwas Ungewöhnliches.

McGrath hatte eine Telefonaktion organisiert. Sein Team sollten bei registrierten Wählern anrufen, um sie zur Stimmabgabe zu motivieren. Doch immer wieder, so schildert es McGrath, hätten seine Freiwilligen gehört, dass die Person, die sie erreichen wollten, schon vor Jahren verstorben sei. „Das hat mich aufgeschreckt, denn wir hatten ja nur bei Leuten angerufen, die den öffentlichen Wählerlisten zufolge im vergangenen Jahr gewählt hatten", sagt er. McGrath bohrte weiter, sammelte immer neue vermeintliche Unregelmäßigkeiten und teilte seine Bedenken schließlich dem damaligen Secretary of State von Minnesota mit, der die Wahlen in dem Bundesstaat übersah. Doch der sah keinen Handlungsbedarf, warnte stattdessen vor einer Desinformationskampagne, die Wähler von der Stimmabgabe abbringen sollte. McGrath war – wieder einmal – sauer.

Am Wahltag wurde es – wie erwartet – knapp zwischen Coleman und Franken. Nach der ersten Auszählung lag der Republikaner hauchdünn vorne, mit 215 Stimmen. Abgegeben wurden fast 2,9 Millionen.[34] Nach einer gesetzlich vorgeschriebenen Neuauszählung führte plötzlich Franken mit 225 Stimmen. Coleman klagte, doch ein Gericht überprüfte die Wahl und gab dem Demokraten recht, stellte seinen Sieg mit nun 312 Stimmen Vorsprung fest.[35] Der State Supreme Court bestätigte die Entscheidung. Am 8. Juli 2009, acht Monate nach der Wahl, wurde Franken als neuer Senator aus Minnesota vereidigt.[36] Es war der knappste Wahlsieg in einem Senatsrennen seit mehr als 30 Jahren.[37]

McGrath glaubt bis heute, dass Franken die Wahl gestohlen hat. Unter anderem hätten hunderte Vorbestrafte gewählt, die eigentlich keine Stimme hätten abgeben dürfen, sagt er. Doch anders als Donald Trump zwölf Jahre später versuchte McGrath nicht, das Ergebnis der Wahl rückgängig zu machen. Stattdessen drängte er auf Reformen, etwa verschärfte Voter-ID-Gesetze, um vermeintlichen Wahlbetrug in Zukunft zu verhindern. Dass nun in vielen Staaten eine Ausweispflicht bei der Stimmabgabe besteht, hält er für eine gute Entwicklung. Doch er kann sich noch viel mehr vorstellen.

Es ist nicht so, als gäbe es in den Vereinigten Staaten keine Tradition von Wahlbetrug. „Vote Early and Vote Often" war das inoffizielle Moto der politischen Maschinen des 19. Jahrhunderts. Zurück geht der Satz wohl auf John Van Buren, den Sohn des achten US-Präsidenten.[38] Es ist eine Tradition, die dem Land lange erhalten blieb. „Wenn ich sterbe, möchte ich in Louisiana begraben werden, damit ich in der Politik aktiv bleiben kann", witzelte etwa Earl Long, zwischen 1939 und 1960 dreimal Gouverneur des Staates. Und mittlerweile gilt es auch als erwiesen, dass der spätere US-Präsident Lyndon B. Johnson seine erste Wahl in den Senat nur gewann, weil er sich durch Tricksereien einen Vorsprung von 87 Stimmen gegenüber seinem innerparteilichen Vorwahlgegner ergaunerte.[39] Neben dem Sitz im Senat gewann er auch einen Spitznamen: Landslide Lyndon.[40]

Doch in der jüngeren Vergangenheit gibt es kaum noch Belege für Schummeleien an der Urne. Das Brennan Center for Justice ging 2007 einer ganzen Reihe von Vorwürfen nach – und stellte fest, dass Wahlbetrug nur in vereinzelten Fällen tatsächlich existierte. Lediglich zwischen 0,0003 Prozent und 0,0025 Prozent aller abgegebenen Stimmen seien betroffen – zu wenig, um einen Wahlausgang tatsächlich zu beeinflussen. Angesichts dieser geringen Zahlen sei es wahrscheinlicher, so der Bericht, dass ein Amerikaner vom Blitz getroffen wird, als dass er unter falschem Namen wählt.[41]

Trotzdem besteht Donald Trump bis heute darauf, ihm sei 2020 der Wahlsieg gestohlen worden. Doch diese Behauptung lässt sich mit nichts belegen. Die Nachrichtenagentur *AP* zählte in den sechs über den Wahlausgang entscheidenden Swing States zusammengenommen gerade einmal 475 potenzielle Fälle von Wahlbetrug – bei 25,5 Millionen abgegebenen Stimmen. Selbst wenn sich der Verdacht in allen diesen Fällen bestätigt hätte: Am Wahlausgang hätte sich nichts geändert.[42] Trotzdem resonieren die Behauptungen des Ex-Präsidenten in republikanischen Zirkeln. Der stellvertretende Gouverneur von Texas etwa lobte eine Belohnung in Höhe von bis zu einer Million Dollar für jeden aus, der einen Fall von Wahlbetrug nachweisen konnte. Rund ein Jahr später zahlte er tatsächlich 25 000 Dollar aus – an einen Demokraten, der einen Republikaner gemeldet hatte, der in Pennsylvania zwei Mal seine Stimme abgeben wollte.[43]

Doch das sind Einzelfälle. Für systematischen Wahlbetrug in den Vereinigten Staaten finden Experten keine Anhaltspunkte. Auch die Vorwürfe von McGrath und seinen Verbündeten mit Blick auf die Senatswahl von 2008 in Minnesota wurden ausführlich geprüft. Die Minnesota County Attorneys Association fand keine Hinweise auf Wahlbetrug.[44] McGrath wiederum will dennoch nicht aufgeben, versucht weiter, Verschärfungen des Wahlrechts voranzutreiben. Dass manche der von ihm unterstützten Maßnahmen die Wahlbeteiligung senken könnten, hält er nicht für problematisch. Es sei „nicht unbedingt von Vorteil, die Wahlbeteiligung zu erhöhen oder das Wahlrecht auf Personen auszuweiten, die derzeit nicht wahlberechtigt sind", schreibt McGrath in seinem Buch *The Voter Fraud Manual*.[45] Mit dem Leitbild einer Nation, in der alle Staatsbürger durch den demokratischen Prozess Entscheidungen über die Zukunft des Landes treffen, passt das nicht gut zusammen.

Es sind solche Wortmeldungen – gepaart mit der Seltenheit von nachgewiesenen Fällen von Wahlbetrug –, die Kritiker von verschärften Wahlgesetzen daran zweifeln lassen, dass es konservativen Aktivisten wie McGrath tatsächlich um die Sache geht. Sie sehen in den Auflagen vielmehr den Versuch, Menschen von der Urne fernzuhalten, die womöglich nicht für die Republikaner stimmen könnten. Der Bundesstaat Georgia etwa verabschiedete 2021 ein Gesetz, das nicht nur die Ausweispflichten bei der Stimmabgabe verschärft, sondern unter anderem auch die Zahl der im Freien aufgestellten Wahlurnen reduziert. Der Staat steht seit Jahren in der Kritik, weil er in von Minderheiten bewohnten Regionen nur wenige Wahllokale eröffnet. Das hat zur Folge, dass Menschen in diesen Stimmbezirken teils stundenlang warten müssen, bevor sie ihre Stimme abgeben können.[46] Die Wahlurnen im Freien sollten diesem Problem etwas entgegensetzen, doch das schränkte die von den Republikanern dominierte Legislatur nun deutlich ein. Damit dürften die Schlangen vor den Wahllokalen wieder länger werden. Helfen dürfen Freiwillige den Wartenden nicht. Das neue Gesetz untersagt es, kostenlose Wasserflaschen oder Snacks zu verteilen.[47] Die Demokraten waren empört. Präsident Joe Biden nannte die neuen Regeln in Anlehnung an die diskriminierenden Gesetze vor der Verabschiedung des Voting Rights Acts „das neue Jim Crow".[48] Niedrighalten konnte das Gesetz die Wahlbeteiligung gleichwohl nicht. Bei den Zwischenwahlen 2022 stellte Georgia einen neuen Beteiligungsrekord auf.[49]

Doch die nächsten Verschärfungen drohen bereits. Anfang 2023 zählte das Brennan Center erneut rund 150 Gesetzesvorhaben in 32 Bundesstaaten, die das Wahlrecht einschränken oder die Stimmabgabe erschweren würden.[50] Sonderlich beliebt ist das nicht. In Umfragen sprechen sich große Mehrheiten der Amerikaner für den Abbau von Hürden für die Ausübung des Wahlrechts aus, nicht dafür.[51] Trotzdem geht der Trend gerade in von den Republikanern dominierten Bundesstaaten in eine andere Richtung. In Texas etwa, bereits heute einer der Staaten mit einem der restriktivsten Wahlrechte des Landes, machte zuletzt die Abgeordnete Carrie Isaac Schlagzeilen. Sie wollte Wahllokale auf dem Gelände von Universitäten verbieten.

Der Vorschlag zog zunächst Spott auf sich. Doch bald mischte sich Sorge dazu. „Die Stimmabgabe auf dem Campus ist eine der wichtigsten Möglichkeiten für die Teilnahme dieser neuen Generation von Wählern in Texas“, so Alex Brinel von der Wahlrechtsorganisation MOVE (Mobilize, Organize, Vote, Empower) Texas zu *Houston Public Media*. „Dies ist ein direkter Angriff auf die größte und vielfältigste Wählerschaft in Texas: junge Menschen.“[52]

Isaac sitzt in ihrem Büro im Gebäude des Texas House of Representatives in Austin. Roter Hosenanzug, lockige dunkelblonde Haare, dicker Lippenstift. In den Regalen an der Wand hat sie Andenken aus ihrer Karriere ausgestellt: eine Schirmmütze mit dem Aufdruck „Texas Border Volunteer“, ein Foto mit Ex-Präsident Trump. Daneben hängen drei prächtige ausgestopfte Hirschköpfe. „Jagdtrophäen“, sagt sie.

Die Abgeordnete ist noch recht neu in Austin. 2022 wurde sie das erste Mal ins texanische Repräsentantenhaus gewählt. Ihr Wahlkreis liegt ein Stück außerhalb der Hauptstadt, umfasst unter anderem ein Stück von Hays County, Heimat der Texas State University. Ihr Distrikt ist fest in konservativer Hand – Isaac gewann ihn mit rund 70 Prozent der abgegebenen Stimmen[53] – doch Hays County verändert sich. 2016 gewann Trump hier noch knapp, doch seitdem haben die Demokraten aufgeholt. 2020 holte Joe Biden hier eine deutliche Mehrheit. Analysten sehen in der gestiegenen Wahlbeteiligung unter Studenten einen Grund dafür, dass die Republikaner in Hays County ins Hintertreffen geraten sind.

Dass ihr Vorstoß zum Schließen aller Wahllokale an texanischen Universitäten etwas mit dieser Entwicklung zu tun haben könnte, weist Isaac zurück. Ihr gehe es lediglich um die Sicherheit der Studenten. Angesichts der zahlreichen Massenschießereien in Texas wolle sie sicherstellen, dass sich keine unbefugten Personen auf Universitätsgeländen aufhalten. „Ich halte es in der aktuellen Lage nicht für klug, Menschen auf den Campus zu lassen, die dort sonst nichts zu suchen haben", sagt Isaac. Derzeit plane sie eine weitere Gesetzesinitiative. Diese würde Wahllokale in Schulen verbieten.

Es ist eine Begründung, die Kritiker der Abgeordneten nicht abkaufen. Sie sehen in dem Vorstoß den bewussten Versuch, eine Wählergruppe zu schwächen, die größtenteils Isaacs politischen Gegner unterstützt. Doch dass ihre Gesetzesvorlage es jungen Menschen erschweren könnte zu wählen, glaubt die Abgeordnete nicht. „Studenten verlassen den Campus doch ohnehin jeden Tag", sagt Isaac. Das könnten sie also auch zum Wählen tun.

Doch so einfach ist es nicht. Denn die Schließung von Wahllokalen in Universitäten könnte auch die Zahl der Wahllokale insgesamt verringern. Isaac sagt zwar, geschlossene Lokale sollten ersetzt werden, aber Texas ist nicht sonderlich gut darin, das zu tun. Allein zwischen 2013 und 2019 hat der Lone Star State rund 750 Wahllokale geschlossen – überwiegend in Landkreisen mit einem hohen Bevölkerungsanteil von Schwarzen und Latinos,[54] also Wählergruppen, die zu den Demokraten tendieren. Für die Betroffenen bedeutet dies längere Wege und Wartezeiten, also höhere Hürden für die Stimmabgabe. „Dies sind bewusste Entscheidungen, um einige Menschen von der Teilnahme abzuhalten und die Teilnahme anderer zu fördern", so MOVE-Aktivist Brinel.[55] Der Vorwurf: Die Republikaner versuchen sich mit rechtlichen Tricks ihre Mehrheit in einem sich stark veränderten Bundesstaat zu sichern. Das mag legal sein. Doch gemessen an dem amerikanischen Versprechen von freien Wahlen und gleicher Repräsentation aller Staatsbürger ist es kaum legitim.

Das Gesicht von Neil Volz, dem verurteilten Lobbyisten und Wahlrechtsvorkämpfer, zuckt leicht, wenn man ihn nach den Vorhaben seiner Parteifreunde fragt. Republikaner ist er ja immer noch, daran hat auch seine Arbeit für die FRRC nichts geändert. „Wir versuchen, innerhalb der Grenzen gemeinsamer Werte zu arbeiten, die über die parteipolitische Kluft hinausgehen", sagt er schließlich. Soll heißen: Der Erfolg seiner Organisation – die größte Ausweitung des Wahlrechts in dieser Generation – war nur möglich, weil er und Meade das Thema entpolitisiert hatten. Kontroversen geht er deshalb aus dem Weg. Während ihrer Kampagne sprachen sie nicht darüber, wie sich das Elektorat in Florida durch eine Million neue Wähler verändern würde, sondern über individuelle Schuld, Vergebung und zweite Chancen. Für Volz war das eine Umstellung. „Bei einem Strategietreffen habe ich Desmond einmal gefragt: Wer ist unser Gegner", sagt Volz. „Und er hat mich nur angeschaut und gesagt: Ich liebe dich, aber du verstehst es nicht."

Der Erfolg gab Meade recht. Auch die erneute Einschränkung des Wahlrechts für Vorbestrafte in Florida kann nicht ungeschehen machen, dass in einem traditionell tief gespaltenen Bundesstaat fast zwei Drittel der Bevölkerung dafür stimmten, das Wahlrecht zu öffnen, die Wahl freier zu machen. Noch sind Volz und Meade nicht am Ziel, doch sie glauben, auf dem richtigen Weg zu sein. „Wir müssen überzeugen", sagt Volz. „Und das kann uns gelingen."

Freie Wirtschaft

Wenn Jason Abraham über sein Anwesen spaziert, sind Lola und Lady immer dabei. Die beiden Shih-Tzu-Hunde tollen zwischen den Beinen des Ranchers herum, fahren in seinem Pick-up-Truck mit über die unbefestigten Wege auf seinem Grundstück außerhalb des Örtchens Canadian im Norden des US-Bundesstaats Texas und toben durch die Pferdeställe, die an das Haupthaus der Mendota Ranch angeschlossen sind. Lady, zweieinhalb Jahre alt, ist immer in Bewegung, folgt jedem Geräusch, jedem Duft und jedem Schatten. Lola, mit 16 schon eine ältere Dame in ergrautem Fell, lässt es hingegen ruhiger angehen, rollt sich auch gern auf den gepolsterten Sesseln in Abrahams Büro zusammen oder hüpft auf die weichen Hocker in seinem Labor. Sonderlich ähnlich sehen sich die beiden auf den ersten Blick nicht. Doch schaut man genauer hin, sieht man durchaus Gemeinsamkeiten in ihren Gesichtern. Die Größe der Nase, der Augenabstand, die Form des Mauls. Sind Lola und Lady Mutter und Tochter? Schwestern? Abraham schüttelt den Kopf. „Klone", sagt er.

Mit einem klassischen Wissenschaftler hat Abraham, ein durchtrainierter Mittfünfziger mit festem Händedruck, breitem Cowboyhut über der hohen Stirn und riesiger Gürtelschnalle, nicht viel gemeinsam. Kein Wunder, er ist ja auch keiner. Sein Studium der Ranching Studies schmiss der selbsterklärte „extreme Legastheniker" nach einigen Semestern. Seitdem ist für ihn Schluss mit formaler Bildung. Trotzdem hat er schon einige Karrieren hinter sich. Seine erste Ranch kaufte er noch im Studium, später machte er sich als Rodeoreiter einen Namen. Heute verdient er sein Geld unter anderem damit, auf seinem Grundstück Scharfschützen auszubilden und Touristen das Zielschießen auf

Wildschweine aus einem Hubschrauber heraus beizubringen. So weit, so gängig im ländlichen Teil des Lone Star States. Doch über die Jahre erschloss sich Abraham auch eine eher ungewöhnliche Einnahmequelle: In einem holzvertäfelten Raum hinter seinen Pferdekoppeln begann er, Tiere zu klonen.

Abrahams Geschichte kann so wohl nur in den USA spielen. Wo sonst in der westlichen Welt könnte ein Studienabbrecher auf seinem Privatgrundstück ohne große Schwierigkeiten ein erfolgreiches Genlabor hochziehen? Staatliche Einschränkungen und Regulierungen fallen hier traditionell zurückhaltender aus als in anderen führenden Wirtschaftsnationen. Freies Unternehmertum gilt als eine der tragenden Säulen der Gesellschaft – und das von Anfang an. „Diese Ufer, so bereit für Handel und Industrie“, beschrieb Alexis de Tocqueville[1] die Vereinigten Staaten bereits 1835. Rund 90 Jahre später betonte der damalige US-Präsident Calvin Coolidge die Bedeutung der freien Wirtschaft für seine Landsleute: „Sie sind zutiefst damit beschäftigt, zu produzieren, zu kaufen, zu verkaufen, zu investieren und in der Welt zu gedeihen“, sagte er. „Ich bin der festen Überzeugung, dass dies für die große Mehrheit der Menschen immer die bewegenden Impulse unseres Lebens sein werden.“ Das wichtigste Business der Amerikaner, so Coolidge, sei Business.[2]

Auf den ersten Blick hat die Mischung aus freier Entfaltung der wirtschaftlichen Kräfte bei sanfter staatlicher Aufsicht dem Land gute Dienste geleistet. Seit 1916 gelten die USA als größte Volkswirtschaft der Welt.[3] Nirgendwo auf dem Planeten ist der Anteil der Milliardäre an der Bevölkerung höher.[4] Kein anderes G7-Land hat ein vergleichbar üppiges Pro-Kopf-Einkommen.[5] Und eines der innovativsten Länder der Welt sind die USA obendrein.[6] Kein Wunder also, dass die Vereinigten Staaten für Anhänger des Laissez-faire-Kapitalismus als leuchtendes Beispiel gelten. Als Vorbild für das, was freies Unternehmertum erreichen kann.

Der Glaube an die Schöpfungskräfte des freien Individuums ist hier traditionell riesig – und tief verwurzelt in der amerikanischen Kultur. Es ist kein Zufall, dass der Amerikanische Traum im Kern die Hoffnung auf wirtschaftlichen Erfolg ist. Vom Tellerwäscher zum Millionär. In einer freien Gesellschaft mit minimaler staatlicher Regulierung, so das Versprechen, kann es jeder mit Fleiß, Chuzpe und einer guten Idee ganz nach oben schaffen. Es ist eine verlockende Vision, die den selbstbestimmten Einzelnen ins Zentrum der Gesellschaft stellt. Vermeintlich zum Wohle des großen Ganzen.

Doch dieser Fokus auf die wirtschaftliche Freiheit des Individuums hat seine Schattenseiten. Ausgerechnet in den USA wird der Amerikanische Traum für immer weniger Menschen zur Wirklichkeit. Der Aufstieg gelingt zunehmend selten. Laut einer Auswertung des World Economic Forum liegen die Vereinigten Staaten, was die soziale Mobilität angeht, im internationalen Vergleich nur noch auf Platz 27. Kein anderes G7-Land schneidet schlechter ab.[7] Und in keinem anderen ist der Reichtum ungleicher verteilt. Die Zustände in den USA ähneln in diesem Punkt eher Marokko und Mikronesien als Kanada, Japan oder Westeuropa.[8] Seit mehr als 50 Jahren wächst der Anteil der wohlhabendsten 20 Prozent am Reichtum des Landes. Mittlerweile teilt ein Fünftel der Bevölkerung mehr als die Hälfte des amerikanischen Gesamteinkommens unter sich auf. Und der Löwenanteil geht an die wohlhabendsten fünf Prozent. Das heißt: 80 Prozent der US-Bevölkerung teilen sich weniger als 50 Prozent des Vermögens der größten Volkswirtschaft der Welt.[9] Laut Stanford-Ökonom Gabriel Zucman hat die Konzentration des Reichtums in der Hand einer überschaubaren Elite mittlerweile ein Niveau erreicht, wie es die USA seit dem *Gilded Age* Ende des 19. Jahrhunderts nicht mehr erlebt haben.[10] Auch damals wuchs die Wirtschaft rasant, machte eine kleine Clique unsagbar reich, während ein großer Teil der Bevölkerung in bitterer Armut lebte.

Doch der Erfolg der wenigen überstrahlte lange das Leid der vielen. Vergoldete Zeiten eben. Keine goldenen.

Das ökonomische Auseinanderdriften hat Folgen. Die Entwicklung sei ein Grund für derzeitige politische Polarisierung des Landes, heißt es etwa beim linken Think Tank Center for American Progress.[11] Die Amerikaner seien angesichts der Zustände heute pessimistischer und verlören zunehmend das Vertrauen in die Gesellschaft. Das schürt gesellschaftliche Konflikte. Auch dies ist ein Echo des Gilded Age. „Es herrscht ein vages, aber allgemeines Gefühl der Enttäuschung, eine zunehmende Verbitterung unter den Arbeiterklassen, ein weit verbreitetes Gefühl der Unruhe und der drohenden Revolution", schrieb der Ökonom Henry George angesichts der Zustände in den Vereinigten Staaten bereits 1879.[12]

Zum Umsturz kam es damals nicht. Doch die Politik reagierte dennoch. Während der Progressive Era zu Beginn des 20. Jahrhunderts und der New-Deal-Jahre nach der Großen Depression begann Washington, den vormals nahezu ungezügelten Trusts und Konglomeraten Schranken zu setzen und mit dem Aufbau eines sozialen Sicherungssystems. Erst in den 1980er Jahren, nach der Wahl von Ronald Reagan zum US-Präsidenten, nahm der Fokus auf den Ausbau des Regulierungsstaats wieder ab. Heute gelten viele Regulierungsbehörden als unterfinanziert – vor allem auf der lokalen und bundesstaatlichen Ebene.[13] Die Grenzen für die Freiheit der Wirtschaft sind damit weniger strikt als in vergleichbaren Industrieländern. Laut einer Auswertung des Cato Institute, eines libertären Think-Tanks, gehören die Vereinigten Staaten weiterhin zu den freiesten Volkswirtschaften der Welt. Im Ländervergleich des jährlich veröffentlichten *Economic Freedom of the World Reports* landen die USA auf Platz 7.[14]

Es ist diese lange Tradition der unternehmerischen Freiheit, die auch Jason Abraham seine besondere Karriere ermöglichte. Ein gewisses Verständnis von Fruchtbarkeit gehörte schon immer zu der Berufsbeschreibung von Ranchern. Das Züchten von Rindern oder Pferden ist Teil des Jobs. Doch Abraham ging diese Aufgabe schon früh in seiner Karriere mit besonderer Faszination an. Er wollte das Verfahren verfeinern, Hindernisse überwinden. Also begann er, zu experimentieren. Vor knapp 20 Jahren schockte er die Fachwelt, indem er ein Maultier schwängerte. Das galt eigentlich als unmöglich. Die Kreuzungen aus Pferd und Esel verfügen über eine ungerade Chromosomenzahl, sind daher steril.[15] Doch Abraham wollte sich von vermeintlichen biologischen Zwängen nicht aufhalten lassen. Er pumpte seine Maultierstute Lou mit Hormonen und Medikamenten voll, überprüfte mit regelmäßigen Ultraschallen den Zustand ihrer Gebärmutter und transferierte schließlich einen Pferdeembryo. Am 14. April 2006 kam auf der Mendota Ranch das gesunde Fohlen Candy Lou auf die Welt.[16] Eine Sensation, die Abraham in der überschaubaren Welt der texanischen Reproduktionsveterinärmedizin bekannt machte. Bis heute ist er stolz auf seinen Durchbruch. „Ich habe genau einen Versuch gebraucht", sagt der Rancher.

Der Erfolg brachte Abraham nicht nur die Anerkennung der Fachwelt. Ein Unternehmen in der Hauptstadt Austin wurde auf ihn aufmerksam. Die Firma versuchte, Haustiere und Pferde zu klonen, hatte aber Schwierigkeiten, die reproduzierten Embryonen zum Einnisten zu bringen. Abraham konnte helfen – und nutzte die Gelegenheit, um sich das Klonverfahren von seinen neuen Auftraggebern abzuschauen. Zurück auf der Mendota Ranch baute er sich nach und nach ein kleines Labor auf. Dann begann er, auf eigene Faust zu klonen. Um Erlaubnis fragte er – natürlich – niemanden.

Hört man Abraham zu, dann war an seinem neuen Betätigungsfeld nichts weiter schwierig. Der Autodidakt wendete lediglich das Verfahren an, mit dem schottische Wissenschaftler 1996 – zehn Jahre vor der Geburt von Candy Lou – das legendäre Schaf Dolly reproduziert hatten. Dolly war eine Weltsensation, ein Triumph der Gentechnik, vergleichbar nur mit dem Start des sowjetischen Satelliten Sputnik oder der Mondlandung. Doch die zugrundeliegende Technologie ist, glaubt man dem Rancher, nicht sonderlich kompliziert. Tatsächlich ist das Klonen von Nutztieren[17] wie Schweinen und Rindern in den USA mittlerweile recht gängig. Seit 2008 erhebt die amerikanische Lebensmittelaufsichtsbehörde FDA keine Einwände mehr gegen den Verzehr des Fleisches oder der Milch geklonter Tiere,[18] was allerdings angesichts der hohen Kosten nur selten tatsächlich geschieht. Auch wird die Technik genutzt, um vom Aussterben bedrohte Arten zu retten. Im Dezember 2020 etwa präsentierten Forscher der Organisation Revive & Restore in Colorado der Welt den Schwarzfußiltis Elizabeth Ann – geschaffen aus Genmaterial eines Tiers, das bereits in den Achtzigerjahren verendet war.[19] Das Weibchen soll der vom Verschwinden bedrohten Spezies das Überleben sichern. Andere Rettungsklone folgten.

Für Abraham war das Verfahren hingegen ein reines Geschäft. Zunächst reproduzierte er hauptsächlich Pferde – um die 400 dürften es über die Jahre gewesen sein, schätzt er. Auch heute hat er noch einige Klone in seinen Ställen stehen. Dann, 2009, meldete sich ein Züchter bei dem Rancher mit einer Frage, die den Verlauf seiner Karriere für immer verändern würde: Kannst du auch Hirsche klonen?

Konnte er nicht. Doch Abraham war zuversichtlich, dass er die Technik auch an die Besonderheiten dieser Spezies anpassen können würde. Schließlich hatte er über die Jahre alle möglichen Tierarten geklont – nicht nur Pferde, sondern auch Schweine, Schafe, Ziegen und Rinder. „Ich habe ihm gesagt: Das kostet 150 000 Dollar. Und er meinte: kein Problem“, erinnert sich Abraham. Also machte er sich an die Arbeit. Zwei Jahre später kamen auf der Mendota Ranch die ersten geklonten Hirschkälber auf die Welt.

Aber warum sollte jemand einen sechsstelligen Betrag ausgerechnet für einen geklonten Hirsch bezahlen? Kaum ein anderes Wildtier ist in den USA weiter verbreitet. Schätzungen zufolge streifen stolze 35 Millionen Weißwedelhirsche durch die Vereinigten Staaten,[20] allein in Texas dürften es mehr als fünf Millionen sein. Doch Hirsch ist nicht gleich Hirsch – vor allem nicht für Jäger. Seit jeher kommt es denen bei der Pirsch nicht nur auf das Verfolgen und Erlegen eines Wildtieres an, sondern vor allem auf die Trophäe, die später über ihrem Kamin hängt.

Die Nachfrage nach meterlangen Geweihen steigt unter wohlhabenden Jägern seit Jahren stetig. Das treibt die Preise. Auf einigen Grundstücken in Texas werden mittlerweile mehrere zehntausend Dollar für Jagdausflüge fällig, um besonders prächtige Hirsche abzuschießen. Zum Vergleich: Ein einfaches Wald-und-Wiesen-Tier auf öffentlichem Boden zu jagen kostet im Lone Star State für Besucher gerade einmal 315 Dollar Lizenzgebühr.[21] Einheimische zahlen weniger. Einen Superbock dürfte man bei einem solchen Jagdausflug allerdings kaum vor die Flinte bekommen. „Genetischer Abfall" seien die in der Natur geborenen Tiere, findet Abraham.

Längst hat sich in Texas deshalb ein ganzer Industriezweig gegründet, um die Ansprüche der Luxusjäger zu bedienen. Knapp 1000 Züchter kreuzen mittlerweile besonders ansehnliche Männchen mit den schönsten Weibchen, um immer wertvollere Hirsche zu produzieren, die dann auf teils eingezäunten Grundstücken ausgesetzt und zum Abschuss freigegeben werden. Jagdpuristen halten das zwar für unsportlich, doch der zwölfendigen Trophäe an der Wand sieht man das später nicht an.

Die Zucht ist nicht gerade unkompliziert. Eine Erfolgsgarantie gibt es nicht. Selbst die vielversprechendsten Hirschkühe produzieren nicht immer die gewünschten Kälber mit Ausnahmegeweihen. Damit laufen die Züchter Gefahr, teures Hirschsperma einzusetzen, ohne die gewünschten Supertrophäen zu bekommen.

An dieser Stelle kam Abraham ins Spiel. Hatte ein Weibchen bewiesen, dass es regelmäßig hochwertige Nachkommen auf die Welt bringt, klonte der Rancher es für verschiedene Züchter. Die Kopien dieser Hirschkuh konnten dann mit dem Sperma stattlicher Männchen befruchtet werden und so die Zahl der Premiumhirsche in den Jagdrevieren deutlich erhöhen – und damit den Profit der Veranstalter.

Abraham war nicht der erste Hirschkloner der Welt. Bereits 2003 hatte ein Forscher an der Texas A&M University einen Weißwedelhirsch namens Dewey reproduziert.[22] Doch was der Rancher tat, war etwas anderes. Er klonte das Wildtier nicht in einem staatlichen Labor zu wissenschaftlichen Zwecken, sondern auf einer privaten Ranch zum Geldverdienen. Ohne Aufsicht und Kontrolle. Lange ging das gut für ihn – und rechnete sich. 50 000 Dollar konnte er für eine geklonte Weißwedelhirschkuh aufrufen. Für ein Exemplar der selteneren Maultierhirsche verlangte er gar 75 000 Dollar. Das Geschäft lief ordentlich. Zwischen 35 und 45 Hirschkühe habe er bis 2020 geklont, sagt Abraham. Doch dann wurde der Staat auf ihn aufmerksam – und untersagte die Reproduktion von Hirschen im ganzen Bundesstaat. Die entsprechende Verordnung traf nur Abraham, schließlich klonte niemand sonst in Texas die Tiere. „Sie haben mir ohne Vorwarnung die Geschäftsgrundlage entzogen“, ärgert er sich.

Es waren keine ethischen Bedenken, die den Rancher um sein Geschäft brachten. Vielmehr hätten medizinische Gründe den Staat zum Eingreifen gezwungen, heißt es bei der zuständigen Wildtierbehörde TPWD (Texas Parks & Wildlife Department). Schließlich kam es in der Vergangenheit unter den texanischen Hirschen immer wieder zu Fällen von CWD (Chronic Wasting Disease), einer Krankheit, die in etwa mit BSE bei Rindern vergleichbar ist. Um die Ausbrüche zu kontrollieren, müsse die Behörde in der Lage sein, alle Hirsche in Texas zurückzuverfolgen, so ein TPWD-Vertreter. Nur so könnten im Falle eines Ausbruchs Quarantänen und Notschlachtungen auf einzelne Gehege beschränkt bleiben. Deshalb sei jeder gezüchtete Hirsch im Staat registriert und müsse eindeutig identifizierbar sein – im Zweifel über einen DNA-Abgleich. Existierten allerdings Klone in der Population, so die Behördenbegründung, könnten Tiere nicht mehr eindeutig zurückverfolgt werden. Nicht alle Experten halten dieses Argument für überzeugend. Schließlich gebe es in freier Wildbahn und in Gehegen auch eineiige Zwillinge, die sich per DNA-Abgleich nicht von ihren Geschwistern unterscheiden ließen. Und Klone seien genetisch nichts anderes als das.

Doch es gibt noch eine rechtliche Besonderheit in diesem sehr speziellen Geschäft: Alle Wildtiere seien, so heißt es beim TPWD, Eigentum des Staates Texas. Ohne eine formale Erlaubnis hätte Abraham nichts mit den Hirschen anstellen dürfen. Und eine Genehmigung hatte der Rancher selbstredend nicht. Ob diese Einschätzung vor Gericht Bestand hätte, ist unklar. Doch auf einen Rechtsstreit wollte es Abraham nicht ankommen lassen. Zeitweise versuchte er, das Klonen von Hirschen formal legalisieren zu lassen, doch ein entsprechender Gesetzesentwurf blieb im texanischen Repräsentantenhaus stecken. Deshalb ist für ihn jetzt Schluss mit der Reproduktionstechnik. Sein Labor hat er längst aufgelöst. Dass er sich erneut an das Klonen von Hirschen herantraut, glaubt er nicht. „Wenn man eine Regierungsbehörde gegen sich hat, dann lohnt sich der Aufwand nicht", sagt er. „Die finden schon einen Grund, um mir das Leben wieder schwer zu machen."

Im Fall von Abraham hat der Staat also durchgegriffen, seiner wirtschaftlichen Freiheit klare Grenzen gesetzt. Den Rancher ärgert das bis heute. „Ich habe sehr hart daran gearbeitet, diese Technik zu entwickeln", sagt Abraham. „Und dann kommt die Regierung und macht mir den Laden dicht." Er habe eine Dienstleistung angeboten, für die es auf dem freien Markt eine Nachfrage gegeben habe. Nicht anderes interessierte ihn. „Wenn die Idee dumm gewesen wäre, dann wäre ich von allein bankrottgegangen", schimpft er. „Dafür braucht es nicht den Staat Texas."

Mit dieser Staatsskepsis ist Abraham nicht allein. Laut einer Umfrage im Auftrag des Wirtschaftslobbyverbands Chamber of Commerce halten mehr als 80 Prozent der US-Bevölkerung Wettbewerb auf dem freien Markt und nicht staatliche Regulierung für den Treiber hinter amerikanischer Innovation.[23] Laut Meinungsforschungsinstitut Gallup sind rund 60 Prozent der Amerikaner unzufrieden mit dem Zustand des Regulierungsstaats. Der Großteil dieser Gruppe will weniger staatliche Eingriffe in die freie Wirtschaft – nicht mehr.[24]

Myron Smart hingegen hat nicht das Gefühl, dass den amerikanischen Konzernen zu sehr auf die Finger geschaut würde. Der 60-Jährige steht am Rande eines schneebedeckten Kraters im Norden des US-Bundesstaats Nevada, kurz hinter der Grenze zu Oregon. Es ist ein kalter Tag im Februar. Schneidender Wind pfeift von den nahegelegenen Santa Rosa Mountains über die flache Wüstenlandschaft des Großen Beckens. Ansonsten ist es still.

Smart kommt oft hierher. Das riesige Loch im Boden befindet sich nur eine kurze Autofahrt von seinem Wohnhaus im Reservat des Fort McDermitt Paiute and Shoshone Stammes entfernt. Es ist das Überbleibsel einer Mine, aus der über Jahrzehnte Quecksilber gefördert wurde. Seit den späten 1980er Jahren steht die Produktion still, 1994 wurde der Tagebau endgültig für beendet erklärt. Eigentlich hätte der Krater längst wieder zugeschüttet und die Landschaft möglichst in ihren Urzustand zurückversetzt werden sollen. Doch dazu kam es nie – sehr zum Ärger von Smart und anderen Mitgliedern des Stammes. Das Land hier hat eine große Bedeutung für die Paiute und Shoshonen. Doch ihre Interessen spielten nach dem Ende der Förderung keine große Rolle mehr. Ein Stück weiter den Hügel hinauf hat das Bergbauunternehmen einen windschiefen Aufzug und ein mit weißen

Beuteln vollgestopftes Lagerhaus einfach stehen gelassen. Am löchrigen Zaun um die Anlage warnt ein Schild vor Giftstoffen.

Doch das sind nur die sichtbaren Hinterlassenschaften des Quecksilberabbaus. Wie die Umweltbehörde EPA (Environmental Protection Agency) feststellte, sind der Boden und das Trinkwasser auf dem ehemaligen Minengebiet unter anderem mit Arsen belastet.[25] Das hat Auswirkungen auf den Stamm. Dass die Krebsraten im Reservat ungewöhnlich hoch sind, hält nicht nur Smart für eine Folge des Tagebaus in der Region. Doch kaum jemand interessiere sich dafür, beklagt der 60-Jährige.

Wenn es um die Anliegen des Bergbaus geht, dann schlagen sich die Offiziellen hier im Norden Nevadas tatsächlich in der Regel auf die Seite der Industrie. Der Wirtschaftszweig ist wichtig für die Region. In Humboldt County, dem Landkreis, in dem auch das Reservat größtenteils liegt, ist die Bergbauindustrie der größte Arbeitgeber.[26] Ihr Wort hat hier Gewicht. Das bekam Smart erst kürzlich wieder zu spüren. Derzeit entsteht unweit des Stammesgebiets das Thacker-Pass-Projekt – die größte Lithiummine der Vereinigten Staaten. Rund 40 000 Tonnen des Edelmetalls sollen hier ab 2026 jedes Jahr gefördert werden, später sogar 80 000. In den ganzen USA sind es bisher gerade mal 5000 Tonnen jährlich.

Das Projekt sei wegweisend für den grünen Umbau der größten Volkswirtschaft der Welt, sagen seine Anhänger. Denn Lithium ist einer der entscheidenden Rohstoffe für die Energiewende. Das Edelmetall steckt in modernen Akkus, ist damit etwa ein integraler Bestandteil elektrisch betriebener Autos. Deshalb ist die Thacker-Pass-Mine politisch gewollt. Genehmigt wurde sie noch, als Donald Trump im Weißen Haus regierte, doch auch Joe Bidens Administration steht hinter dem Projekt.

Hinzu kommt, dass die Mine dauerhaft gutbezahlte Jobs in den abgelegenen Winkel des Silver State bringt. Doch Smart ist trotzdem nicht überzeugt. Die Angst vor den unerwünschten Nebeneffekten eines solchen Megaprojekts in unmittelbarer Nähe zu seiner Heimat ist groß. „Der Wind wird wieder alle möglichen Stoffe in unsere Richtung tragen“, sagt er. „Doch unsere Interessen zählen nicht viel.“

Smart spricht nicht für den ganzen Stamm. Viele Mitglieder sehen im Thacker-Pass-Projekt vor allem eine Chance. 1000 Arbeiter werden in den kommenden Jahren gebraucht, um die Mine und die angeschlossenen Werke zu errichten. Das bietet Gelegenheiten für die Bewohner des Reservats. Wenn der Betrieb einmal aufgenommen würde, sind immer noch 500 Jobs zu vergeben. Und die kann der Stamm brauchen. In McDermitt, der kleinen Siedlung im Reservat, liegt die Armutsquote bei mehr als 35 Prozent.[27]

Wie viele der Jobs tatsächlich an Mitglieder des kleinen Stammes gehen werden, ist allerdings eine andere Frage. Gesucht werden vor allem Fachkräfte – und davon gibt es im Reservat nur wenige. Gerade die Jüngeren sind oft längst weggezogen. Auch Smart selbst lebte viele Jahre nicht hier, schlug sich mit Jobs im nahegelegenen Winnemucca durch, der Hauptstadt von Humboldt County. Erst als seine Mutter starb, kehrte er ins Reservat zurück, um das Haus der Familie zu übernehmen. Heute bewohnt er es allein. Seine Tochter, von deren Mutter er getrennt lebt, studiert in Reno Waldbewirtschaftung. Zu Besuch kommt sie nur selten.

Doch mit dem Alter ist auch Smarts Verbindung zu seiner Herkunft wieder gewachsen. Seit seinem 60. Geburtstag gilt er offiziell als Stammesälterer – ein Begriff, den er ungern hört. Sein Vater war Teil der Verwaltung des Reservats, doch für ihn sei das nichts, sagt er. Stattdessen zieht er sich in diesen Tagen wieder häufiger in die Berge zurück, führt Rituale durch, um „in Kontakt mit den Geistern und dem Schöpfer“ zu bleiben, wie er es nennt.

Auch auf dem Thacker Pass – Peehee Mu’huh in der Sprache der Paiute – habe er früher häufig gebetet, sagt Smart. Der Ort hat für den Stamm eine besondere kulturelle Bedeutung. 1865, kurz nachdem Nevada als Staat in die USA aufgenommen wurde, massakrierte die amerikanische Kavallerie in der Region Dutzende Paiute. Laut Stammesmitgliedern fand das Gemetzel auf dem Gebiet statt, wo bald das Lithium abgebaut werden soll. Auch Gräber befänden sich noch dort. Die US-Regierung widerspricht, versichert, der Überfall habe 15 Meilen vom Bergbauprojekt entfernt stattgefunden. Doch trotz der Beteuerungen bleibt bei den Kritikern das Gefühl, ihre Interessen würden nicht ernst genommen. Und die Anliegen der Unternehmen stünden über allem.

Wenn Smart über Freiheit spricht, dann kommt das Wort Wirtschaft nicht vor. „Ich will saubere Luft atmen und frisches Wasser trinken", sagt er. Doch zwischen Baumaschinen sei dies kaum möglich. Die neue Mine, das vermeintliche Zukunftsprojekt, ist für ihn deshalb vor allem eine Bedrohung. Allein ist er mit dieser Meinung nicht. Im Reservat hängen gut sichtbar Protestplakate an Zäunen, die sich gegen das Thacker-Pass-Projekt aussprechen. Dass das Unternehmen, das hinter dem Lithiumabbau steckt, versprach, dem Stamm ein neues Gemeindezentrum mit angeschlossenem Kindergarten zu spendieren, konnte den Widerstand nicht brechen. Dies sei nur eine Geste, findet Smart, um Kritiker ruhigzustellen. Dass die Stammesführung darauf eingegangen sei, kann er nicht nachvollziehen. „Sie haben sich kaufen lassen", sagt er.

Damit ist Smarts Eindruck von der Rolle des Staates mit Blick auf die Wirtschaft das exakte Gegenteil von dem, den Abraham gewonnen hat. Der Texaner sieht in ihm einen übergriffigen Akteur, der ihm ein einträgliches Geschäft zerstört hat. Das Stammesmitglied hingegen sieht in den Behörden bestenfalls Handlanger der Interessen der Konzerne. In ihrer Freiheit eingeschränkt fühlen sie sich beide.

Für andere hingegen ist der Staat überlebensnotwendig. Ohne finanzielle Unterstützung durch die Allgemeinheit wäre für viele Amerikaner eine halbwegs selbstbestimmte Existenz nicht vorstellbar. Mehr als 92 Millionen Menschen sind auf Medicaid oder CHIP (Children's Health Insurance Program) angewiesen – staatliche Krankenversicherungssysteme, die den Ärmsten in der Bevölkerung offenstehen.[28] Lebensmittelmarken beziehen mehr als 42 Millionen Menschen.[29] Und mehr als 26 Millionen Kinder und Jugendliche haben Anrecht auf kostenloses oder preisreduziertes Schulessen.[30] Doch es sind nicht nur Individuen, die auf staatliche Unterstützung angewiesen sind. Ganze Industriezweige könnten ohne Hilfe aus Washington nicht überleben. Jedes Jahr bekommen sie Milliarden aus dem öffentlichen Haushalt zugewiesen, um ihre Funktion zu erfüllen – zum Wohle des ganzen Landes.

Der glänzende Bolzen ist auf dem Grasboden kaum zu erkennen, doch Dave Struthers weiß sofort, dass etwas nicht stimmt. „Da ist was rausgefallen, das muss ich später noch reparieren", sagt der Mittfünfziger in weißem T-Shirt mit der Baseballmütze eines Saatgutherstellers auf dem Kopf. Struthers steht neben einem kleinen Traktor, der alte Dieselmotor tuckert vor sich hin. Seit vielen Jahren fährt er mit dieser Maschine auf seine Felder in der Nähe des Örtchens Collins, eine gute Autostunde von Des Moines, Iowa, entfernt. Die Pannen der Maschine werden mit dem Alter nicht weniger. An Ersatz ist derzeit allerdings nicht zu denken. Das Geld des Farmers sitzt im Moment nicht gerade locker.

Struthers arbeitet bereits sein ganzes Leben als Landwirt. Seine Familie bestellt seit Generationen das Land hier im Mittleren Westen. Zum Highschoolabschluss teilten ihm seine Eltern ein Stück des Hofes zu, auf dem er eigenverantwortlich arbeiten durfte. Struthers zog eine kleine Schweinezucht hoch, die sich über die Jahre stetig vergrößerte. Als Mitte der 1980er Jahre im

Zuge des Wirtschaftsabschwungs das Höfesterben die Region erfasste, erweiterte er mit seinen Angehörigen klug den Betrieb, diversifizierte, dachte voraus. Heute bestellt die Familie Struthers rund 450 Hektar Land mit Mais und Soja, zieht neben den Schweinen auch einige Rinder groß und baut für ein Saatgutunternehmen Pflanzen an. So stellte sich der Betrieb breit auf, sicherte sich gegen die üblichen Marktschwankungen ab, mit denen Bauern seit Jahrhunderten leben müssen. Eigentlich krisenfest, sollte man meinen.

Es ist ein sonniger Freitagnachmittag im Spätsommer 2019. Im Weißen Haus regiert Donald Trump, über Coronaviren sprechen nur Experten. Trotzdem hat Struthers bereits Grund zur Sorge. Seit Monaten liefert sich der Präsident einen Handelskrieg mit China. Für den Farmer ist das ein Problem. Wie viele andere Bauern hatte er sich über die Jahre einen verlässlichen Abnehmerkreis für seine Produkte in Fernost erarbeitet. Doch seit sich Washington und Beijing gegenseitig mit Zöllen überziehen, haben seine Kunden sich umorientiert. Aufträge brachen weg. Zehntausende Dollar habe ihn der Zollstreit bereits gekostet, rechnet Struthers vor. Ein Ende ist an diesem Septembertag nicht abzusehen.

Und es traf ja nicht nur Struthers. Der ganze Landwirtschaftssektor ächzte in diesem Jahr unter der Handelsauseinandersetzung. Die Administration reagierte, legte milliardenschwere Hilfsprogramme für die Bauern auf. Das konnte die Probleme abfedern, aber nicht lösen. Die Zahl der Familienfarmen, die 2019 in die Pleite schlitterten, stieg im Vergleich zum Vorjahr um 20 Prozent.[31] Ohne staatliche Unterstützung wären es wohl noch deutlich mehr gewesen. Und diejenigen, die überlebten, bezogen übers Jahr gerechnet fast ein Drittel ihres Nettogesamteinkommens von der Regierung.[32]

Die Rettung kostete viel Geld. Mehr als 22 Milliarden Dollar pumpte die Trump-Administration 2019 an Direktzahlungen in den Landwirtschaftssektor – in etwa doppelt so viel wie noch zwei Jahre zuvor. 2020, im Zuge der COVID-19-Krise, stiegen die Zuwendungen gar auf mehr als 45 Milliarden Dollar. Heute, nach Handelskrieg und Pandemie, fallen die Zuschüsse niedriger aus. Viel Geld ist es allerdings immer noch – rund zehn Milliarden Dollar.[33] Indirekte Hilfsmaßnahmen und Subventionen sind da noch gar nicht mitgerechnet.

Der Handelskrieg erschütterte etwas in Struthers. Staatliche Zuwendungen waren immer Teil der Kalkulation des Bauern. Doch die Abhängigkeit der Krisenjahre hat ihm nicht gefallen. Eigentlich wollte er keine Zuwendungen. Er wollte seinen Job machen, gutes Fleisch und Getreide zu fairen Preisen an seine Kunden verkaufen. Doch er wusste auch: Verweigert er sich, dann geht wohl auch sein Hof unter. Also nahm er die Hilfszahlungen an, tat weiter sein Bestes – und manövrierte sein Unternehmen so durch die Krise.

Vier Jahre später sitzt Struthers am Steuer seines Futterwagens. Ein graumelierter Bart ziert das ehemals glattrasierte Kinn, ansonsten hat er sich kaum verändert. Noch immer bestellt er seine Felder und betreibt seine Zucht. Seine Farm hat überlebt. Mehr als das: Sie steht heute wieder sehr gut da.

Die Krisenjahre seien schon lange vorbei, erklärt Struthers. Nach Handelskrieg und COVID-19-Schock hätten die Marktpreise bald angezogen. Die Ernten der vergangenen Jahre seien gut gewesen, und sogar die durch die Inflation gestiegenen Preise für Chemikalien, Dünger oder Saatgut habe er durch glückliche Termingeschäfte gut abfedern können. „Wir können uns wirklich nicht beschweren", sagt Struthers. Wenn er mit seiner Frau heute darüber spricht, den Hof aufzugeben, dann ist das Szenario ein gewinnbringender Verkauf, nicht mehr der Bankrott.

Nicht, dass Struthers wirklich bereit wäre, zu verkaufen. Für den Ruhestand sei es noch viel zu früh, findet er – anders als seine Gattin. Trotzdem ist er froh, dass die Entscheidung über die Zukunft der Farm nun wieder in seiner Hand liegt. Sein Neffe arbeitet mittlerweile auf dem Hof mit, die nächste Generation der Familie stünde also bereit, den Betrieb zu übernehmen. Für Struthers ist das nicht unwichtig. Seit dem 19. Jahrhundert besitzen seine Vorfahren hier in Iowa Land, säen und züchten. Diese Tradition soll möglichst nicht mit ihm enden. Für den Farmer zeichnet sich damit ein Happy End ab – dank üppiger staatlicher Unterstützung.

Struthers ist das sehr bewusst. Sein unternehmerisches Talent allein hätte womöglich nicht ausgereicht, um den Betrieb durch die vergangenen schwierigen Jahre zu führen. Dabei ist er ein begabter Geschäftsmann – das beweist allein die Tatsache, dass sein Hof noch existiert. Die Zahl der Farmen sinkt in den USA seit Jahrzehnten stetig. Immer mehr Betriebe werden zusammengelegt oder von Großkonzernen aufgekauft.[34] Die Familienfarm – über Generationen das Rückgrat der amerikanischen Wirtschaft – wird vielleicht nicht verschwinden, doch sie verliert zunehmend an Bedeutung. Dass es sie noch gibt, hängt mit dem politischen Willen zusammen, sie am Leben zu erhalten. Mit der Vorstellung einer freien Wirtschaft ohne Rolle für den Staat passt dieser Umstand allerdings nicht gut zusammen. Mit dem Ideal des selbstverdienten Reichtums durch harte Arbeit ebenfalls nicht. Das heißt jedoch nicht, dass der Amerikanische Traum überall ausgeträumt wäre.

An ihre erste Fahrt in einem Auto kann sich Linda Zhang noch genau erinnern. „Ich war acht Jahre alt – und es war faszinierend“, erzählt sie. Ihr Vater, Mitte der 1980er Jahre Dozent an der Purdue University im US-Bundesstaat Indiana, hatte seine Familie aus dem ländlichen China in die Vereinigten Staaten geholt. Am Flughafen von Chicago sammelte er Frau und Kind mit einem geliehenen Auto ein, um sie in ihre etwa drei Stunden entfernte neue Heimat zu fahren. Zhang war begeistert. Draußen war es längst dunkel, doch trotz ihrer stundenlangen Anreise konnte sie nicht einschlafen. „Ich saß auf dem Rücksitz und war wie im siebten Himmel“, erinnert sie sich. Die Lichter entlang des Highways, das Leuchten der Anzeigen im Innenraum des Fahrzeugs haben sich in ihr Gedächtnis gebrannt. Sie habe sich gefühlt „wie eine Prinzessin in der Kutsche“.

Für Zhang war die Nachtfahrt durch den Mittleren Westen mehr als nur ein einschneidendes Kindheitserlebnis. Die Spritztour war der Ausgangspunkt für eine Karriere, die sie durch harte Arbeit an die Schaltstellen des fünftgrößten Automobilherstellers der Welt führte. Denn Zhang fährt nicht nur bis heute gern Autos – sie baut sie auch. Direkt nach dem Studium heuerte sie bei Ford in Michigan an, ging durch mehrere Projekte und Abteilungen, bis sie vor vier Jahren auf ihrer aktuellen Position landete: Als Chefingenieurin leitete sie die Entwicklung des Ford F-150 Lightning – der vollständig elektrifizierten Version des beliebtesten Autos der Vereinigten Staaten.

Man kann die Bedeutung dieser Aufgabe für den Autobauer aus Detroit kaum überbetonen. Mehr als 16 Millionen Exemplare der F-Serie fahren derzeit durch die Vereinigten Staaten.[35] In 30 von 50 Bundesstaaten sind die Trucks der Baureihe die am häufigsten verkauften Fahrzeuge überhaupt.[36] Der Ford-Pick-up „generiert mehr Umsatz als alle amerikanischen Sportsligen zusammen und übertrifft den mehrerer Fortune-100-Unternehmen wie Nike, Coca-Cola, Netflix und Tesla“, heißt es in einem Bericht der Boston Consulting Group. Der einzige amerikanische Konsumartikel, der noch mehr Einnahmen für seinen Hersteller generiert, ist das iPhone.[37] Seit 46 Jahren hat kein Konkurrent in den USA mehr Pick-up-Trucks verkauft als Ford. Überhaupt ist der F-150 seit 41 Jahren das am häufigsten verkaufte Auto der Vereinigten Staaten. Durchschnittlich alle 49 Sekunden erwirbt ein Amerikaner ein Modell aus der F-Serie.[38]

Zhangs Aufgabe ist es nun, dafür zu sorgen, dass das so bleibt. Die notwendige Erfahrung brachte sie in jedem Fall mit. Die

Faszination von Autos hat sie nach der Nachtfahrt vor mehr als 30 Jahren nie losgelassen. Als Schülerin begeisterten sie die futuristischen Gefährte aus dem Fernseher: das Bat-Mobil. K.I.T.T. aus *Knight Rider*. „Ich habe Autos immer als etwas mit großem Potenzial gesehen", sagt Zhang. Zu ihrem 16. Geburtstag, den Führerschein frisch in der Tasche, hoffte sie dann auch direkt auf ihre eigenen vier Räder – ein Wunsch, den sich die Familie damals nicht leisten konnte. Doch sobald Zhang ihr eigenes Geld verdiente, kaufte sie sich ihr erstes Auto: einen Ford Probe. Das Modell stand damals schon kurz vor der Einstellung, doch Zhang hielt dennoch ihre ersten Gehaltsschecks zusammen, um schnell noch einen Probe zu kaufen. „Ich wollte ihn unbedingt haben, weil seine Scheinwerfer in der Motorhaube versenkt werden konnten", sagt sie. „So wie bei K.I.T.T."

Nach dem Studium machte sie ihre Leidenschaft zum Beruf. 1996, nachdem sie ihre Ausbildung als Elektroingenieurin an der University of Michigan abgeschlossen hatte, heuerte sie bei Ford an, arbeitete unter anderem an SUVs Explorer und Escape mit und schließlich am benzinbetriebenen F-150. Ein klassischer Lebenslauf also, der jeden Ingenieur auf die Arbeit am Lightning vorbereitet hätte. Doch dass die Neugestaltung dieser amerikanischen Ikone in der männerdominierten Autobranche von einer Einwanderin übernommen wurde, die bei ihrer Ankunft in den Vereinigten Staaten noch kein Wort Englisch sprach, ist womöglich ein Zeichen dafür, dass der Amerikanische Traum zwar in der Krise steckt, aber noch am Leben ist.

Zhang selbst spricht nur ungern über die symbolische Bedeutung ihres Erfolgs. „Ich sehe mich nicht als weibliche Ingenieurin, sondern als Ingenieur", sagt sie. Herkunft und Geschlecht spielten für ihre Arbeit keine Rolle. Im Mittelpunkt stünden nicht die Identitätsmerkmale des Teams, sondern die Kundenerfahrung. Das mag stimmen, doch in einer Zeit, in der das amerikanische Aufstiegsversprechen immer seltener eingelöst wird, muss Zhang fast zwangsläufig zur Projektionsfläche werden – zur unwilligen Freiheitsstatue. Das *Time Magazine* nahm sie im November 2021 auf seine Titelseite.[39] Einige Monate später kürte *USA Today* sie zu einer der Frauen des Jahres. Auch die Fachpresse überschüttete sie mit Auszeichnungen und Aufmerksamkeit. Zhang verdient zweifelsohne jede dieser Ehrungen, doch der Fokus auf ihre Person zeigt auch, wie groß die Sehnsucht nach positiven Beispielen für die Durchlässigkeit des amerikanischen Systems mittlerweile geworden ist. Der Glaube an die Kraft der freien Wirtschaft allein reicht anscheinend nicht mehr aus. Es braucht Belege, um den Glauben an den Amerikanischen Traum aufrechtzuerhalten.

Nicht, dass Zhang das einzige Beispiel wäre. Doch in den vergangenen Jahren und Jahrzehnten sind Geschichten wie ihre seltener geworden. „In den USA ist die Einkommensmobilität zwischen den Generationen relativ gering, insbesondere im Vergleich zu anderen fortgeschrittenen Volkswirtschaften, und die Mobilität scheint seit 1980 abgenommen zu haben", heißt es nicht etwa bei einem progressiven Think-Tank, sondern in einer Studie der Federal Reserve Bank of Chicago.[40] Im Klartext: Die Chance für Kinder, wirtschaftlich einmal besser dazustehen als ihre Eltern, sinkt seit Jahrzehnten. Die Zeiten, in denen der Großteil der Mittelschichtsfamilien davon ausgehen konnte, dass es der nächsten Generation noch besser gehen würde, sind vorbei.[41]

Anthony Scaramucci bedauert das. Wenn es einen Amerikanischen Traum gibt, dann hat er ihn gelebt. Scaramuccis Vater war Bauarbeiter auf Long Island. Mehr als einen Highschoolabschluss hatte er nicht, arbeitete mit seinen Händen. Seine Frau schmiss den Haushalt und kümmerte sich um die drei Kinder. Trotzdem reichte das Geld für ein Haus und ein Auto – die Statussymbole der amerikanischen Mittelschicht.

Die Stabilität, die das Gehalt des Vaters der Familie lieferte, ermöglichte es seinem zweiten Sohn, größer zu denken. Anthony war clever, musste sich in der Highschool nicht anstrengen, um einen ordentlichen Abschluss zu machen. Das eröffnete ihm Perspektiven. Eine Collegeausbildung war möglich. Scaramucci entschied sich für Tufts, eine angesehene Privatuniversität in Massachusetts. „Das war etwas teurer, als es eine staatliche Schule gewesen wäre, aber ich dachte, wenn ich an den Wochenenden arbeite, kann ich die Studiengebühren stemmen", erinnert er sich. Nach dem Abschluss bewarb er sich an der Harvard Law School, der wohl angesehensten juristischen Fakultät des Landes. Und wurde akzeptiert. Ohne Großspende der Familie oder Strippenziehen im Hintergrund. Geld für eine Zuwendung oder Verbindungen, die man anzapfen könnte, hatte die Familie ohnehin nicht. „Die Bedeutung, die das für meine Familie hatte, lässt sich kaum ermessen", sagt Scaramucci. Amerika wirkte für ihn in dieser Zeit sehr flach, erinnert er sich. „Ich habe ein Gehirn und ich habe mir den Arsch abgearbeitet", so Scaramucci. Das habe ausgereicht, um als Enkel von Einwanderern an eine der besten Universitäten der Welt zu kommen. „Für mich ist das die Essenz von Freiheit", sagt Scaramucci.

Die Ausbildung katapultierte den Sohn eines Bauarbeiters nach oben. Nach seinem Abschluss 1989 arbeitete er nicht als Anwalt, sondern ging direkt zur Investment Bank Goldman Sachs, wo er schnell gefeuert wurde. Das passte ihm nicht. Also rief er in den folgenden Wochen immer wieder in der Bank an, nervte so lange, bis man ihm schließlich zwei Monate nach dem Rausschmiss einen Job in einer anderen Abteilung anbot. Nach sieben Jahren verließ er Goldman, legte seinen ersten eigenen Investmentfonds auf. Er war angekommen in der Hochfinanz. 2005 gründete er Skybridge Capital, den Fonds, den er auch heute noch leitet. Eigenen Angaben zufolge verwaltet Skybridge

2,2 Milliarden Dollar.[42] Scaramuccis Privatvermögen wird auf rund 200 Millionen Dollar geschätzt.[43]

Doch nicht nur in der Unternehmenswelt schaffte er es weit nach oben. Am 21. Juli 2017 berief US-Präsident Donald Trump den Geldverwalter zum Kommunikationschef des Weißen Hauses.[44] Offiziell sollte er den Job erst Mitte August antreten, doch Scaramucci, Spitzname „The Mooch", stürzte sich sofort in die Aufgabe. Zehn Tage später – Scaramucci sagt elf – war er den Job allerdings schon wieder los – zwei Wochen vor seinem offiziellen ersten Tag. Nachdem er einem befreundeten Journalisten ein mit Schimpfwörtern gespicktes Interview über seine neuen Kollegen gegeben hatte, setzte ihn Trumps zweiter Stabschef John Kelly vor die Tür.[45] Besonders kurze Amtszeiten werden in Washington seitdem in *Scaramuccis* gemessen.

Seinen Ausflug in die Politik habe er nie bereut, sagt der Investor. Er sitzt in einer Bar in Tampa, Florida. Brioni-Anzug, gestreifte Krawatte, glitzernder Stars-and-Stripes-Anstecker am Revers. „Für Trump zu arbeiten war eine besondere Lernerfahrung", sagt er. „Und es hat meine Bekanntheit auf der ganzen Welt enorm gesteigert."

An Selbstbewusstsein hat es Scaramucci noch nie gemangelt. Doch ihm ist auch sehr bewusst, wie eng sein Aufstieg mit den spezifischen Zuständen in den Vereinigten Staaten in den Jahren nach dem Zweiten Weltkrieg zusammenhängt. Mit dem Gehalt eines Bauarbeiters wäre der Lebensstil der Familie Scaramucci heute längst nicht mehr zu finanzieren. „Wäre ich 35 Jahre jünger, würden wir vermutlich in einer Mietwohnung leben und Unterstützung von der Regierung bekommen", sagt er. Auch seine Ausbildung wäre für ihn heute unerreichbar. Als The Mooch in den 1980er Jahren Tufts besuchte, betrugen die Studiengebühren inklusive Wohnkosten etwas mehr als 12 000 Dollar.[46] Das konnte die Familie irgendwie stemmen. Heute jedoch liegt der Preis bei mehr als 88 000 Dollar.[47] Selbst wenn man die Inflation mit einrechnet, ist die Steigerung enorm. Die Flachheit des Landes, die Scaramucci während seines Studiums spürte, ist längst verflogen. Die Hoffnung auf den wirtschaftlichen Aufstieg sei aus der Arbeiterklasse verschwunden. „Wir haben wirtschaftlich aufstrebende Menschen in wirtschaftlich verzweifelte Menschen verwandelt", sagt er. „Alles zerbricht gerade."

Damit kommt der Hedgefonds-Manager und ehemalige Trump-Mitarbeiter in der Analyse zum gleichen Ergebnis wie das linke Center for American Progress: Wirtschaftliche Ungleichheit schürt gesellschaftliche Konflikte. „Mein Vater war nicht wütend", sagt Scaramucci. „Er war sehr patriotisch – auch weil sein Sohn es so weit bringen konnte." Doch heute, wo man anhand der Postleitzahl eines Kindes ablesen kann, ob es eine gut ausgestattete Schule besucht, ist das Gefühl der Chancengleichheit, der Fairness, für viele verschwunden. Der Fokus auf eine möglichst unbeschränkte Wirtschaft, auf einen schwachen Staat und geringe Umverteilung hat den Amerikanischen Traum nicht etwa befördert, sondern ihn für einen großen Teil der Bevölkerung unerreichbar werden lassen. Wirtschaftliche Freiheit ist damit mehr als unbeschränkte Entfaltungsmöglichkeiten für das Individuum. Sie ist nur erreichbar, wenn die Chancen auf Teilhabe am Wohlstand der Gesellschaft erreichbar bleiben. Und das scheint ohne staatliche Eingriffe nicht zu funktionieren. Als Anthony Scaramucci 1964 geboren wurde, lag der Spitzensteuersatz in den Vereinigten Staaten bei 70 Prozent.[48] Heute sind es 37 Prozent.[49] Damals war der gesellschaftliche Aufstieg die Regel. Heute ist er die Ausnahme.

Freies Land

Das Gesicht von John Carter wird ernst, als er vom Rand der Schotterpiste aus über das Tal blickt. „Hier sollten eigentlich Grizzlybären, Luchse, Vielfraße und Elche durchziehen", sagt er. „Aber bei dem Lärm trauen die sich längst nicht mehr her." Tatsächlich fehlt von Wildtieren jede Spur. Nur ein paar Vögel flattern noch über die abgezäunten und spärlich bewachsenen Wiesen, Schutthaufen und Abwasserreservoire, die hier, am Rande des Minengebiets im Südosten von Idaho, die Landschaft prägen. Früher bedeckten dichte Wälder diese Gipfel und saftiges Grün die Erde. Wer den nahegelegenen Yellowstone National Park besucht, bekommt einen Eindruck von der Vergangenheit dieses Ortes. Doch von dem majestätischen Bergpanorama des ältesten Naturschutzgebiets der USA ist hier nicht mehr viel zu spüren. Aus der Ferne ziehen die Geräusche einer neuen Großbaustelle herüber. Für Menschen kaum zu hören, doch laut genug, um scheue Fauna zu vertreiben. Carter hat genug gesehen. Er atmet noch einmal tief ein, dann steigt er wieder in seinen silbernen Toyota Tacoma und steuert ihn weiter durch das hügelige Terrain.

Carter ist oft hier draußen auf den unbefestigten Straßen unterwegs. Rein optisch passt er ins Bild. Ein alter Mann in einem Pick-up-Truck mit ordentlich gestutzten weißen Haaren unter der Baseballmütze und fleckig-grüner Patagonia-Weste über dem karierten Hemd. Doch Carter ist Außenseiter, und das nicht nur wegen des breiten Südstaatenakzents, den er aus seiner Heimat in North Carolina vor rund 50 Jahren mit in den Westen gebracht hat. Denn Carter ist Umweltschützer – und damit in der Region hier in etwa so selten wie vom Aussterben bedrohte Tiere. Auf seinen Touren sucht er nach Spuren bedrohter Tierarten, schaut nach den Wiederaufforstungsprojekten in der Region und behält die Baustellen der Minenbetreiber im Auge. Was er sieht, bereitet ihm Sorge.

Man muss sich Carter als einen Mann mit einer Mission vorstellen. Mit knapp 80 Jahren könnte er längst seinen Lebensabend genießen. Doch anstatt es ruhig angehen zu lassen, auszuschlafen oder im Morgengrauen auf die Hirschjagd zu gehen, besichtigt er die Standorte geplanter Minen, liest stundenlang die Anträge für Baugenehmigungen, wissenschaftliche Umweltgutachten und Gerichtsentscheidungen – immer auf der Suche nach Ansatzpunkten, um einen schonenderen Umgang mit der Umwelt im Westen der Vereinigten Staaten zu erreichen. Es ist sein Versuch, der Fremdsteuerung von Mensch und Tier durch wirtschaftliche Zwänge etwas entgegenzusetzen. So sieht er das.

Findet Carter in den Anträgen etwas, geht seine Arbeit erst richtig los. Dann setzt er sich an seinen Schreibtisch und formuliert Eingaben und Stellungnahmen, Positionspapiere und Empfehlungen an Genehmigungsbehörden und Kommissionen. Offiziell macht er das im Auftrag einer Handvoll Naturschutzorganisationen, aber von seinen privaten Überzeugungen ist seine Arbeit kaum zu trennen. Viele der Vereine, in deren Namen er Schriftsätze verschickt, hat er selbst gegründet. Wenn er sie nicht direkt leitet, sitzt er zusammen mit engen Vertrauten zumindest im Vorstand. Finanziert werden sie größtenteils durch Spenden.

Der Umweltschützer weiß, wonach er suchen muss. Planungsdokumente für neue Minen oder Bauvorhaben mögen für Laien schwer zu durchschauen sein. Doch Carter ist Profi. In seinem Berufsleben hat er als Ingenieur gearbeitet, einen Doktortitel der Ökologie erworben und viele Jahre die Öl- und Gasbranche beraten. Er kennt sich aus. Früher unterstützte er die Industrie dabei, umweltfreundlicher zu handeln. Heute hat er sich ganz dem Aktivismus verschrieben – und einem selbstbestimmteren Leben im engeren Einklang mit der Natur.

Carter steht mit seinen Vorstellungen nicht allein da. Die Sorge um den Zustand der amerikanischen Umwelt befindet sich seit Jahren auf einem historischen Hoch. Auch wächst in der Bevölkerung die Überzeugung, die Natur sei in schlechter Verfassung. Das geht aus Umfragen des Instituts Gallup hervor.[1] Dass sich die Situation in absehbarer Zeit verbessern wird, glaubt nur eine Minderheit. Fast 60 Prozent der Befragten in einer Studie der Meinungsforscher gaben 2022 an, dass sich die Lage der Umwelt eher verschlechtern werde.

Die Sorge ist berechtigt. Auf der Liste der am nachhaltigsten handelnden Länder der Welt, die von der Yale University erstellt wird, landen die USA derzeit auf Platz 43,[2] knapp über Namibia. Im Land der Monstertrucks, Wegwerfbecher und unbegrenzten Plastiktüten spielt der Naturschutz im Alltag der meisten Menschen eine untergeordnete Rolle. Freiheit bedeutet hier für viele die ständige Verfügbarkeit von Waren, Dienstleistungen und Komfort. Der Amerikanische Traum lebt auch vom Konsum. Doch zunehmend setzt sich die Überzeugung durch, dass diese Herangehensweise ohne Rücksicht auf die natürlichen Ressourcen des Landes nicht auf Dauer beibehalten werden kann. Angesichts immer stärker werdender Tropenstürme am Golf von Mexiko, einer immer länger werdenden Waldbrandsaison in Kalifornien und immer niedrigerer Wasserstände in den Flüssen des Landes erkennen immer mehr Amerikaner, dass ein selbstbestimmtes Leben gegen die Natur auf lange Sicht ebenfalls nicht möglich ist.

Aber trotz dieser Sorgen: Eine grüne Transformation der US-Wirtschaft, wie die Biden-Administration sie vorantreibt, liegt noch in weiter Ferne. Dafür ist das Land zu sehr abhängig von fossilen Energieträgern und Bodenschätzen. Die Förderung etwa von Öl und Gas befindet sich nach einem kurzen Absturz zu Beginn der COVID-19-Pandemie wieder im Aufschwung.[3] Der Anteil der Erneuerbaren wächst, aber derzeit liegen Sonne,

Wind, Biomasse und Wasserkraft noch weit abgeschlagen hinter Fossilen. 2021 deckten sie gerade einmal zwölf Prozent des Primärenergieverbrauchs der USA ab.[4] Die Biden-Administration will ihren Ausbau zwar beschleunigen, doch dabei handelt es sich um ein Generationenprojekt. Für den Moment kann das Land auf Öl und Gas nicht verzichten. Und will es unabhängiger vom Welthandel werden, vom heranwachsenden Rivalen China, dann wird es künftig noch mehr Rohstoffe aus dem eigenen Boden holen müssen. Lithium für die Herstellung der Batterien von Elektroautos etwa. All das macht den Umgang mit den natürlichen Ressourcen der Vereinigten Staaten bei allen guten Absichten nicht schonender.

Dabei drängt die Zeit. Die Auswirkungen des Klimawandels sind bereits heute in allen Teilen der USA zu spüren. Seit 1901 steigt die Durchschnittstemperatur in den zusammenhängenden 48 Staaten, heißt es bei der Umweltbehörde EPA.[5] Doch in den vergangenen 30 Jahren hat sich diese Entwicklung noch einmal deutlich beschleunigt. Die Folgen: heißere Sommer, mehr Starkregen, mehr Dürren, Tropenstürme und Überschwemmungen. Laut National Oceanic and Atmospheric Administration, einer Behörde unter dem Dach des Handelsministeriums, haben Extremwetterereignisse in den Vereinigten Staaten in den vergangenen fünf Jahren Kosten in Höhe von fast 600 Milliarden Dollar verursacht. Zum Vergleich: In den gesamten 1980er Jahren lag diese Zahl bei rund 200 Milliarden Dollar.[6]

Verantwortlich für diese Entwicklung macht die US-Regierung den Ausstoß von Treibhausgasen wie CO_2, deren Konzentration in der Atmosphäre durch das Verbrennen von Öl und Gas in den vergangenen Jahrzehnten stark zugenommen hat.[7] Historisch gesehen hat kein anderes Land annähernd so viel Kohlenstoffdioxid in die Atmosphäre geblasen wie die Vereinigten Staaten,[8] auch wenn China die USA mittlerweile als größter Emittent überholt hat.[9] Der Aufstieg Amerikas zur reichsten Nation auf dem Planeten ist demnach eng mit Verbrennen fossiler Energieträger verwoben – und mit dem Ausbeuten der riesigen Rohstoffreserven des Landes.

Auch deshalb hat der angestrebte Umbau der US-Wirtschaft mächtige Gegner. Wollen die Vereinigten Staaten wirklich bis 2050 klimaneutral werden, muss sich einiges ändern. Öl, Kohle und Gas etwa müssten erheblich an Bedeutung verlieren. Dagegen regt sich Widerstand. Denn die Ausbeutung fossiler Energieträger und unter dem Boden schlummernder Rohstoffe ist für viele Regionen die wirtschaftliche Lebensversicherung. In der Praxis muss die Umwelt trotz aller vermeintlichen Sorge um den Klimawandel oftmals zurückstecken, wenn Jobs auf dem Spiel stehen. Für Naturschützer wie Carter ein frustrierender Mechanismus, den er zur Genüge kennt. Gerade im Südosten Idahos ist der Einsatz für mehr Umweltschutz und einen behutsameren Umgang mit Flora und Fauna buchstäblich ein Kampf den Berg hinauf.

Denn unter den Gipfeln des Landstrichs schlummert ein kostbarer Rohstoff: Phosphat. Seit mehr als 100 Jahren wird es um das Städtchen Soda Springs abgebaut, bringt gutbezahlte Arbeitsplätze in die sonst eher strukturschwache Gegend. Die Nachfrage ist hoch. Das Material wird gebraucht für die Produktion von Düngern und Unkrautvernichtern – zwei Bestandteile, ohne die in der amerikanischen Landwirtschaft nichts geht. Fast ein Viertel der amerikanischen Phosphatproduktion findet mittlerweile hier statt.[10] Entsprechend stolz sind die Bewohner auf ihre Bergbauindustrie. Phosphate Patch nennen sie ihre Region. Den Phosphatfleck.

Der Preis, den die Umwelt für die Förderung des Rohstoffes zu zahlen hat, ist gleichwohl hoch. Der Abbau gilt als eine der schmutzigsten Industrien der Welt. Um das Phosphat zu erreichen, müssen die Berge wortwörtlich ausgehöhlt werden – ihre Spitzen abgetragen, das Innere herausgeschabt. Das legt nicht nur das kostbare Phosphat frei, sondern auch giftige Schwermetalle. Und das bleibt nicht ohne Folgen.

Bereits 1996 entdeckte ein Rancher in der Region, dass seine Pferde zunehmend lahmten, Gewicht verloren und unter Hufverletzungen und Haarausfall litten. Tests belegten, dass die Tiere durch das Schwermetall Selen vergiftet worden waren. Die Phosphatförderung hatte den Stoff auf den Bergen an die Erdoberfläche gebracht. Regen und Abwasser spülten ihn ins Grundwasser, wodurch er die Weiden verseuchte, auf denen die Pferde grasten. In den folgenden Jahren gab es immer wieder Meldungen über verendete Rinder, Schafe und Pferde. Mehrere hundert Nutztiere sind mittlerweile durch die Vergiftung mit dem Schwermetall gestorben.[11] Auch der Blackfoot River, eine wichtige Wasserquelle in der Region, wies bei Untersuchungen regelmäßig Selenwerte auf, die über dem Grenzwert der amerikanischen Umweltbehörde EPA lagen.[12]

Doch auch ohne Labormessungen sind die Konsequenzen des Phosphatabbaus leicht zu erkennen. Im Phosphate Patch kann jeder Laie mit einem Blick erfassen, ob ein Berg bereits ausgeschabt wurde oder ob er noch intakt ist. Zwar schütten die Minenunternehmen die Gipfelkrater wieder zu, nachdem sie den kostbaren Rohstoff abgebaut haben, doch die neuen Spitzen stechen eindeutig aus dem über Millionen Jahre gewachsenen Bergpanorama heraus. Flach sind sie und unnatürlich begrünt, vor allem mit Gräsern bewachsen. Denn Bäume wie Espen, die hier normalerweise auf den Gipfeln stehen, schlagen zu tiefe Wurzeln, könnten zu leicht die zugeschütteten Giftstoffe erreichen und an die Oberfläche bringen. Auch die natürlichen Vertiefungen und Gebirgsplateaus sind ausgewuchtet. So verändert der Abbau für immer die Landschaft, die Wasserströme und die Pflanzenwelt. Und er vertreibt Wildtiere, die hier seit Menschengedenken heimisch waren.

Carter will das nicht hinnehmen. Seine Vorstellung eines selbstbestimmten Lebens sieht anders aus. Weniger abhängig von den vermeintlichen Zwängen der Wirtschaft. Bedachtsamer im Umgang mit der Umwelt. Aus seiner Sicht: freier.

Einige Stunden nach seiner Kontrollfahrt durch das Bergbaugebiet entspannt auch Carter ein wenig. Umringt von seinen sechs Akita-Hunden spaziert er einen Trampelpfad entlang durch eine wild wuchernde Wiese, eine Hand in der Hosentasche, die andere hält eine Dose Bier. Die Abendsonne verscheucht die Kälte des Herbsts. Abgesehen von dem Kläffen seines kleinen Rudels ist es still.

Hier baut Carter an seiner idealen Welt. Kiesha's Preserve heißt das kleine Refugium, ein privat organisiertes Naturschutzgebiet, nicht weit entfernt vom Phosphate Patch. „Als ein Unternehmen einmal Probebohrungen für eine Mine durchgeführt hat, wackelte auch hier der Boden", sagt Carter. Doch trotz der Nähe erinnert hier nur wenig an die erschöpfte Landschaft des Minengebiets. Dafür sorgt der Naturschützer. Bereits seit 1993 kauft er über einen Verein Land auf, versetzt es soweit möglich zurück in seinen Urzustand und schützt es vor Bergbau, den im Westen allgegenwärtigen durchziehenden Rinderherden und vor Bebauung. Über die Jahre ist so ein ordentliches Areal zusammengekommen. Rund 350 geschützte Hektar umfasst Kiesha's Preserve mittlerweile in Idaho. Später kam noch ein kleines Landstück im benachbarten Wyoming hinzu.

Für Carter sind seine Naturschutzgebiete der Beweis, dass seine Vorstellung vom unabhängigen Leben mehr ist als eine unerreichbare Vision. Mehrere Jahre lebte er in einem selbstgebauten Haus auf dem Grundstück in Idaho, versorgt weitestgehend von Sonnen- und Windenergie. Heute wohnt er in einer Blockhütte auf dem Grundstück in Wyoming, umgeben von Wald, einem Biberteich und mehreren Spechten. Das Anwesen in Idaho hat sein Sohn übernommen. Er errichtete dort Gewächshäuser, baut biologisches Gemüse an, das in dem nahe gelegenen Ort Paris verkauft wird. Der Laden bringt Kiesha's Preserve nicht nur Geld, er verbessert auch das Ansehen der Naturschützer in der Region. Sie sind auf Jahrmärkten präsent, sponsorten zuletzt rund 100 Nachwuchsbauern, die an einem Rodeo teilnehmen wollten. „So gelingt es uns zunehmend, dass unsere Anliegen von der Landbevölkerung angenommen werden“, sagt Carter.

Das heißt nicht, dass er den kämpferischen Teil seines Aktivismus aufgegeben hätte. Wann immer ein Projekt auf seinen Radar kommt, arbeitet er sich ein. Große Namen schrecken ihn dabei nicht ab. Im Phosphate Patch reicht er regelmäßig detaillierte Schriftsätze gegen neue Minen ein – einige geplant von multinationalen Konzernen. Auch dem deutschen Chemieunternehmen Bayer, das über eine Tochterfirma eine Phosphatmine nahe Soda Springs betreibt, wollte er schon dazwischengrätschen. Selbst mit einem der reichsten Männer des Landes hat er sich schon angelegt. Als Unternehmer Joe Ricketts – geschätztes Vermögen fast sechs Milliarden Dollar – in Wyoming nicht weit entfernt von Carters Blockhütte ein Luxusresort bauen wollte und dafür eine Änderung des Flächennutzungsplans beantragte, widersprach der Umweltschützer per Stellungnahme.[13] Auf eng bedruckten Seiten listete er die Gefahren des Projekts für örtliche Biosysteme auf, hängte Karten mit den Wanderwegen bedrohter Tierarten und Geräuschdiagramme an. Ohne Erfolg. Die zuständige Kommission gab schlussendlich dem Antrag des Milliardärs statt.[14]

Solche Niederlagen sind für Carter nicht selten. Die politischen Winde in Idaho und Wyoming stehen gegen ihn. Beide Bundesstaaten sind fest in der Hand der Republikaner. Stehen die Interessen des Naturschutzes gegen die der Wirtschaft, gewinnt hier meist Letztere. Und auch die Bundesregierung, derzeit immerhin in der Hand des Demokraten Joe Biden, tut aus Carters Sicht viel zu wenig, um das Land zu schützen. Zwar hatte Carter kurz Hoffnung, dass Washington unter der neuen Innenministerin Deb Haaland, der ersten Native American in diesem Amt, beim Umweltschutz einen neuen Pfad einschlagen würde. Doch erfüllt hat sie sich nicht. „Sie reden über Nachhaltigkeit, aber was ist nachhaltig daran, giftige Chemikalien aus dem Boden zu holen und damit eine ganze Region zu verschmutzen?", sagt er. Solange die Vereinigten Staaten nicht ihre konsumorientierte Lebensweise ablegten, werde sich an der Zerstörung der Natur nichts ändern – egal ob Biden oder Donald Trump regiert. „Bei den Republikanern weiß man wenigstens, woran man ist", so Carter. „Sie sagen ja fast offen: Ja, wir wollen das Land vergewaltigen. Die Demokraten wollen hingegen, dass sich alle gut fühlen. Und dann machen sie die gleichen Dinge." Längst hat er auch Empfehlungen für Umweltschutzmaßnahmen in die Hauptstadt geschickt, über Kontakte dafür gesorgt, dass seine Briefe auf den richtigen Schreibtischen landen. Eine Antwort hat er nie bekommen.

Entmutigen lässt sich Carter von solchen Rückschlägen nicht. Er wurde schon auf öffentlichen Foren niedergebrüllt, erinnert er sich, schaute auch mal in den Gewehrlauf eines Schäfers, der seine Vision von Artenschutz nicht teilte. Doch weiter macht er trotzdem. „So leicht gebe ich nicht auf", sagt er.

Rund 2000 Kilometer südöstlich des Phosphate Patch lenkt Nick Steinsberger seiner Pick-up-Truck in ein unauffälliges Wohngebiet am Rande des Örtchens Dish im US-Bundesstaat Texas. Viel zu sehen gibt es hier nicht. Ein paar bescheidene Einfamilienhäuser, eine Koppel mit zwei Pferden, viel Wiese. Auch Steinsbergers Ziel macht rein optisch nicht viel her. Ein paar Rohre hinter Maschendrahtzaun auf Schotterboden, dahinter zwei hohe Tanks. Mehr ist auf dem Gelände der Gasquelle S.H. Griffin Estate #4 nicht zu sehen. Nichts weist darauf hin, dass von diesem Flecken Erde aus eine Revolution die Vereinigten Staaten ergriff, die ihre Energieversorgung, Geopolitik und Handelsbeziehungen auf den Kopf stellte. Und Steinsberger, ein schmaler Mann mit hoher Stirn und Cowboystiefeln, hat sie ausgelöst. Vor 25 Jahren erfand er hier das moderne Fracking.

Damals, im Sommer 1998, hatte Steinsberger gerade keinen Lauf. Rund zehn Jahre hatte der Ingenieur bereits in der Öl- und Gasindustrie gearbeitet, doch die Branche steckte in der Krise. „Niemand verdiente damals Geld", erinnert er sich. Der Ölpreis war im Jahresschnitt auf unter elf Dollar pro Barrel gefallen,[15] die Förderung von Erdgas teuer und ineffektiv. Vielen Unternehmen drohte die Pleite. Dabei wussten Fachleute, dass unter dem amerikanischen Boden enorme Energievorkommen schlummerten, etwa in der Barnett-Felsformation in der Region um Dallas und Fort Worth. Seit Jahren hatten Ingenieure nach Wegen gesucht, den vergrabenen Reichtum anzuzapfen. Doch die Ergebnisse waren ernüchternd. Mit den herkömmlichen Maßnahmen gelang es den Bohrern schlichtweg nicht, zu vertretbaren Preisen an die Gasreserven im Gestein heranzukommen. Zumindest nicht, bis sich Steinsberger der Sache annahm. Eine Revolution hatte er damals nicht im Kopf. Seine Ziele waren kleiner. „Ich wollte vor allem meinen Job retten", sagt er.

Über Monate experimentierte der Ingenieur an der bestehenden Technik, versuchte sich an Änderungen. Im Sommer 1998 hatte er schließlich Glück. Auf einem Stück Land in Dish, eine gute Autostunde nördlich von Dallas, jagte er einen neu zusammengesetzten Mix aus Wasser, Sand und Chemikalien unter hohem Druck in den Boden. Sein Ziel: das tief in der Erde liegende Schiefergestein aufbrechen, um das darin eingeschlossene Erdgas freizusetzen. Plötzlich sprudelte zwei- bis dreimal so viel Gas wie bei herkömmlichen Bohrungen an die Oberfläche – und das bei 30 bis 40 Prozent niedrigeren Kosten. Auf einmal waren die riesigen Energievorkommen unter der Erdoberfläche besser und günstiger zugänglich als jemals zuvor.

Seitdem ist nichts mehr, wie es war. Die USA schwimmen im Energieüberfluss. Die riesigen Gasterminals an den amerikanischen Küsten, die ursprünglich für die Einfuhr von Energie aus Übersee konstruiert worden waren, mussten plötzlich umgerüstet werden, um verflüssigtes amerikanisches Erdgas in die Welt verkaufen zu können. Zehn Jahre nach Steinsbergers erstem erfolgreichen Frack gelang es zudem, die Technik auch für die Gewinnung von Erdöl einzusetzen.[16] Die Fördermengen sind seitdem explodiert. Rund fünf Millionen Barrel Rohöl holten amerikanische Bohrer 2008 pro Tag aus dem Boden. Heute sind es mehr als zwölf Millionen. Den Allzeitrekord von 13 Millionen Barrel, den das Land kurz vor dem COVID-19-Schock im Winter 2020 erreicht hatte, hat die Branche wieder fest im Blick.[17] In diesem Jahr könnten die USA zu einem Nettoexporteur von Rohöl werden.[18] Beim Erdgas ist dieser Status bereits erreicht.[19] Denn seit Steinsbergers Durchbruch vor 25 Jahren hat sich die jährliche Förderung fast verdoppelt.[20]

Die Auswirkungen dieser Entwicklung sind gigantisch. Fracking hat die USA freier gemacht. Das Land ist heute unabhängiger vom Ölkartell OPEC. Der Boom hat strukturschwachen Bundesstaaten wie North Dakota, New Mexico und West Virginia neue wirtschaftliche Perspektiven eröffnet. Fast zehn Millionen Jobs sind laut dem API, der größten US-Lobbyorganisation für fossile Brennstoffe, durch Fracking direkt oder indirekt entstanden,[21] die Energiekosten für Haushalte einem Regierungsbericht nach deutlich gesunken. Benzin war infolge des Booms 2019 rund 40 Prozent billiger als 2012, Erdgas immerhin 25 Prozent.[22] Sogar die CO_2-Emmissionen der Vereinigten Staaten sind infolge von Steinsbergers Erfindung zurückgegangen.[23] Denn Frackinggas verdrängt zunehmend Kohle als Energieträger. Und da Gas sauberer verbrennt, gehen auch die klimaschädlichen Emissionen der USA zurück. Und natürlich wurde viel Geld verdient. Die Gasquelle S.H. Griffin Estate #4 habe seitdem wohl mehr als zwölf Millionen Dollar Umsatz eingebracht, schätzt Steinsberger. Die Kosten des Fracks lagen bei 600 000 Dollar.

Doch der Boom hat seine Schattenseiten. Fracking verbraucht Unmengen an Wasser, versetzt jährlich Milliarden Liter mit Chemikalien und Giftstoffen, die tief unter der Erde schlummern. Die Umweltschutzorganisation Earthworks berechnete, dass durch Fracking allein in North Dakota im Jahr 2018 fast 72 Milliarden Liter Abwasser anfielen – genug, um die Badewanne in jedem Haushalt des Bundesstaats 623-mal zu füllen.[24] In dem Ort Pavilion, Wyoming, wurde durch die Technik das Grundwasser kontaminiert.[25] Doch das ist nicht alles. So nehmen seit dem Frackingboom in Öl- und Gasregionen die Erdbeben zu. In Texas etwa registrierte das Bureau of Economic Geology an der University of Texas in Austin allein im Jahr 2021 stolze 200 Erdstöße mindestens der Stärke drei auf der Richterskala. Im Jahr zuvor waren es noch weniger als die Hälfte gewesen. Die Häufung ist mit ziemlicher Sicherheit eine Folge der Entsorgung der riesigen Mengen kontaminierten, salzhaltigen Wassers tief unter der Erde – eine gängige Praxis am Ende des Frackingprozesses.[26]

Auch dass die CO_2-Bilanz der USA durch den verstärkten Einsatz von Erdgas besser wird, ist nicht die ganze Geschichte. So legt eine Studie der Cornell University nahe, dass beim Frackingprozess große Mengen an Methan entweichen – ein Treibhausgas, das als noch schädlicher gilt als Kohlendioxid.[27] Kein Wunder also, dass Fracking trotz seiner Bedeutung für die US-Wirtschaft keinen guten Ruf genießt. Einer Umfrage des Instituts YouGov zufolge, die kurz vor der Präsidentschaftswahl 2020 durchgeführt wurde, unterstützen nur 35 Prozent der US-Bevölkerung Fracking. 44 Prozent lehnen es ab. In Staaten mit einer großen Öl- und Gasindustrie ist das Stimmungsbild allerdings deutlich ausgeglichener.[28]

Auch deshalb signalisierte die Biden-Administration kurz nach ihrem Amtsantritt zunächst Zurückhaltung, was Fracking angeht. Per Dekret verfügte der Präsident, dass die Regierung zeitweise keine neuen Bohrgenehmigungen mehr für Land im Besitz der Bundesregierung ausgeben werde.[29] Doch die Maßnahme blieb nicht lange in Kraft. Als 2022 die Benzinpreise in die Höhe schossen, erlaubte das Weiße Haus erneut den Verkauf von Förderlizenzen an die Öl- und Gasbranche.[30] Dabei sprudelten die Quellen trotz des kurzzeitigen Genehmigungsstopps weiter. Die amerikanische Rohölfördermenge verpasste 2022 nur knapp einen neuen Höchststand. Und in der Erdgasproduktion folgt ohnehin schon lange Rekordjahr auf Rekordjahr. Auch stiegen die USA zum weltgrößten Exporteur von Flüssiggas auf.[31]

Manchmal kann Steinsberger immer noch nicht glauben, was seine Erfindung da ausgelöst hat. „Es ist surreal, darüber nachzudenken, dass das, was ich getan habe, die Welt verändert hat", sagt er. Als ein Medium jüngst einen Überblick über die zehn einflussreichsten Persönlichkeiten in der Geschichte der Öl- und Gasindustrie erstellte[32], landete er auf Rang fünf – deutlich vor Winston Churchill und nur zwei Ränge hinter John D. Rockefeller. „Ich bin der Einzige auf der Liste, der noch am Leben ist", sagt Steinsberger.

Das Erbe seiner Entdeckung sieht er rundweg positiv. Fracking habe den Vereinigten Staaten Zugang zu preiswerter, verlässlicher Energie beschert – und sie damit auch freier gemacht. Denn dass Öl und Gas sich schnell ersetzen lassen, glaubt Steinsberger nicht. Er habe nichts gegen Erneuerbare, sagt er, am Zaun des S.H. Griffin Estate #4 lehnend. Aber auf absehbare Zeit seien Wind und Sonne schlicht nicht in der Lage, den Energiebedarf zu decken. „Die Welt lebt immer noch von fossilen Brennstoffen. Und das wird sie auch noch eine ganze Weile tun", sagt er. „Wer glaubt, dass wir in den nächsten zehn oder 20 Jahren ohne Öl und Gas auskommen werden, hat schlicht keine Ahnung."

Mit dieser Meinung steht Steinsberger nicht allein. So prognostiziert die staatliche US Energy Information Administration, dass der Anteil der Erneuerbaren am amerikanischen Energiemix bis 2050 zwar deutlich zunehmen wird, die wichtigsten Energieträger würden allerdings auch dann noch Öl und Gas sein.[33] Daran ändert auch die große Klimaschutzinitiative der Biden-

Administration nichts. Im August 2022 setzte der Präsident den Inflation Reduction Act in Kraft, ein Gesetzespaket, das zwar eine Rekordsumme von fast 370 Milliarden Dollar in die Förderung und den Ausbau erneuerbarer Energien pumpt, allerdings gibt es im Umkehrschluss auch neue Gebiete etwa in Alaska und im Golf von Mexiko für Ölexploration frei.[34] Ein konsequenter Ausstieg aus fossilen Energieträgern ist das nicht.

Die Prognosen für die Branche sind also positiv. Trotzdem haben die vorsichtigen Schritte der Administration den Öl- und Gasförderern einen Schrecken versetzt. „Der Ton uns gegenüber ist geradezu feindselig geworden", sagt Cye Wagner. Die junge Frau im Businessanzug und mit schulterlangen blonden Haaren sitzt an einem langen Holztisch im Drover Hotel im Stockyards District von Fort Worth, Texas. Draußen posieren Touristen mit Longhorn-Rindern vor der Rodeoarena, doch in dem Besprechungsraum ist die Stimmung weniger fröhlich. Der Schock, den der zwischenzeitliche Genehmigungsstopp des Weißen Hauses ausgelöst hat, ist noch zu spüren.

Direkt betroffen hat er Wagner nicht. Und sonst wohl auch kaum einen Bohrer in Texas. 93 Prozent des Landes im Lone Star State befinden sich in Privatbesitz.[35] Der Bundesregierung gehören keine zwei Prozent – und ein großes Stück davon bedecken Nationalparks. Der Teil des Bodens in Texas, über den Washington bestimmt und der potenziell zur Förderung von Öl und Gas freigegeben werden könnte, ist winzig. Doch die Signalwirkung des Schrittes sei dennoch kaum zu überschätzen, sagt Wagner. „Wir fühlen uns bedroht."

Denn es sind ja nicht nur die Bohrgenehmigungen. Seit Jahren spürt Wagner die Skepsis gegenüber ihrer Branche wachsen – nicht nur vonseiten der Regierung. Dass immer mehr Banken und Finanzdienstleister laut darüber nachdenken, sich aus der Finanzierung der Förderung fossiler Energieträger zurückzuziehen, hat sie aufgeschreckt. Zwar ist Fracking ein profitables Unterfangen, solange die Öl- und Gaspreise stimmen, doch um neue Quellen zu erschließen brauchen Unternehmen zunächst einen großen Vorschuss an Kapital. Das Equipment, die Chemikalien, das Material, die Arbeitskräfte: All das kostet viel Geld. Die großen amerikanischen Ölmultis wie ExxonMobil oder Chevron mögen solche Kosten abfedern können. Aber kleine Familienunternehmen sind auf Kredite ihrer Hausbanken angewiesen. Ziehen diese sich zurück, haben Förderer wie Wagner ein Problem. Und all das Gerede von einem Ausstieg aus fossilen Energieträgern könnte Finanzinstitute darin bestärken, den Sektor zu verlassen. „Einige Banken haben schon angekündigt, genau das zu tun", sagt Wagner. Die kritischen Wortmeldungen aus Washington hätten daher für sie und ihre Kollegen sehr konkrete Auswirkungen – auch wenn auf der regulatorischen Seite noch nicht viel passiert ist.

Für Wagner ist eine Abkehr von der Öl- und Gasindustrie ohnehin mehr als eine wirtschaftspolitische Entscheidung. Sie ist ein Angriff auf ihre Art zu leben. Schon als Kind spielte sie auf Ölfeldern. Vor mehr als 40 Jahren gründeten ihre Eltern Cooper Oil and Gas. Als junger Mann hatte ihr Vater mit Bohrungen experimentiert, gründete schließlich die Firma. Ihre Mutter kündigte daraufhin ihren Job in einem Krankenhaus, kümmerte sich fortan um die Buchhaltung. Heute leitet Wagner gemeinsam mit ihrem Mann und ihrem Bruder das Familienunternehmen. Es ist eine überschaubare Operation. Zusammen betreiben sie vielleicht 300 Quellen, beschäftigen rund 20 Mitarbeiter. Die Firma ist groß genug, um gut von ihr zu leben, aber eine Ölbaroness ist Wagner nicht.

Der Branche fühlt sie sich eng verbunden. Eigentlich wollte Wagner Ärztin werden, doch bei einem Campusbesuch bei der Texas A&M University besichtigte sie auch das Petroleum Engineering Department – und war verzaubert. „Ich habe mich sofort eingeschrieben und es nie bereut", sagt Wagner. Vor 14 Jahren stieg sie schließlich ins Familienunternehmen ein.

Eine Abkehr der USA von fossilen Energieträgern würde Wagner nun nicht nur den Job kosten, sondern auch das Lebenswerk ihrer Familie zerstören. So sieht sie das. Und wofür? Die Argumente der Umweltschützer überzeugen sie jedenfalls nicht. „Wir brauchen Öl und Gas für fast alle Bereiche in unserem Leben", sagt sie. Jeder Schlafanzug aus Stretchbaumwolle, jeder Plastikwecker, jedes iPhone und auch jedes E-Auto seien auf Komponenten angewiesen, die aus den Nebenprodukten der Rohöl- oder Erdgasförderung entstünden – von der Energieversorgung ganz zu schweigen.

Und wenn die Nachfrage nun einmal auf absehbare Zeit so hoch bleibe, warum die fossilen Rohstoffe dann nicht selbst fördern? „Die Länder, in denen die USA Öl und Gas einkaufen könnten, haben in der Regel keine besseren Umweltstandards als wir. Sie haben keine strikteren Regulierungen als wir. Und sie haben keine höheren Arbeitsstandards als wir", so Wagner. Die amerikanischen Bohrer seien die saubersten und zuverlässigsten Produzenten von Öl und Gas auf der Welt. „Wenn wir die Förderung mehr ins Ausland verlagern, dann exportieren wir Jobs und importieren Verschmutzung."

Es würde Ölingenieurin Wagner und Naturschützer John Carter wohl überraschen, aber in der Analyse der Problematik liegen sie gar nicht so weit auseinander. Beide glauben, dass die moderne Konsumgesellschaft ohne die Ausbeutung von Rohstoffen nicht zu haben ist. Doch während Carter aus diesem Mechanismus die Motivation für seinen Kampf gegen den Status quo ableitet, sucht Wagner nach Wegen, in der Welt, wie sie ist, das Richtige zu tun. Dieser Widerspruch lässt sich nicht auflösen. Der eine sucht nach Freiheit von gefühlten Zwängen, die andere nach Freiheit im bestehenden System. Versöhnung ausgeschlossen.

Auch deshalb sind sowohl Carter als auch Wagner unzufrieden mit dem Kurs der Regierung in Washington. Für den Umweltschützer sind die Schritte der Biden-Administration halbherzig – und damit schädlich. Für die Ölbohrerin sind jedoch schon diese vermeintlich zaghaften Vorstöße eine Gefahr.

Aber gibt es eine Alternative dazu? So unvereinbar die Standpunkte beider Seiten sind, so legitim sind ihre Anliegen. Wie soll man frei und selbstbestimmt leben ohne wirtschaftliche Perspektive und Absicherung? Und wie ohne saubere Luft und klares Wasser? Fracking hat vormals abgehängten Regionen der USA Jobs und einen gewissen Wohlstand gebracht – auf Kosten der Umwelt. Das mittlere Haushaltseinkommen in Soda Springs, der Stadt im Phosphate Patch, liegt zwar rund 20 000 Dollar unter dem US-weiten Vergleichswert.[36] Ohne die Minenjobs wäre es wohl noch weniger. Andererseits: Ist es der Wirtschaft wirklich nicht zuzumuten, mehr dafür zu tun, Giftstoffe aus dem Grundwasser fernzuhalten und den Ausstoß von schädlichen Treibhausgasen zu vermeiden?

Nein, glaubt Frackerin Wagner. Die meisten Unternehmen seien schon jetzt sehr behutsam, was den Umgang mit Land und Umwelt angehe. „Gerade die kleinen Firmen achten sehr genau darauf, was sie tun. Denn oftmals bohren sie auf ihrem eigenen Land“, sagt sie. Neue Auflagen würden nur Kosten verursachen – und damit die Wettbewerbsfähigkeit der amerikanischen Branche schwächen.

Carter wiederum sieht das grundlegend anders. Viele seiner Ansprechpartner in den Minen seien tatsächlich besorgt über die Umweltauswirkungen ihres Handelns und bemühten sich, so schonend wie möglich vorzugehen. Doch die Auflagen reichten schlicht nicht aus. Die Aufsichtsbehörden seien über Jahrzehnte geschwächt worden, die Regeln entsprechend veraltet, Strafen bei Verstößen lachhaft. „Die Unternehmen können mit der Umwelt nur so umgehen, weil wir es ihnen erlauben“, sagt der Naturschützer. Es klingt resigniert. Kein Wunder, schließlich scheint seine Seite in der Abwägung zwischen freier Wirtschaft und freiem Land regelmäßig den Kürzeren zu ziehen. Der Inflationsschock des Jahres 2022, als die Benzinpreise auf historische Höchststände kletterten, hat die Ambitionen des Weißen Hauses bei der Bekämpfung des Klimawandels und dem Schutz der Natur nachhaltig gedämpft. Besserung ist nicht in Sicht.

Trotzdem macht Carter weiter, schreibt von seiner Blockhütte auf dem Berg in Wyoming aus seine Gutachten und hofft, dass sie Dinge verändern. Die kleinen Erfolge seiner Arbeit sieht er jedoch, wenn er aus dem Fenster schaut. Der Wald um sein Haus, vor Jahren von einem Brand nahezu ruiniert, erholt sich langsam. Er freut sich an den Käfern, die abends um ihn herumschwirren, und an den sich ständig ändernden Vogelgeräuschen – Anzeichen dafür, dass die Bäume auf seinem Grundstück wieder wachsen. „Es ist sehr friedlich", sagt er.

Freie Welt

Als Carl Larson am 11. März 2022 die Grenze zur Ukraine übertrat, hatte er keine Ahnung, was ihn erwartete. Er kannte das Land nicht, sprach nicht die Sprache, hatte keine besondere Beziehung zur Bevölkerung oder der Kultur. „Die Ukraine stand nicht gerade ganz oben auf der Liste meiner Traumreiseziele", sagt er. Doch nach dem russischen Überfall auf den osteuropäischen Staat hatte Larson das dringende Bedürfnis, etwas zu tun. Dass Wladimir Putin seinen Nachbarn einfach so angegriffen hatte, ließ dem Mittvierziger keine Ruhe. Da traf es sich, dass Präsident Wolodymyr Selenskyj wenige Tage nach Kriegsausbruch die Gründung der Internationalen Legion verkündet hatte – einem aus ausländischen Freiwilligen bestehenden Teil der ukrainischen Streitkräfte. Larson überlegte nicht lange. Sein eigener Militärdienst in der US-Army lag zwar bereits rund 20 Jahre zurück, doch er glaubte dennoch, helfen zu können. Von seinem Haus im Umland von Seattle, Washington, aus meldete er sich bei der ukrainischen Botschaft. Kurz darauf füllte er einen Fragebogen aus, dann war er schon mit geheimen Instruktionen für den Grenzübertritt im Gepäck auf dem Weg nach Europa. „Nach meiner Ankunft haben sie erstmal geprüft, ob ich verrückt bin und ob ich ein Gewehr halten kann", erinnert er sich. War er nicht und konnte er. Also schickte man ihn ins Trainingslager. Und schließlich an die Front.

Es war ein riskantes Manöver für den Amerikaner. Damals, in den ersten Wochen des Kriegs, war es alles andere als sicher, dass die Ukraine dem russischen Angriff lange widerstehen können würde. Das US-Außenministerium riet amerikanischen Staatsbürgern dringend davon ab, in das Land zu reisen.[1] Die Regierung in Moskau warnte, man werde festgenommene ausländische Freiwillige nicht wie reguläre Kriegsgefangene behandeln, sondern wie gemeine Kriminelle.[2] Und auch Larsons Frau Pam war alles andere als begeistert davon, dass ihr Mann plötzlich für ein halbes Jahr in den Krieg ziehen wollte. „Sie war nicht glücklich", sagt er, habe ihn aber schließlich unterstützt. Keine Selbstverständlichkeit. Für einige seiner Kameraden in der Internationalen Legion bedeutete der Kriegseinsatz später auch die Scheidung.

Larson sitzt in seinem Arbeitszimmer und klickt sich auf seinem Computer durch Fotos von seiner Zeit in der Ukraine. Seine Einheit beim Training in einem Waldstück hinter der Grenze, beim Ausheben von Schützengräben nahe der Front, beim Üben mit teils völlig veraltetem Material. „Das hier ist ein deutsches MG-42 aus dem Zweiten Weltkrieg", sagt er und fährt mit dem Cursor über das Bild. „Nicht das modernste Equipment, aber es hat funktioniert." Nach der Grundausbildung, die aus einem zusammengewürfelten Haufen Freiwilliger aus allen Teilen der Welt mit unterschiedlichen Muttersprachen und militärischen Fähigkeiten eine Einheit formen sollte, wurde Larson in den Osten des Landes verlegt, in die Nähe von Charkiw. Zwei Monate kämpfte er hier mit seinen Kameraden gegen die Invasoren. Nicht alle kehrten nach dem Einsatz nach Hause zurück. Björn, ein deutscher Legionär mit dem Spitznamen Panzer, starb, nachdem ein Artilleriegeschoss in dem Haus eingeschlagen war, in dem Larson und seine Einheit ihre Stellung bezogen hatten. Er verblutete in einem Feldkrankenhaus.

Die Verteidigung der Ukraine war nicht Larsons erster Krieg. Während seiner Zeit in der U.S. Army diente er auch im Irak – eine Invasion, die er in der Rückschau für einen Fehler hält. Er wusste also, was es bedeutet, auf einem Schlachtfeld zu sein, kannte die Härten und den Schrecken. Trotzdem entschied er sich, nach fast zwei Jahrzehnten als Zivilist gegen den Willen seiner Frau und trotz einer erfolgreichen Karriere im Bereich Digitalmarketing in ein unbekanntes Land zu fahren und erneut zur Waffe zu greifen. Da drängt sich die Frage auf: Warum?

„Ich bin in die Ukraine gegangen, um die Freiheit des Landes und damit die internationale Ordnung zu verteidigen", sagt Larson. Seit dem Ende des Zweiten Weltkriegs gelte, dass ein starkes Land ein schwächeres nicht einfach so überfallen darf. Sollte Russland diesen Krieg gewinnen, glaubt der Veteran, könnte sich China auch Taiwan einverleiben oder Nordkorea den Süden überrollen. „Das würde bedeuten, dass nur noch Stärke und die Bereitschaft, Gewalt einzusetzen, zählen", sagt Larson. Mit seinen Fähigkeiten wollte er einen kleinen Beitrag dafür leisten, dass das nicht passiert.

Larson ist kein Adrenalinjunkie oder Waffennarr. In den fast 20 Jahren zwischen seinem Abschied von der U.S. Army und seiner Reise in die Ukraine hatte er mit militärischen Dingen nicht viel zu tun, war vollständig im Leben als Zivilist angekommen. Es war seine Überzeugung, die ihn erneut in den Krieg schickte. Der Glaube, die Freiheit irgendwo in Osteuropa verteidigen zu können – oder zu müssen. „Das, was gerade passiert, ist das wichtigste Weltereignis meines Lebens", glaubt er, vergleichbar mit den deutschen Eroberungskriegen in Mittel- und Osteuropa. Und damals wie heute gebe es keine moralische Ambiguität, keine Frage, auf welcher Seite er stehen würde. Auch nach seiner Rückkehr nach Seattle versucht er deshalb, die Ukraine weiter zu unterstützen, wirbt in der Hauptstadt Washington für mehr Militärhilfe für das Land. „Wir schicken viel, aber wir sollten noch mehr schicken", sagt er.

Es wäre falsch, in Larson einen blauäugigen Idealisten zu sehen. Zur U.S. Army ging er wenige Wochen nach den Anschlägen vom 11. September 2001 – einerseits aus Patriotismus, aber auch, weil er sich vom Militärdienst Vorteile später im Leben erhoffte. Seine Zeit in der Internationalen Legion endete, nachdem er sich mit einem ukrainischen Offizier überwarf, der angeblich Geld von seiner Einheit gestohlen hatte. Larson meldete ihn, der Offizier wurde verwarnt, behielt aber sein Kommando. Larson wiederum wurde nach der Episode vor allem wieder zum Ausheben von Schützengräben eingeteilt. Er fühlte sich zu Unrecht bestraft. Also entschloss er sich, wenige Wochen vor dem geplanten Ende seiner Zeit bei der Internationalen Legion den Dienst zu quittieren. Eine Rückkehr kommt für ihn nicht infrage. „Meine Frau hat meinen Pass versteckt", sagt er.

Vielleicht steht Larson ganz gut für die Rolle, die sein Heimatland in der Welt spielt. Oder spielen will. Er hat seine Überzeugungen, für die er eintritt, doch seine eigenen Vorstellungen verliert er deshalb nicht aus den Augen. Das spiegelt sich auch in der amerikanischen Außenpolitik. Der Idealismus, der Wille zur Verteidigung und Verbreitung der Freiheit, ist seit Jahrzehnten Teil ihrer DNA. Aber das Land handelt – natürlich – zum großen Teil interessengeleitet. Doch dass das Thema Freiheit in der Abwägung des Landes so eine große Rolle spielt, macht die Vereinigten Staaten einmalig. „Die Europäer greifen vor allem dann in Krisen ein, wenn ihre Interessen direkt betroffen sind", sagt Anja Manuel, von 2005 bis 2007 im US-Außenministerium tätig und heute Chefin der Aspen Strategy Group und des Aspen Security Forums. „Wir Amerikaner stellen uns Bullys auch in den Weg, weil wir das von uns als Nation erwarten.

Es ist ein Selbstverständnis, das tief in der amerikanischen Tradition verankert ist – auch wenn die Intensität des Bekenntnisses zur Freiheit über die Jahre immer wieder schwankte. Nach dem Sieg im Ersten Weltkrieg zog sich das Land zunächst weitgehend aus den Angelegenheiten des Rests der Welt zurück, genoss seine von zwei Ozeanen geschützte Insellage und den Isolationismus. Noch 1932 waren die USA weit davon entfernt, eine militärische Supermacht zu sein. Ihre Streitkräfte rangierten auf

Platz 16 der größten Armeen der Welt, hinter denen der Tschechoslowakei, Rumäniens oder Spaniens. „Auf dem Papier hätten sie einen harten Kampf gegen Jugoslawien führen können", schrieb der Historiker William Manchester. „Doch in der realen Welt wären sie in Stücke gerissen worden."[3] Erst als die erneute Kriegsgefahr in Europa greifbar wurde, rüsteten die Vereinigten Staaten widerwillig auf. Sie unterstützten nach dem Ausbruch des Zweiten Weltkriegs in Europa zunächst Großbritannien und später auch die Sowjetunion im Kampf gegen Hitler-Deutschland, bevor sie schließlich nach dem Angriff der Japaner auf Pearl Harbor selbst in den Konflikt eintraten. Die Amerikaner waren die entscheidende Macht bei der Befreiung Westeuropas von der Nazi-Herrschaft und des Fernen Ostens vom japanischen Imperialismus. Und sie sorgten dafür, dass beide Sphären auch nach der Kapitulation der Achsenmächte 1945 zum großen Teil frei blieben.

Seitdem verstehen sich die USA zumindest zum Teil als Wächter des Selbstbestimmungsrechts der Völker auf dem Planeten – als „letzte beste Hoffnung" für die Freiheit, wie Präsident Abraham Lincoln es bereits im Jahr 1862 formuliert hatte.[4] Zu Beginn des Kalten Kriegs war es das erklärte Ziel der Vereinigten Staaten, demokratische Staaten gegen den Kommunismus zu verteidigen und damit eine weitere Ausbreitung der Unfreiheit zu verhindern. Es war die Zeit der Truman-Doktrin, der Eindämmung.[5] Doch dabei blieb es nicht. Unter US-Präsident Ronald Reagan kündigte Washington an, nicht mehr nur die Ausbreitung marxistischer Regimes verhindern zu wollen, sondern ihren Einfluss aktiv zurückzudrängen.[6] Nach den Anschlägen vom 11. September 2001 fasste Washington einen noch weiteren Fokus. „Die Vereinigten Staaten werden diesen Moment nutzen, um die Vorzüge der Freiheit auf der ganzen Welt zu verbreiten", heißt es in der Nationalen Sicherheitsstrategie, die das Weiße Haus 2002 veröffentlichte – ein Jahr, nachdem das World Trade Center in New York zusammengebrochen war.[7] „Wir werden aktiv daran arbeiten, die Hoffnung auf Demokratie, Entwicklung, freie Märkte und freien Handel in jeden Winkel der Welt zu tragen.“ Die Befreiung der ganzen Welt war von nun an ein Ziel der amerikanischen Außenpolitik. Später sollte diese Ambition den passenden Namen verpasst bekommen: *Freedom Agenda*.

Schnell stellte man im Weißen Haus Fortschritte auf dem Weg zu einer freien Welt fest. In der Nationalen Sicherheitsstrategie von 2006 lobte sich die Bush-Administration für die Kriege im Irak und in Afghanistan, die Diktaturen aus dem Amt gebombt und durch gewählte Regierungen ersetzt hatten. Auch pries das Weiße Haus die Farbenrevolutionen in Georgien, der Ukraine und Kirgistan sowie Reformbestrebungen im Nahen Osten und demokratische Entwicklungen in Afrika, Lateinamerika und Asien. Es war kein *Mission-Accomplished*-Moment, doch man sah sich auf einem sehr guten Weg. „Um unsere Nation zu schützen und unsere Werte zu ehren, versuchen die Vereinigten Staaten, die Freiheit auf der ganzen Welt auszuweiten, indem sie die internationalen Bemühungen zur Beendigung der Tyrannei und zur Förderung einer wirksamen Demokratie anführen“, heißt es in dem Dokument.[8]

Mit ein wenig mehr Abstand sehen die Dinge sehr anders aus. Der Krieg im Irak endete in der Katastrophe. Die Invasion destabilisierte den Nahen Osten, zog Folgekonflikte etwa in Syrien nach sich und stärkte den Einfluss Irans. Einer Studie der Brown University zufolge kamen zwischen 2003 und 2023 als direkte Folge der Intervention bis zu 580 000 Menschen ums Leben, darunter mehr als 4400 amerikanische Soldaten.[9] Die Kosten des Kriegs für US-Steuerzahler belaufen sich auf fast drei Billionen Dollar.[10] Die Bilanz der Invasion von Afghanistan, die von den USA ursprünglich als „notwendiger Akt der Selbstverteidigung“[11] begründet worden war und nicht mit der Ausbreitung der Freiheit, fällt ähnlich vernichtend aus.

Angesichts dieser Desaster hat Washington die *Freedom Agenda* längst aufgegeben. Unter Präsident Barack Obama lautete das inoffizielle Leitmotiv der US-Außenpolitik „Don't do stupid shit" – Bau keinen Scheiß.[12] Nach der Wahl von Donald Trump wendeten sich die Vereinigten Staaten weiter von der Weltbühne ab, drohten offen mit dem Austritt auf der NATO[13] und distanzierten sich von Ländern wie Japan oder Südkorea, deren Sicherheit sie über Jahrzehnte garantiert hatten.[14] Unter Joe Biden stehen die USA zwar wieder fest an der Seite ihrer Verbündeten, doch die Verbreitung der Freiheit in alle Winkel des Erdballs hat keine Renaissance erlebt.

Biden veranlasste den vollständigen Abzug amerikanischer Truppen aus Afghanistan – und gestand das Scheitern der Vision seines Vorvorvorgängers ein. „Bei dieser Entscheidung über Afghanistan geht es nicht nur um Afghanistan", so der Präsident anlässlich des Abschieds der letzten US-Soldaten aus dem Land. „Es geht darum, eine Ära großer Militäroperationen zur Umgestaltung anderer Länder zu beenden."[15] Die militärische Unterstützung der Ukraine im Krieg gegen Russland steht dazu nicht im Widerspruch. Schließlich geht es in diesem Fall um die Verteidigung eines freien Landes, nicht um den Regimewechsel in einem unfreien. Trotzdem: Von den Ambitionen der Bush-Jahre ist nicht mehr viel geblieben. Heute ist die Außenpolitik der Vereinigten Staaten näher an der Truman-Doktrin als an der *Freedom Agenda.*

Allerdings: Ganz hat der Idealismus das Land nie verlassen. Selbst auf dem Höhepunkt der Bau-keinen-Scheiß-Jahre unter Präsident Obama ließen sich die Vereinigten Staaten in die Verantwortung nehmen. Sie halfen, eine vom UN-Sicherheitsrat beschlossene Flugverbotszone über Libyen[16] durchzusetzen, die Diktator Muammar Gaddafi davon abhalten sollte, seine eigene Bevölkerung zu massakrieren. Der Hintergrund der Operation war der Schutz von Zivilisten, keine geostrategischen Ziele.[17]

Und sogar in den Trump-Jahren wendeten sich die USA nicht vollständig von der Verbreitung der Freiheit ab. 2019 erkannte das Weiße Haus offiziell den Präsidenten der Nationalversammlung von Venezuela, Juan Guaidó, als Interimspräsident des Landes an, um dem zunehmend autokratischen Staatsoberhaupt Nicolás Maduro etwas entgegenzusetzen.[18] Sonderlich erfolgreich verliefen jedoch beide Operationen nicht. Maduro regiert immer noch in Caracas. Und in Libyen halfen die USA zwar dabei, Gaddafi aus dem Amt zu jagen, doch zur Ruhe kam das Land danach lange nicht.

Doch trotz all dieser Rückschläge sind die USA nach wie vor die einzige Großmacht, die sich dem Schutz der Freiheit verpflichtet fühlt. Es ist kein Zufall, dass bedrohte Länder wie Taiwan oder Südkorea seit Jahrzehnten die Nähe zu Washington suchen. Sicher, die Stärke der amerikanischen Armee, der heute mächtigsten Streitkraft auf dem Planeten,[19] spielt eine Rolle. Doch auch das Bekenntnis der Vereinigten Staaten zur Freiheit ist von Bedeutung. In Zeiten eines neuen Systemwettbewerbs rückt *Soft Power* wieder zunehmend in den Fokus.

Der amerikanische Gesellschaftsentwurf entwickelt gerade angesichts des Aufstiegs von China eine neue Anziehungskraft, wie zuletzt die neue strategische Partnerschaft AUKUS zwischen Amerika, Australien und Großbritannien zeigte.[20]

In den USA selbst trifft dieses Bedürfnis nach amerikanischer Führung jedoch auf Skepsis. Umfragen des Meinungsforschungsinstituts Morning Consult aus dem Frühjahr 2023 zufolge finden rund 40 Prozent der Amerikaner, die Vereinigten Staaten sollten ihre Involvierung in die Angelegenheiten anderer Staaten zurückfahren und die Zahl der im Ausland stationierten Truppen reduzieren. Für ein stärkeres Engagement sprechen sich jeweils nur 20 Prozent aus.[21] Das Aufrechterhalten der Demokratie auf der Welt sehen nur zwölf Prozent der Befragten als eines der wichtigsten Ziele der US-Außenpolitik an. Der amerikanische Isolationismus ist damit noch nicht zurück, doch von den hehren Zielen der *Freedom Agenda* hat sich die US-Bevölkerung längst verabschiedet.

Der 20. Januar 2005 war ein bitterkalter Tag in Washington, DC. Zu keinem Zeitpunkt stieg die Temperatur über drei Grad Celsius, doch trotz des Wetters hatten sich rund 100 000 Menschen auf der National Mall versammelt,[22] um die zweite Amtseinführung von George W. Bush auf der Westseite des Kapitols live mitzuerleben.

Nicht weit von dem Podium entfernt, auf dem der Präsident gerade den Amtseid geleistet hatte, saß John Bolton, begleitet von seiner Frau Gretchen. Er diente damals in der Führung des Außenministeriums, hatte deshalb gute Plätze bekommen. Es sollte eigentlich ein schöner Tag für Bolton werden. Durch den Wahlausgang konnte der Republikaner seinen Job behalten, durfte sich Hoffnungen auf eine Beförderung machen. Doch was er von seinem Staatsoberhaupt und Oberbefehlshaber hörte, gefiel ihm gar nicht. Bush nutzte die Amtseinführung, um die *Freedom Agenda* aus den Papieren des Nationalen Sicherheitsrats herauszuholen und sie der Welt vorzustellen. „Es ist die Politik der Vereinigten Staaten, die Entwicklung demokratischer Bewegungen und Institutionen in jeder Nation und Kultur anzustreben und zu unterstützen, mit dem letztendlichen Ziel, die Tyrannei in unserer Welt zu beenden", so Bush.[23] Bolton traute seinen Ohren kaum. „Es war sehr, sehr entmutigend für mich, dass er so in eine philosophische Richtung abgeschweift ist", sagt er.

Bolton sitzt in seinem Büro in Washington. Er hat es sich an seinem Schreibtisch bequem gemacht. Hinter ihm schmücken die Andenken an eine lange Karriere unter vier republikanischen Präsidenten die Wände. Nach seiner Zeit in Bushs Außenministerium diente er als UN-Botschafter, später als Nationaler Sicherheitsberater unter Donald Trump, war die treibende Kraft hinter der Anerkennung des Venezolaners Guaidó. Als sonderlich diplomatisch galt er in keiner seiner Rollen. Dazu passt die Handgranate, die auf dem dunkelbraunen Aktenschrank unter den gerahmten Urkunden ruht – ein Memento aus seiner Zeit bei der Entwicklungshilfebehörde USAID, für die er in den 1980ern unter Präsident Ronald Reagan arbeitete. Bolton grinst unter seinem buschigen Schnurrbart, als er sie von ihrem Platz nimmt. „Da ist nichts drin", versichert er.

Der Blindgänger in seiner Hand kann nicht darüber hinwegtäuschen, dass sich Bolton innerhalb seiner langen Laufbahn einen Ruf als Sprengmeister in der Außenpolitik erarbeitet hat. Er gilt als Prototyp des amerikanischen Falken, der Amerikas Interessen im Zweifel militärisch durchsetzen will. „Wenn ich auf ihn gehört hätte, wären wir jetzt schon im Sechsten Weltkrieg", twitterte Trump, nachdem Bolton das Weiße Haus im Streit mit dem Präsidenten verlassen hatte.[24] Das mag übertrieben sein, doch dass Bolton robuste Lösungen für Probleme nicht ausschließt, bestreitet er selbst nicht. Iran, Nordkorea, Venezuela – die Liste der Länder, in denen er sich einen Regimewechsel vorstellen kann, ist lang. In einem Interview ließ er einmal beiläufig fallen, dass er an der Planung „mehrerer Putsche" beteiligt gewesen war.[25] Heute ist er einer der wenigen Veteranen der Bush-Administration, die den Krieg gegen den Irak ohne Vorbehalte verteidigen.

Dass die Invasion allerdings etwas mit der Verbreitung der Freiheit zu tun gehabt hätte, bestreitet Bolton vehement. „Der Krieg war eine Reaktion auf 9/11 und die aus den Anschlägen resultierende Angst, dass Massenvernichtungswaffen in die falschen Hände geraten", sagt er. Doch in der Rückschau werde versucht, die Begründung für die Invasion nachträglich zu verändern – eben weil es sich herausstellte, dass Iraks Diktator Saddam Hussein keine Massenvernichtungswaffen besessen hatte. Auch deshalb war Bolton so enttäuscht von Bushs Rede anlässlich seiner zweiten Amtseinführung. Die Ansprache, so erinnert sich der Ex-Diplomat, habe den Krieg in den Kontext der *Freedom Agenda* gestellt. „Doch darum ging es ursprünglich überhaupt nicht."

Es ist nicht so, als wäre Bolton das Thema Freiheit nicht wichtig. Im Gegenteil. Er hält sie nur nicht für gut exportierbar. Während der COVID-19-Pandemie hat er viel gelesen – auch die Klassiker, die er eigentlich als junger Mann hätte studieren sollen. „In der *Geschichte des peloponnesischen Kriegs* von Thukydides heißt es auf jeder zweiten oder dritten Seite: Und nach ihrem Sieg exekutierten die Spartaner alle Männer und versklavten die Frauen und Kinder", sagt er. „Und auf der nächsten Seite machen die Athener das Gleiche." Die Menschheit, so sieht das Bolton, habe sich seit der Antike nicht sonderlich viel weiterentwickelt. Die moderne Demokratie mit ihrem Bekenntnis zur Freiheit des Individuums sei noch keine 250 Jahre alt – zu wenig, um die Urinstinkte der Spezies zu verändern.

Daran ändere auch nichts, dass die USA nach dem Ende des Zweiten Weltkriegs die Freiheit zumindest rhetorisch ins Zentrum ihrer Außenpolitik stellten. Im Kontext des Kalten Kriegs habe dies Sinn ergeben, findet Bolton. In der Zeit des Systemwettbewerbs passte der Wert schlicht zu den Interessen der Vereinigten Staaten in der Auseinandersetzung mit der Sowjetunion. Und schon damals waren die Dinge nicht so einfach. Das beste Beispiel dafür sei der Vietnamkrieg. „Es war in unserem Interesse, Südvietnam vor der Übernahme durch den kommunistischen Norden zu schützen", sagt Bolton. Doch um dieses Ziel zu erreichen, habe Washington einen autoritären Herrscher nach dem anderen gestützt. „Das lässt sich schwer mit der Verbreitung der Freiheit rechtfertigen."

Bolton gefällt sich sichtlich in der Rolle des abgebrühten Hyperrealisten. Seine Vorliebe für Regimewechsel ist nicht aus dem Willen heraus entstanden, Demokratie und Menschenrechte zu exportieren, sondern Amerikas Interessen in der Welt zu schützen. Doch genau dieses Ziel war auch die treibende Kraft hinter der *Freedom Agenda*. „Nach 9/11 befanden wir uns nicht nur in einem Krieg gegen den Terrorismus“, sagt Stephen Hadley, Nationaler Sicherheitsberater unter George W. Bush. „Wir befanden uns auch in einem ideologischen Krieg der Ideen.“ Der Präsident wollte der pervertierten Vorstellung des Islam, die von Al-Qaida als Begründung für die Anschläge herangezogen wurde, etwas entgegensetzen. Und Freiheit und Demokratie seien dafür die logische Wahl gewesen. Die Überlegung: In freien Gesellschaften verliert der Terrorismus seine Anziehungskraft. Und das wiederum senkt die Wahrscheinlichkeit neuer Anschläge. „Das Spannungsverhältnis zwischen amerikanischen Werten und Interessen war damit für Präsident Bush aufgelöst“, so Hadley.

Es war der Rückgriff auf eine alte Idee. Schon der Philosoph Immanuel Kant hatte als eine Voraussetzung für den ewigen Frieden auf der Welt gefordert, dass „die bürgerliche Verfassung in jedem Staate republikanisch“[26] sein solle, um Konflikte zwischen den Ländern zu verhindern. Doch für Bush war die Vorstellung nicht nur philosophisch, sondern auch höchst konkret. „Der Präsident hat großes Vertrauen in die Fähigkeit von Individuen, für sich selbst und ihre Familien die richtigen Entscheidungen zu treffen“, sagt Hadley. „Das gilt für Amerikaner genauso wie für Menschen überall auf der Welt.“

Doch die Erfahrung im Irak hat gezeigt, dass sich eine solche Transformation nicht erzwingen lässt. Die Vorstellung einiger Neokonservativer in der Bush-Administration, das Land durch einen Regimewechsel in eine Vorzeigedemokratie im Nahen Osten zu verwandeln, deren Strahlkraft die ganze Region in eine freiheitliche Richtung bewegen würde, hat sich nicht erfüllt. Und die US-Bevölkerung hat sich von der Vorstellung ebenfalls schon lange verabschiedet. Einer Umfrage zum 20. Jahrestags des Kriegs zufolge glauben weniger als ein Drittel der Amerikaner, dass der Irakkrieg die Sicherheit der Vereinigten Staaten vergrößert hat. Dass Bush richtig gehandelt hat, finden in der Rückschau nur 36 Prozent.[27]

Trotzdem: Verschwunden ist das Leitmotiv aus der amerikanischen Weltsicht nicht. „Präsident Biden hat den Kampf zwischen Freiheit und Tyrannei ins Zentrum seiner Außenpolitik gestellt", betont Ex-Sicherheitsberater Hadley. Tatsächlich gehört die Betonung des Gegensatzes zu den festen Bestandteilen der außenpolitischen Reden des Präsidenten. Allerdings hat sich die Form geändert, mit der Washington sich dieser Auseinandersetzung stellt. Große Militäroperationen, glaubt Hadley, seien der Bevölkerung nicht mehr zu vermitteln, doch die Unterstützung von Freiheitsbewegungen und bedrohten Demokratien sei immer noch im Interesse der Vereinigten Staaten. „In diesem Geschäft sind wir immer noch", sagt er. „Und wenn Sie denken, der Kampf für die Freiheit sei nicht mehr zeitgemäß, dann fragen Sie mal die Ukrainer."

Chuck Hagel überrascht nicht, dass die großen Ambitionen der *Freedom Agenda* gescheitert sind. „Wir waren unglaublich arrogant", sagt er. Hagel hat den Stimmungsumschwung mit Blick auf den Irakkrieg aus nächster Nähe beobachtet. Von 1997 bis 2009 diente der Vietnamveteran im US-Senat, vertrat dort den Bundesstaat Nebraska. 2002 stimmte der Republikaner, wie die überwiegende Mehrheit seiner Kollegen in der oberen Kongresskammer, für die Resolution, die den Präsidenten ermächtigte, militärisch im Irak einzugreifen.[28] Doch anders als viele seiner Kollegen sah er in dem Krieg bald einen Fehler. Nach mehreren Reisen ins Land stimmte er 2007 mit dem Großteil der Demokraten für einen schnellen Abzug der amerikanischen Truppen.[29] Zuvor war er als möglicher Präsidentschaftskandidat seiner Partei gehandelt worden, doch Hagel wollte nicht mehr. Bald darauf gab er nicht nur seinen Verzicht auf eine Bewerbung um die Nominierung fürs Weiße Haus, sondern auch seinen Rückzug aus dem Kongress bekannt.[30]

Beendet war seine politische Karriere damit allerdings noch nicht. Im Senat hatte er ein gutes Verhältnis zu seinem demokratischen Kollegen aus Illinois entwickelt – einem aufstrebenden Politiker namens Barack Obama. Als dieser 2009 ins Weiße Haus einzog, berief er Hagel zunächst für einige Beratungsgremien. Nach seiner Wiederwahl nominierte der Präsident den Ex-Senator als Verteidigungsminister. Seine Parteifreunde waren nicht begeistert. Die Republikaner blockierten seine Bestätigung durch den Senat zunächst.[31] Trotzdem konnte er im Frühjahr 2013 sein Amt antreten.

Die Freiheit ist auch für Hagel von großer Bedeutung. „Ich kenne nichts Wichtigeres in der Geschichte der Menschheit als die Freiheit des Individuums", sagt er. Sie sei „die Essenz von allem". Trotzdem zog er es vor, in dieser Frage nicht allzu missionarisch aufzutreten. Natürlich sollten die USA Freiheitsbewegungen oder Regierungen zur Seite stehen, die sich mehr in Richtung Demokratie und Menschenrechte entwickeln wollen. Doch jedes Land müsse seinen eigenen Weg finden. „Wir können nicht versuchen, in der ganzen Welt kleine Amerikas zu schaffen", sagt er. Vor allem aber sei es wichtig, auch mit unfreien Regimes Gemeinsamkeiten zu finden, wenn es um die Lösung der enormen Probleme geht, mit denen sich der Planet derzeit konfrontiert sieht. „In der Welt von heute ist alles Nitroglyzerin", so Hagel. Umso wichtiger sei es, den Raum für Kooperationen auszuloten.

Natürlich gibt es Grenzen. Mit Wladimir Putin etwa würde Hagel seit dem Überfall auf die Ukraine nicht mehr sprechen. Der Krieg habe eine Zusammenarbeit mit Moskau unmöglich gemacht. Doch schon mit Blick auf China, laut der NGO Freedom House ein unfreierer Staat als Russland,[32] sehe die Situation anders aus. Man müsse Gemeinsamkeiten finden, um etwa Menschheitsprobleme wie den Klimawandel lösen zu können, findet Hagel. Dies sei auch mit der aktuellen Führung möglich. „Als ich Verteidigungsminister war, bin ich dreimal mit Präsident Xi zusammengetroffen, um Probleme der offenen Schifffahrt im Südchinesischen Meer und im Ostchinesischen Meer zu lösen", erinnert er sich. Das gelang. Illusionen über die ideologischen Unterschiede zwischen Washington und Beijing hat er sich damals nicht gemacht. Doch der Bewältigung wichtiger Herausforderungen dürfe dies nicht im Weg stehen. Hagel spricht in diesem Zusammenhang vom „Managen der Differenzen".

Mit der glühenden Freiheitsrhetorik der Bush-Jahre hat das wenig zu tun. Trotzdem warnt Hagel davor, die Bilanz der Obama-Administration beim Thema Freiheit zu unterschätzen. Unter der Führung des 44. US-Präsidenten befanden sich etwa die Beziehungen zu Kuba auf dem Weg zur Normalisierung. Und es gelang, ein internationales Abkommen auszuverhandeln, das die atomaren Ambitionen Irans eindämmen sollte. Beide Erfolge veränderten nicht die Weltkarte, doch es hätten Ansatzpunkte sein können, um freiheitliche Kräfte innerhalb dieser von repressiven Regimes regierten Länder zu stärken, findet Hagel. Dazu kam es allerdings nicht. Obamas Nachfolger Donald Trump kehrte zur restriktiven Sanktionspolitik gegenüber Kuba zurück. Das Atomabkommen mit Teheran kündigte er auf.

Leon Panetta ist darüber immer noch enttäuscht. Allerdings: Sonderlich überrascht war er nicht. „Es ist wichtig für Präsidenten, dass ihre Außenpolitik vom Land mitgetragen wird, sonst erodiert die Unterstützung", sagt er. Und am Iran-Deal habe es in der Öffentlichkeit immer Zweifel gegeben. „Das hat es Präsident Trump ermöglicht, sich aus dem Abkommen zurückzuziehen."

Vermutlich kennen sich nur wenige Menschen besser an der Schnittstelle zwischen amerikanischer Innen- und Außenpolitik aus als Leon Panetta. 1977 gewann der Demokrat erstmals einen

Sitz im US-Repräsentantenhaus. Dort diente er für 16 Jahre, bis Präsident Bill Clinton ihn ins Weiße Haus holte. Zunächst leitete er dort das einflussreiche Office of Management and Budget, das unter anderem alle Regulierungen der Administration überprüft und den Haushaltsentwurf aufstellt. 1994 beförderte ihn Clinton zum Stabschef. 1997 verabschiedete er sich zunächst aus der Politik, bis ihn Präsident Obama 2009 zum CIA-Direktor machte. Dort übersah er unter anderem die Operation, die zur Tötung von Al-Qaida-Chef Osama bin Laden führte. Während die Navy Seals das mittlerweile berüchtigt gewordene Haus in Abbottabad, Pakistan, stürmten, saß Panetta mit Obama im Situation Room des Weißen Hauses. Bald darauf verließ er die CIA und übernahm das Amt des Verteidigungsministers. 2013 zog er sich endgültig in den politischen Ruhestand zurück. Sein Nachfolger im Pentagon: Chuck Hagel.

In seinen unterschiedlichen Rollen hat sich Panetta einen Ruf als Pragmatiker erarbeitet. Dieser Ansatz prägt auch seinen Blick auf die Bedeutung der Freiheit für die amerikanische Außenpolitik. „Unsere Werte verleihen uns Glaubwürdigkeit – genau wie unser starkes Militär und unsere starke Wirtschaft", sagt er. Gerade jetzt, da mit China auf der Weltbühne erneut ein Rivale heranwächst, sei es deshalb für die Vereinigten Staaten unerlässlich, das Bekenntnis zur Freiheit aufrechtzuerhalten. Denn die Freiheit, so sieht das der Ex-Minister, ist attraktiv. Der amerikanische Gesellschaftsentwurf erleichtert es so den USA, andere Nationen auf ihre Seite zu ziehen. „Allianzen sind wichtig", findet Panetta. „Und durch unsere Werte sind wir in einer guten Position, Bündnisse aufzubauen." Dies sei ein wichtiger strategischer Vorteil gegenüber autoritären Konkurrenten wie China, Russland, Iran oder Nordkorea. „Keines dieser Länder zieht starke Partner an."

Folgt man Panetta, dann ist die Werteorientierung der Vereinigten Staaten in der Außenpolitik ein Mittel zum Zweck. Die wichtigsten Ziele, findet er, seien Stabilität und Sicherheit. Natürlich sollen die Vereinigten Staaten weiter nach Möglichkeiten suchen, der Freiheit auf der Welt Vorschub zu leisten, doch nicht auf Kosten einer tragenden Statik. „Es kann keine Freiheit geben, wenn man nicht eine Grundsicherheit in der Welt geschafften hat", sagt Panetta.

Das heißt nicht, dass das amerikanische Bekenntnis zur Freiheit zynisch wäre. Doch in Teilen des außenpolitischen Establishments hat sich das funktionale Verhältnis zur Wertebindung mittlerweile festgesetzt. Das zeigt sich auch im Umgang mit der Ukraine. „Es ist sehr wichtig, was in dem Land passiert", sagt General James Jones, Nationaler Sicherheitsberater von Präsident Obama. „Denn der chinesische Präsident wird aus dem Ergebnis seine Schlüsse ziehen." Soll heißen: Widersteht die Ukraine – mit amerikanischer Unterstützung – erfolgreich den Russen, dann könnte dies auch den Expansionsdrang von Beijing eindämmen, insbesondere mit Blick auf Taiwan.

Jones wurde als Sohn eines Kriegshelden während des Zweiten Weltkriegs geboren, verbrachte seine Jugend überwiegend auf Militärbasen in Europa. 1967 folgte er seinem Vater zu den Marines, diente zunächst in Vietnam. Eigentlich wollte er Diplomat werden, doch einmal in Uniform, blieb er dabei. Er stieg auf, wurde 1999 zum Kommandeur des Marine Corps befördert – den höchsten Rang, den dieser Arm der Streitkräfte zu vergeben hat. Später führte er die NATO-Truppen in Europa. 2009 holte Obama ihn ins Weiße Haus.

In seiner Karriere hat Jones die Triumphe und das Scheitern amerikanischer Außenpolitik erlebt. Er hat gesehen, wie aus Deutschland, Japan und Südkorea stabile und erfolgreiche freiheitliche Demokratien geworden sind. Und er war dabei, als in Vietnam, Afghanistan und im Irak die Dinge auseinanderfielen.

In der Rückschau hat er eine Idee, was die erfolgreichen von den gescheiterten Fällen unterscheidet. „In Deutschland, Japan und Südkorea sind wir geblieben, haben den Ländern wieder auf die Beine geholfen“, sagt er. in Vietnam, Afghanistan und im Irak hingegen hätte Washington kein Interesse daran gehabt, über Jahre und Jahrzehnte den Aufbau demokratischer Strukturen zu unterstützen, so lange zu warten, bis sich das Konzept der Freiheit in der Gesellschaft festgesetzt hat. „Die Lektion meines Lebens ist: Wenn man kein Nation Building betreiben will, dann sollte man den Krieg besser gar nicht erst anfangen“, sagt Jones.

Freie Zukunft?

Am Morgen des 6. Januar 2021 lief ich zwischen dem Washington Monument und der Ellipse, einem Park ein kleines Stück südlich des Weißen Hauses, hin und her, um mit Anhängern des abgewählten US-Präsidenten Donald Trump zu sprechen. Es war nicht leicht. Die Zahl der Infektionen mit COVID-19 steuerte in diesen Tagen auf einen neuen Höhepunkt zu, die neuen Impfstoffe waren noch nicht allgemein verfügbar. Trotzdem wurde meine weiße Gesichtsmaske von den Demonstranten als Provokation aufgefasst. „Er gehört zur Antifa!", rief mir jemand hinterher. Der um meinen Hals hängende Presseausweis machte die Sache nicht leichter. Die Stimmung war angespannt. Das merkte auch meine Frau, ebenfalls Journalistin, die ich kurz darauf auf der National Mall traf. „Das ist hier ganz schön aggressiv", sagte sie, als wir auf den Beginn der angekündigten Rede von Trump warteten. Rund 30 000 Menschen standen laut Schätzungen des United States Park Service um uns herum.[1] Doch noch bevor der Präsident wenige Minuten vor zwölf Uhr Mittag ans Podium trat, zogen immer wieder größere Menschengruppen los in Richtung des rund zwei Meilen entfernt liegenden Kongressgebäudes. Dort sollten die Abgeordneten am frühen Nachmittag den Wahlsieg von Joe Biden formal zertifizieren.

Der Menschenstrom verstärkte sich, als Trump schließlich sprach. Seine Niederlage bei der Wahl im vorangegangenen November hatte das Staatsoberhaupt immer noch nicht eingestanden. Stattdessen behauptete er wieder und wieder ohne Belege, der Sieg sei ihm gestohlen worden. Viele seiner Unterstützer glaubten die Lüge. Das machte Trump sich zunutze. An der Ellipse forderte er seine Anhänger auf, „friedlich und patriotisch" vor dem Kapitol gegen die Bestätigung von Joe Bidens Wahlsieg zu demonstrieren. Doch später änderte der Präsident seinen Ton. „Wir kämpfen wie die Hölle", rief er vom Podium herab. „Und wenn ihr nicht wie die Hölle kämpft, werdet ihr kein Land mehr haben."

Ich dachte mir nichts dabei. An Trumps martialische Rhetorik hatte ich mich in den vergangenen Jahren gewöhnt – und auch an die Reaktion seines Publikums. Keine Trump-Rally ohne Sprechchöre, ohne rituelles Beschimpfen der angeblichen Lügenpresse oder Verächtlichmachung des politischen Gegners. Und Demonstrationen und Proteste gehören in Washington dazu. Auch von großen Gruppen. Auch vor dem Kapitol. Ich ging davon aus, dass es dem Präsidenten wie üblich vor allem um die Show gehe. Also verließen meine Frau und ich die Innenstadt, um unsere damals einjährige Tochter aus der Kita abzuholen. Die Überschrift für meinen Artikel hatte ich auch schon im Kopf. „MAGAs letztes Hurra" wollte ich über den Bericht von der Demonstration schreiben. Doch dazu kam es nicht.

Denn vor dem Kapitol spitzte sich bald darauf die Lage zu. Polizeiabsperrungen wurden überrannt, rechtsradikale Milizen und paramilitärische Gruppen zogen auf. Um 14.11 Uhr stürmten die ersten Trump-Anhänger das Kapitol. Zwei Minuten später brachte der Secret Service Vizepräsident Mike Pence in Sicherheit, der als Präsident des Senats die Sitzung im Kongress formal leitete. In den folgenden Stunden würden sich Abgeordnete zeitweise in den Sitzungssälen ihrer Kammern verbarrikadieren. Einige von ihnen entkamen dem Mob nur knapp. Schüsse fielen. Menschen starben. Die Nationalgarde aus sechs Bundesstaaten und dem District of Columbia musste anrücken, um den Aufstand unter Kontrolle zu bringen.[2] Erst um 18.50 Uhr verkündete die Capitol Police die vollständige Räumung des Gebäudes. Um 23.32 Uhr nahmen Senat und Repräsentantenhaus ihre Arbeit wieder auf,[3] zertifizierten Bidens Wahlsieg in den frühen

Morgenstunden des nächsten Tages.[4] Fünf Menschen waren tot, darunter ein Polizist. In den folgenden Monaten würden weitere vier Sicherheitskräfte, die den Sturm aufs Kapitol erlebt hatten, Selbstmord begehen.[5]

Am 6. Januar 2021 hing das amerikanische Experiment für kurze Zeit in der Luft. Eine kleine, gewaltbereite Gruppe versuchte, die seit 1788 geübten Prozesse der Republik zu stören, um einem abgewählten Staatsoberhaupt dabei zu helfen, sich weiter an der Macht zu halten. Es war nicht das erste Mal, dass eine radikale Minderheit versuchte, die Zertifizierung eines legitimen Wahlsieges zu verhindern. Am 13. Februar 1861 machten in Washington ebenfalls „Gerüchte über Pläne, die Stadt einzunehmen, die öffentlichen Gebäude in die Luft zu sprengen und die Amtseinführung von Lincoln zu verhindern", die Runde.[6] Ein massives Polizeiaufgebot musste damals die gemeinsame Sitzung beider Kongresskammern schützen. Zwei Monate später befand sich das Land im Bürgerkrieg.[7]

So weit ist es heute noch nicht. Doch die Spaltung, die die amerikanische Gesellschaft durchzieht, ist erneut bedrohlich geworden. Rund 70 Prozent der Republikaner sagen in Umfragen, Demokraten seien engstirnig, unehrlich und unmoralisch. Und umgekehrt sieht es nicht viel anders aus. Der Anteil der Amerikaner, die ein sehr negatives Bild von der Partei haben, die sie nicht unterstützen, hat sich seit 1994 in etwa verdreifacht.[8] Das sorgt dafür, dass sich die Lager immer weiter auseinanderentwickeln. Laut einer YouGov-Umfrage wären 38 Prozent der Demokraten und der Republikaner unglücklich darüber, wenn ihr Kind einen Anhänger der jeweils anderen Partei heiraten würde.[9] Real wird diese Angst nur für die wenigsten. Lediglich vier Prozent der Ehen in den USA wurden zwischen Anhängern von Republikanern und Demokraten geschlossen. Laut dem konservativen Institute for Family Studies gelten diese Partnerschaften als unglücklicher als Ehen zwischen Menschen, die politisch ähnlich ticken.[10]

Die Gründe für diese Spaltung sind vielschichtig. Mit den Analysen über Gruppendynamiken, ökonomische Verteilungskämpfe und den Einfluss von Social Media könnten Bibliotheken gefüllt werden. Doch im Kern wächst die Feindseligkeit zwischen den unterschiedlichen Bevölkerungsteilen, weil den USA der Konsens über ihr Zusammenleben abhandengekommen ist. Zwar unterstützen in Umfragen immer noch satte Mehrheiten der Amerikaner die traditionellen Werte des Landes wie Meinungsfreiheit, persönliche Unabhängigkeit und Eigenverantwortung,[11] doch aus diesem vermeintlichen Konsens eine Grundlage für ein konfliktarmes Zusammenleben zu formen, fällt den Vereinigten Staaten immer schwerer. „Die in unseren Gründungsdokumenten festgeschriebenen und in Schulzimmern, Ansprachen und Leitartikeln ständig wiederholten Prinzipien von Freiheit und Gleichheit sind sich selbst rechtfertigende Werte. Aber sie setzen sich nicht von selbst durch“, schreiben Steven Levisky und Daniel Ziblatt in ihrem Buch *Wie Demokratien sterben.*[12] „Gegenseitige Achtung und institutionelle Zurückhaltung sind Verfahrensprinzipien, die den Politikern sagen, wie sie sich über das gesetzlich Gebotene hinaus verhalten müssen, damit unsere Institutionen ihre Aufgaben erfüllen können. Wir sollten diese Verfahrenswerte ebenfalls als Kernelemente des amerikanischen Glaubensbekenntnisses betrachten – denn ohne sie würde unsere Demokratie nicht funktionieren.“

Der Sturm aufs Kapitol hat jedoch gezeigt, dass die demokratischen Verfahren in den USA heute nicht mehr unantastbar sind. Der Grund dafür ist ebendie Distanz, die innerhalb der amerikanischen Gesellschaft gewachsen ist. Der politische Gegner wird nicht mehr als demokratischer Mitbewerber verstanden, sondern als Feind, als Gefahr für die eigene Freiheit und Lebensweise. Rund zwei Drittel der Demokraten sehen in der GOP eine „ernsthafte Bedrohung“ für das Land. Die Werte für die Republikaner fallen vergleichbar hoch aus.[13] Und angesichts dieser gefühlten Gefährdungslage scheint vielen Amerikanern jedes Mittel recht zu sein, um sich zu wehren. Der Aussage „Die traditionelle amerikanische Lebensweise verschwindet so schnell, dass wir vielleicht Gewalt anwenden müssen, um sie zu retten“, stimmten in einer Umfrage kurz nach dem 6. Januar 2021 mehr als ein Drittel der befragten Amerikaner zu. Unter Republikanern war es sogar die Mehrheit.[14] Dazu passt, dass die einflussreiche konservative Kongressabgeordnete Marjorie Taylor Greene bereits eine „Nationale Scheidung“ forderte, ein Aufspalten der USA in rote und blaue Staaten. Der Grund: „Wir haben die kranke und ekelerregende *Woke Culture*, die uns von den Demokraten in den Hals gestopft wird, und ihre verräterische *America-Last*-Politik satt.“[15] Viel Resonanz erntete Greenes Einlassung nicht, doch sie zeigt, wie groß die Ablehnung des politischen Gegners in bestimmten Zirkeln mittlerweile geworden ist. „Wir sind näher an einem Bürgerkrieg, als jeder von uns glauben möchte“, schreibt Barbara F. Walter in ihrem Buch *How Civil Wars Start* mit Blick auf die USA.[16]

Droht den Vereinigten Staaten also der Zusammenbruch – das Ende eines rund 250 Jahre andauernden Experiments, das die Freiheit des Einzelnen in den Mittelpunkt seines Handelns rückte? Michael Chertoff glaubt das nicht. Der 69-Jährige sitzt in einem Besprechungsraum in seiner Beratungsfirma in Downtown Washington, DC. Aus der Glasfront des Komplexes hinaus kann er hinüber zum Weißen Haus schauen, zum Hauptquartier des Heimatschutzministeriums (DHS), seiner alten Wirkungsstätte, ist es hingegen ein gutes Stück weiter. An der Wand des Büros hängt ein Foto vom zweiten Kabinett von George W. Bush, unterschrieben von allen Ministern, dem Präsidenten und seinem Vize. Chertoff, von 2005 bis 2009 Leiter des DHS, steht in der zweiten Reihe, direkt neben einer US-Flagge, und schaut vergleichsweise ernst.

Es war kein leichter Job, den er damals hatte. Chertoff diente dem Land zu einer Zeit, in der das Bekenntnis zur Freiheit auf eine ernste Probe gestellt wurde. Die Nachbeben von 9/11 prägten die nationale Sicherheitspolitik – durch Kriege in Afghanistan und im Irak, aber auch in den USA selbst. Es war die Zeit des Patriot Acts, eines nur Wochen nach den Anschlägen verabschiedeten Gesetzespakets, das die Befugnisse der Sicherheitsbehörden ausweitete, den Telefon- und E-Mail-Verkehr der Amerikaner zu überwachen, ihre Bank- und Kreditinformationen zu erfassen und ihre Aktivitäten im Internet nachzuverfolgen.[17] „Der Patriot Act machte normale Bürger zu Verdächtigen", urteilte die Bürgerrechtsorganisation ACLU.[18] Die Administration wiederum verteidigte das Gesetz. „Der Patriot Act hat genau das erreicht, wofür er gedacht war – er hat uns geholfen, terroristische Zellen aufzuspüren, terroristische Pläne zu vereiteln und amerikanische Leben zu retten", teilte das Weiße Haus von George W. Bush mit, nachdem der Kongress seine Geltungsdauer im Jahr 2006 verlängert hatte.[19]

Auch Chertoff verteidigt das Gesetz bis heute. Sonderlich überraschend ist das nicht. Schließlich war er an seiner Entstehung intensiv beteiligt. „Autor des Patriot Acts" wird wohl einmal in der ersten Zeile seines Nachrufs stehen – eine Zuschreibung, die Chertoff alles andere als gefällt. „Der Kongress hat das Gesetz geschrieben, nicht ich", sagt er. Das ist formal richtig, aber nicht das ganze Bild. Denn die Administration, der Chertoff als Leiter der Kriminalabteilung im Justizministerium 2001 angehörte, übte von Anfang an großen Druck auf den Kongress aus, den Patriot Act entsprechend ihrer Vorstellungen schnell zu verabschieden. Schlussendlich unterschrieb Präsident Bush das Gesetz nur 45 Tage nach den Anschlägen. Die endgültige Fassung kam dem Entwurf des Justizministeriums sehr nah. Dafür hatte Chertoff gesorgt, der die Beratungen der Abgeordneten und Senatoren eng begleitet hatte.

In der Rückschau findet auch der ehemalige Heimatschutzminister, dass das Gesetz stellenweise zu weit gegangen ist, dass die Freiheit der Amerikaner zum Schutz ihrer Sicherheit zu weit eingeschränkt worden war. Doch diese Überreaktion sei schnell korrigiert worden. In den folgenden drei bis vier Jahren sei es zu wichtigen Änderungen gekommen, so Chertoff, die die Balance zwischen Freiheit und Sicherheit wieder hergestellt hätten. Tatsächlich nahm der Kongress schon bald nach der Verabschiedung des Patriot Acts erste Modifikationen vor. Gerichte schritten ebenfalls ein.[20] Heute ist der Patriot Act technisch gesehen nicht mehr in Kraft, doch zahlreiche ehemals in ihm enthaltene Provisionen sind weiterhin gültig – wenngleich zum Teil in abgeschwächter Form. Am Namen des derzeit gültigen Gesetzes hätte George Orwell seine Freude. Er lautet: USA Freedom Act.[21]

Für Chertoff ist diese Entwicklung uramerikanisch. „Wenn man sich unsere Geschichte anschaut, dann ging es mit Blick auf die Freiheit immer wieder aufwärts und abwärts", sagt er. Derzeit sehe es eher schlechter aus. „Der Rückgang der Freiheit hat sich in den letzten fünf Jahren verstärkt", glaubt der Ex-Minister. Die Bevölkerung stimmt ihm da zu. Die Mehrheit der Amerikaner glaubt, heute weniger Freiheiten zu genießen als noch vor zehn Jahren. Und dass sich dieser Trend umkehren wird, erwarten die wenigsten. Mehr als zwei Drittel denken, dass sie in der kommenden Dekade mehr Freiheiten verlieren werden, als sie hinzugewinnen.[22] Auch Freedom House, eine Nichtregierungsorganisation, die den Grad der Freiheit auf der Welt misst, verzeichnete in den vergangenen Jahren einen Rückgang der Liberalität in den USA.[23] Länder wie Schweden, Norwegen und Finnland haben die vermeintliche Heimat der Freiheit mittlerweile deutlich abgehängt.[24] Chertoff sitzt im Kuratorium von Freedom House.[25]

Dass ausgerechnet sein Heimatland in den vergangenen Jahren einen Abstieg erlebt hat, hält der Ex-Minister nicht für einen Zufall. „Ich denke, dass es einen bewussten Versuch gab, Populismus, Wut und Misstrauen zu schüren, insbesondere gegen die Eliten und das, was manche Leute den Sumpf nennen", sagt er. Insbesondere Ex-Präsident Trump habe diesen Zorn ausgenutzt und verstärkt. „Er hat bekräftigt, dass es in Ordnung ist, Menschen gegenüber feindselig zu sein, mit denen man nicht einer Meinung ist." Die Auswirkungen dieser Tendenz konnte man am 6. Januar 2021 besichtigen.

Doch können sich die USA aus dieser Abwärtsspirale noch befreien? Selbst eine auf Konsens ausgerichtete Administration wie die von Joe Biden hat ja nicht dafür gesorgt, dass die Polarisierung im Land abgenommen hätte. Chertoff glaubt trotzdem daran. Schließlich verbinde die Amerikaner trotz aller Unterschiede mehr, als sie trenne. „Ich glaube, die meisten Menschen in diesem Land haben schlussendlich doch ein ähnliches Verständnis von Freiheit", sagt er. Die Werte der Gründerväter – Meinungsfreiheit, Religionsfreiheit, Demokratie – seien bis heute verbindende Elemente in einem Land, dass sich anders als etwa europäische Nationen nicht auf eine gemeinsame ethnische Herkunft berufe. Die gemeinsamen Werte seien „die Essenz von Amerika", sagt der 69-Jährige. Das heißt jedoch nicht, dass Konflikte immer vermieden werden könnten. „In jedem Land gibt es immer 20 Prozent der Menschen, die einfach verrückt sind", sagt er.

Doch es sind nicht nur die Irren.

Denn die Angriffe auf das freiheitliche System kommen seit Jahren schon auch aus elitären Zirkeln. „Der moderne Liberalismus steht grundsätzlich im Widerspruch zu einer demokratischen Regierung, da er Ergebnisse fordert, für die sich normale Menschen nicht freiwillig entscheiden würden", urteilte der konservative Richter Robert Bork bereits 1996.[26] Bork war nicht irgendein Jurist. 1987 nominierte US-Präsident Ronald Reagan ihn für einen Sitz am Obersten Gerichtshof. Der Senat lehnte seine Berufung ab, angeführt von Joe Biden, damals Vorsitzender des Justizausschusses. Bork galt als zu weit rechts, als außerhalb des politischen Mainstreams. „Robert Borks Amerika ist ein Land, in dem Frauen zu illegalen Abtreibungen gezwungen werden, Schwarze an getrennten Mittagstischen sitzen, skrupellose Polizisten bei nächtlichen Razzien die Türen der Bürger aufbrechen, Schulkinder nicht über die Evolution unterrichtet werden, Schriftsteller und Künstler nach Gutdünken der Regierung zensiert werden und die Türen der Bundesgerichte vor den Fingern von Millionen von Bürgern verschlossen werden, für die die Justiz oft der einzige Beschützer der individuellen Rechte ist, die das Herzstück unserer Demokratie sind", urteilte Senator Ted Kennedy. Eine überparteiliche Mehrheit der oberen Kongresskammer folgte ihm. Borks Nominierung wurde mit 58 zu 42 Stimmen zurückgewiesen.[27] Für die politische Rechte wurde der Jurist so zu einem Märtyrer. Heute ist der Name des 2012 verstorbenen Richters zu einem Verb geworden. To bork bedeutet laut Merriam-Webster: „einen Kandidaten oder Bewerber für ein öffentliches Amt durch eine organisierte Kampagne mit scharfer öffentlicher Kritik oder Verunglimpfung unfair angreifen oder besiegen".[28] Es wird vor allem in konservativen Zirkeln benutzt.

Doch Borks Überzeugungen haben bis heute großen Einfluss. Seine Philosophie hat Generationen konservativer Juristen geprägt.[29] Deshalb lohnt es sich, auch seinen Text von 1996 noch einmal genauer zu lesen. Er schrieb ihn, als im Weißen Haus Bill Clinton regierte – ein Demokrat, der seine Partei weit in die politische Mitte geführt hatte, der über die damals längste wirtschaftliche Expansion der US-Geschichte präsidierte[30] und der sich den größten Teil seiner Amtszeit glänzender Zustimmungswerte erfreute.[31] Trotzdem sah der Richter durch seine Amtsführung die Demokratie gefährdet. Moderne liberale Politiker hätten „nicht die Absicht, irgendetwas von ihrer Macht an den Volkswillen abzugeben", schrieb er. Dass eine Mehrheit der Bevölkerung Clintons Kurs inhaltlich unterstützte, war für ihn unvorstellbar. Also sprach er ihm ab, die Interessen des amerikanischen Volkes zu vertreten. Es war der Versuch, den politischen Gegner nicht nur zu kritisieren, sondern zu delegitimieren.

Andere stellen gleich das ganze System infrage. Tech-Investor Peter Thiel etwa wurde in einem Beitrag für das libertäre CATO-Institut noch deutlicher. „Ich bleibe dem Glauben meiner Jugendjahre verpflichtet: der echten menschlichen Freiheit als Voraussetzung für das höchste Gut. Ich bin gegen konfiskatorische Steuern, totalitäre Kollektive und die Ideologie der Unausweichlichkeit des Todes jedes Einzelnen“, schrieb er 2009. „Aber ich muss gestehen, dass ich mich in den letzten zwei Jahrzehnten in der Frage, wie diese Ziele zu erreichen sind, radikal verändert habe. Vor allem glaube ich nicht mehr, dass Freiheit und Demokratie miteinander vereinbar sind.“[32]

Thiels Wort hat Gewicht. Er zählt zu den einflussreichsten Spendern in der US-Politik. Allein bei den Zwischenwahlen 2022 unterstützte er Gruppen und Kandidaten mit mehr als 35 Millionen Dollar. Damit landete er auf der Liste der großzügigsten Spender auf Platz 9. Sein Geld floss ausnahmslos an Konservative.[33]

Doch ist Freiheit ohne Demokratie vorstellbar, wie Thiel es vorzuschweben scheint? Zumindest nicht so, wie die Vereinigten Staaten ihren zentralen Wert seit der Ratifizierung der Verfassung im Jahr 1788 verstehen. Repräsentative republikanische Prozesse seien keine Selbstzwecke, sondern der „Schutz vor innerer Uneinigkeit und Aufruhr“, heißt es in den *Federalist Papers*.[34] Den entsprechenden Beitrag hatte James Madison geschrieben, der Hauptautor der Verfassung.

Madison fürchtete die Gefahren, die von einer Zersplitterung der Bevölkerung ausgehen würden, von „Fraktionen“, wie er sie nannte, „die durch einen gemeinsamen Impuls der Leidenschaft oder des Interesses vereint und angetrieben werden, der sich gegen die Rechte anderer Bürger oder gegen die dauerhaften und allgemeinen Interessen der Gemeinschaft richtet“. Gewählte

Vertreter könnten diese Impulse abschwächen, glaubte der spätere US-Präsident, und für einen Ausgleich sorgen. Denn die Alternative, die Einschränkung der Freiheit zur Bekämpfung der Fraktionen, würde das Ende des amerikanischen Experiments bedeuten. „Die Freiheit ist für die Fraktion das, was die Luft für das Feuer ist, eine Nahrung, ohne die sie sofort erlischt. Aber es wäre nicht weniger töricht, die Freiheit abzuschaffen, die für das politische Leben unentbehrlich ist, weil sie die Zwietracht nährt, als die Luft zu vernichten, die für das tierische Leben unentbehrlich ist, weil sie dem Feuer seine zerstörerische Kraft verleiht", schrieb Madison. Soll heißen: Der Erhalt der Freiheit ist für die Vereinigten Staaten elementar. Und der Weg, dies zu tun, ist die indirekte Demokratie.

Denn nur Abgeordnete, die das große Ganze im Blick behielten, glaubte Madison, könnten die notwendigen Kompromisse finden, um gesellschaftliche Großkonflikte zu entschärfen. Das hat rund 200 Jahre mehr oder weniger gut funktioniert – auch wenn der Streit um die Sklaverei und der daraus resultierende Bürgerkrieg zeigte, dass das System schon immer seine Grenzen hatte. Und auch heute steckt der Kongress, in dem der Ausgleich zwischen den Interessengruppen eigentlich stattfinden müsste, wieder in der Krise. Denn auch in Senat und Repräsentantenhaus hat die Polarisierung zugenommen. Seit den 1970ern haben sich die beiden Parteien deutlich voneinander entfernt – vor allem, weil die Republikaner stark nach rechts gerückt sind. Die Demokraten haben sich im selben Zeitraum ein Stück weit nach links bewegt, aber in einem deutlich geringeren Ausmaß.[35] Auch sind die Parteien homogener geworden. Liberale Republikaner und konservative Demokraten gibt es kaum noch. Das macht es schwerer, in umstrittenen Fragen überparteiliche Kompromisse zu finden. Auch diese Entwicklung war absehbar. „Ich denke, wir würden etwas Wichtiges in unserem politischen Leben verlieren, wenn die Konservativen alle in einer Partei und die Liberalen alle in der anderen wären", warnte bereits Harry S. Truman nach dem Ende seiner Präsidentschaft. „Das würde uns zu einer Nation machen, die entweder in zwei gegensätzliche und unversöhnliche Lager oder in noch kleinere und streitbarere Gruppen gespalten wäre."[36]

An diesem Punkt scheinen die USA nun angekommen zu sein. Dennoch dürften Warnungen vor einem zweiten Bürgerkrieg überzogen sein. Als 1860/61 elf Südstaaten die Union verließen, um die Sklaverei zu schützen,[37] gab es einen zentralen Streitpunkt, an dem sich der Konflikt entzündete. Der Bruch verlief nicht nur entlang einer kulturellen, sondern auch einer regionalen Linie. Das machte es den späteren Staaten der Konföderation leichter, sich gegen die Regierung in Washington zu positionieren. Doch das ist heute nicht der Fall. Die Kontroversen werden heute überall im Land politisch ausgefochten – nicht mehr zwischen den Staaten, sondern in ihnen. In Texas, dem wichtigsten und einflussreichsten von Konservativen dominierten Bundesstaat, werden die Großstädte selbstverständlich von Demokraten regiert. Und im ländlichen Teil der liberalen Hochburg Kalifornien gewinnen traditionell die Republikaner. Eine Front durch die Nation zu ziehen, wäre heute ungleich schwerer als Mitte des 19. Jahrhunderts. Eine „Nationale Scheidung" ist schon deshalb so gut wie ausgeschlossen.

Trotzdem: Die vergangenen Jahre haben gezeigt, dass sich das Land zunehmend auseinanderentwickelt. Die unterschiedlichen Vorstellungen von Freiheit sorgen dafür, dass die Staaten immer unterschiedlicher werden. Während Florida das Waffenrecht immer weiter liberalisiert,[38] arbeitet Washington State an einem Verbot halbautomatischer Gewehre.[39] Während Texas Abtreibungen faktisch verbietet, übernimmt in Oregon der Staat die Kosten dafür.[40] Und während etwa South Dakota geschlechtsangleichende Prozeduren für transsexuelle Minderjährige verbietet,[41] bezahlt die Krankenversicherung in Maryland entsprechende Behandlungen.[42] So wächst die Distanz innerhalb des Landes immer weiter.

Zum Bruch muss es dennoch nicht kommen. Die Unterschiede innerhalb der Vereinigten Staaten waren schon immer groß. Das Land erstreckt sich über einen ganzen Kontinent, besteht aus Bergen, Inseln, Wüsten und Küsten, umfasst seit seiner Gründung Menschen unterschiedlichster Herkunft, Interessen und Weltanschauung. Und trotz dieser Vielfältigkeit konnten die USA bislang noch jede Krise überkommen – zu oft auf Kosten von Teilen der eigenen Bevölkerung, aber schlussendlich doch mit dem Ziel, „eine vollkommenere Union" zu schaffen, wie es in der Präambel der Verfassung heißt.[43] Heute sind die Vereinigten Staaten trotz aller Probleme ein offeneres, inklusiveres und – ja – freieres Land als vor 50 Jahren. Das ist keine Garantie, dass die Entwicklung immer weiter in diese Richtung geht, doch es gibt Grund zur Hoffnung. Zumal die Amerikaner genau wissen, was sie an ihrem seit fast 250 Jahren andauernden Experiment haben. „Es lohnt sich, für die Nation zu kämpfen", so Abraham Lincoln während des Bürgerkriegs, der dunkelsten Stunde der US-Geschichte, vor einem Regiment aus Ohio. „Um ein so unschätzbares Juwel zu sichern."[44]

Anmerkungen

Land der Freiheit

1 https://www.washingtonpost.com/video/elections/gavin-newsom-florida-freedom-campaign-ad-2022/2022/07/05/9e52917a-3374-4090-bcc6-5634fc3aae82_video.html

2 https://www.northstarmeetingsgroup.com/News/Industry/Coronavirus-states-cities-reopening-COVID-19-new-cases#Florida

3 https://www.nytimes.com/interactive/2021/us/covid-cases.html

4 https://flgov.com/2022/01/11/governor-ron-desantis-state-of-the-state-address-3/

5 https://www.flsenate.gov/Session/Bill/2023/150

6 https://www.flgov.com/2023/05/25/governor-ron-desantis-highlights-largest-tax-relief-plan-in-floridas-history/

7 https://www.reuters.com/world/us/florida-education-board-vote-extending-ban-gender-identity-lessons-2023-04-19/

8 https://wusfnews.wusf.usf.edu/education/2023-06-01/politifact-fl-desantis-said-not-a-single-book-was-banned-districts-have-removed-dozens

9 https://states.guttmacher.org/policies/florida/abortion-policies

10 https://www.brennancenter.org/our-work/analysis-opinion/governor-desantis-signs-election-crimes-law-expanding-statewide

11 https://www.news4jax.com/vote-2022/2022/11/09/analyzing-the-data-desantis-wins-by-largest-margin-of-any-fla-governor-in-40-years/

12 https://twitter.com/RonDeSantis/status/1661491799393964034?lang=en

13 https://www.gov.ca.gov/2023/01/06/governor-newsom-inaugurated-to-second-term-in-celebration-of-californias-values-diverse-communities/

14 https://campaignfordemocracy.com/#mission

15 https://apnews.com/article/2022-midterm-elections-newsom-deSantis-a0f6748248d91b25122244e4ccd17815

16 https://www.youtube.com/watch?v=ChjibtX0UzU

17 https://truthsocial.com/@realDonaldTrump/110555097515387827

18 https://www.archives.gov/founding-docs/declaration-transcript

19 https://www.battlefields.org/learn/articles/10-facts-black-patriots-american-revolution

20 https://www.archives.gov/milestone-documents/19th-amendment

21 https://www.archives.gov/women/era

22 Manchester, W. (2013). *The glory and the dream: A narrative history of america: 1932–1972*, Rosetta Books, S. 137

23 https://oll.libertyfund.org/title/bryce-the-american-commonwealth-vol-2

24 https://housedivided.dickinson.edu/sites/teagle/texts/john-locke-second-treatise-on-government-1689/

25 Foner, Eric. *The Story of American Freedom*, Papermac, 2000, S. xiii

26 https://www.presidency.ucsb.edu/documents/address-sanitary-fair-baltimore-lecture-liberty

27 McPherson, James M. *What They Fought for, 1861–1865*. Louisiana State University Press, 1994, S. 10

28 https://www.battlefields.org/learn/primary-sources/cornerstone-speech

29 http://media.al.com/spotnews/other/George%20Wallace%201963%20Inauguration%20Speech.pdf

30 https://quote.org/quote/the-president-of-the-united-states-has-587321

31 https://www.tmz.com/watch/0-lrudlmxu/

32 https://www.theatlantic.com/entertainment/archive/2018/05/im-not-black-im-kanye/559763/?utm_source=atlfb

33 Cowie, Jefferson. *Freedom's Dominion: A Saga of White Resistance to Federal Power*, Basic Books, 2022, S. 18

34 https://teachingamericanhistory.org/document/speech-on-the-dred-scott-decision-2/

35 https://www.digitalhistory.uh.edu/disp_textbook.cfm?psid=1087&smtID=3

36 https://www.npr.org/2010/01/18/122701268/i-have-a-dream-speech-in-its-entirety

37 https://apnews.com/article/religion-race-and-ethnicity-racial-injustice-kevin-jennings-723c49581d8a78ee54a793716e5212b3

38 https://www.nps.gov/frdo/learn/historyculture/confronting-a-president-douglass-and-lincoln.htm

39 https://history.uga.edu/news/stories/2018/essay-why-martin-luther-king-had-75-percent-disapproval-rating-year-his-death

Freies Volk

1 https://www.merriam-webster.com/dictionary/race

2 https://www.duden.de/rechtschreibung/Rasse

3 https://www.upi.com/Archives/1965/03/06/Wallace-orders-troopers-to-stop-Negro-marchers/2541162885347/

4 https://www.archives.gov/exhibits/eyewitness/html.php?section=2

5 Eig, Jonathan. *King: A Life*, Farrar, Straus and Giroux, 2023, S. 426

6 https://www.nbcnews.com/meet-the-press/meetthepressblog/meet-press-minute-john-lewis-recalls-bloody-sunday-rcna73350

7 Eig, Jonathan. *King: A Life*, Farrar, Straus and Giroux, 2023, S. 427

8 https://www.nps.gov/semo/learn/historyculture/index.htm

9 http://americanradioworks.publicradio.org/features/prestapes/mlk_speech.html

10 https://www.lbjlibrary.org/object/text/special-message-congress-american-promise-03-15-1965

11 https://www.justice.gov/crt/history-federal-voting-rights-laws

12 https://civilrightstrail.com/experience/marching-for-the-right-to-vote/

13 https://www.archives.gov/founding-docs/declaration-transcript

14 https://www.battlefields.org/learn/articles/founding-fathers-views-slavery

15 https://founders.archives.gov/documents/Washington/04-04-02-0019

16 https://www.mountvernon.org/george-washington/slavery/ten-facts-about-washington-slavery/

17 https://www.mountvernon.org/library/digitalhistory/digital-encyclopedia/article/william-billy-lee/

18 Chernow, Ron. *Washington – A Life*, Penguin Books Ltd, 2011, S. 496

19 https://library.harvard.edu/sites/default/files/static/onlineexhibits/johnson/later/8_3.html

20 https://erlc.com/resource-library/articles/a-brief-timeline-of-when-slavery-ended-in-the-united-states/

21 https://www.thirteen.org/wnet/slavery/experience/legal/docs2.html

22 https://www.archives.gov/milestone-documents/dred-scott-v-sandford

23 https://www.senate.gov/about/origins-foundations/senate-and-constitution/14th-amendment.htm

24 Hannah-Jones, Nikole. *The 1619 Project: A New Origin Story*, One World, 2021, S xix

25 https://constitution.congress.gov/browse/essay/artI-S8-C4-1-2-3/ALDE_00013163/

26 https://www.archives.gov/milestone-documents/treaty-of-guadalupe-hidalgo

27 https://www.archives.gov/publications/prologue/2002/summer/immigration-law-1

28 https://www.archives.gov/milestone-documents/chinese-exclusion-act

29 https://www.law.cornell.edu/supremecourt/text/169/649

30 https://constitutioncenter.org/blog/on-this-day-in-1924-all-indians-made-united-states-citizens

31 https://history.house.gov/Historical-Highlights/1951-2000/Immigration-and-Nationality-Act-of-1965/

32 McGhee, Heather. *The Sum of Us*, Random House Publishing Group, 2021. S. 7

33 https://www.kff.org/racial-equity-and-health-policy/report/key-data-on-health-and-health-care-by-race-and-ethnicity/

34 https://www.kff.org/racial-equity-and-health-policy/issue-brief/racial-disparities-in-maternal-and-infant-health-current-status-and-efforts-to-address-them/

35 https://www.ussc.gov/research/research-reports/demographic-differences-sentencing

36 https://bjs.ojp.gov/content/pub/pdf/p16.pdf

37 https://www.thelancet.com/journals/lancet/article/PIIS0140-6736(21)01609-3/fulltext

38 https://www.finance.senate.gov/imo/media/doc/werfel_letter_to_sen_wyden.pdf

39 https://www.chicagofed.org/-/media/publications/working-papers/2022/wp2022-32-pdf.pdf?sc_lang=en

40 https://www.npr.org/2010/01/18/122701268/i-have-a-dream-speech-in-its-entirety

41 https://www.si.edu/spotlight/mlk?page=4&iframe=true

42 https://www.smithsonianmag.com/history/tulsa-race-massacre-century-later-180977145/

43 Krehbiel, Randy und Karlos K. Hill. *Tulsa, 1921: Reporting a Massacre*, University of Oklahoma Press, 2021, S. 66

44 https://www.okhistory.org/research/forms/freport.pdf

45 https://www.nytimes.com/2020/06/20/us/tulsa-greenwood-massacre.html

46 Krehbiel, Randy und Karlos K. Hill. *Tulsa, 1921: Reporting a Massacre*, University of Oklahoma Press, 2021, S. 35

47 https://tulsaworld.com/tulsa-race-massacre-tulsa-tribune-story-often-cited-as-spark-that-led-to-massacre/article_a0c34131-af92-58a6-b857-e31620085d18.html

48 https://www.splcenter.org/fighting-hate/extremist-files/ideology/ku-klux-klan

49 https://www.washingtonpost.com/news/retropolis/wp/2017/08/17/the-day-30000-white-supremacists-in-kkk-robes-marched-in-the-nations-capital/

50 Jackson, K. T. (1992). The Ku Klux Klan in the City, 1915-1930. United States: I.R. Dee., S. 42

51 Chalmers, David. "The Ku Klux Klan In Politics In The 1920's." *The Mississippi Quarterly*, vol. 18, no. 4, 1965, S.. 234ff.

52 https://billofrightsinstitute.org/essays/the-ku-klux-klan-in-the-1920s

53 https://castlebraechs.files.wordpress.com/2020/06/4.-lynching-and-the-kkk.pdf

54 http://law2.umkc.edu/faculty/projects/ftrials/shipp/lynchingyear.html

55 https://bradleyneece.medium.com/oklahoma-city-the-lynching-of-claude-chandler-and-the-powerful-white-men-who-did-it-17d8029f9057

56 Krehbiel, Randy und Karlos K. Hill. *Tulsa, 1921: Reporting a Massacre*, University of Oklahoma Press, 2021, S. 236

57 https://guides.loc.gov/this-month-in-business-history/black-wall-street-destroyed

58 https://www.investopedia.com/insights/origins-black-wall-street/

59 https://www.okhistory.org/research/forms/freport.pdf

60 https://courseware.hbs.edu/public/tulsa/

61 https://www.kansascityfed.org/oklahomacity/oklahoma-economist/oklahoma-economist-the-past-present-and-future-of-black-wall-street/

62 https://www.smithsonianmag.com/history/black-wall-streets-second-destruction-180977871/"

63 https://thevictoryofgreenwood.com/2020/02/15/the-victory-of-greenwood-o-w-gurley/?v=7516fd43adaa

64 https://scs.georgetown.edu/news-and-events/article/9124/tulsa-call-remove-highway-confront-past

65 https://www.ce.washington.edu/files/pdfs/about/Highway-to-inequity.pdf

66 https://oklahoma.gov/content/dam/ok/en/odot/federal-grants/rcp/enhancing-connectivity-in-tulsa---i-244/Greenwood%20Rising.pdf

67 https://www.britannica.com/topic/Know-Nothing-party

68 https://www.smithsonianmag.com/history/immigrants-conspiracies-and-secret-society-launched-american-nativism-180961915/

69 https://history.house.gov/Historical-Highlights/1851-1900/The-longest-and-most-contentious-Speaker-election-in-its-history/

70 https://www.historycentral.com/elections/1856.html

71 https://www.nps.gov/liho/learn/historyculture/knownothingparty.htm

72 Fox, Cybelle und Thomas A. Guglielmo. Defining America's Racial Boundaries: Blacks, Mexicans, and European Immigrants, 1890–1945. *American Journal of Sociology*, vol. 118, no. 2, 2012, S. 327 ff.

73 Egan, Timothy. *A Fever in the Heartland*, Penguin USA, 2023, S. xviii

74 https://i.insider.com/59039fac7dea720c3d8b4d01?width=700&format=jpeg&auto=webp

75 https://www.investopedia.com/articles/personal-finance/121114/5-hardest-countries-getting-citizenship.asp

76 https://www.cbp.gov/newsroom/stats/cbp-enforcement-statistics

77 https://www.brookings.edu/policy2020/votervital/how-many-undocumented-immigrants-are-in-the-united-states-and-who-are-they/

78 https://research.newamericaneconomy.org/report/contributions-of-undocumented-immigrants-by-country/

79 https://www.ojp.gov/library/publications/comparing-crime-rates-between-undocumented-immigrants-legal-immigrants-and

80 https://www.borderreport.com/immigration/del-rio-sector-emerges-as-busiest-for-migrant-encounters-in-july/

81 https://www.politico.com/news/magazine/2021/09/23/del-rio-desperation-dysfunction-immigration-513978

82 https://slate.com/news-and-politics/2021/09/border-patrol-horseback-haitian-migrants-del-rio.html

83 https://www.cbp.gov/newsroom/national-media-release/cbp-releases-findings-investigation-horse-patrol-activity-del-rio

84 https://www.nytimes.com/2022/07/25/us/migrant-smuggling-evolution.html

85 https://www.whitehouse.gov/briefing-room/statements-releases/2022/10/14/joint-statement-2022-u-s-mexico-high-level-security-dialogue/

86 https://www.cbp.gov/newsroom/stats/drug-seizure-statistics

87 https://www.dea.gov/sites/default/files/2021-02/DIR-008-21%20 2020%20National%20Drug%20Threat%20Assessment_WEB.pdf

88 https://www.cdc.gov/nchs/pressroom/nchs_press_releases/2022/202205.htm

89 https://www.tidc.texas.gov/operation-lone-star/

90 https://www.texastribune.org/2022/04/21/greg-abbott-texas-border-inspections/

91 https://www.perrymangroup.com/publications/brief/2022/4/20/the-economic-costs-of-the-recent-border-delays/

92 https://ballotpedia.org/Texas%27_23rd_Congressional_District_election,_2022

93 https://830times.com/news-council-votes-to-proceed-with-permit-for-second-bridge/

94 https://www.whitehouse.gov/omb/briefing-room/2021/06/11/fact-sheet-department-of-defense-and-department-of-homeland-security-plans-for-border-wall-funds/

95 https://www.whitehouse.gov/omb/briefing-room/2023/03/09/fact-sheet-president-bidens-budget-strengthens-border-security-enhances-legal-pathways-and-provides-resources-to-enforce-our-immigration-laws/

96 https://fee.org/articles/nixon-and-reagan-tried-closing-the-border-to-pressure-mexico-heres-what-happened/

97 https://apnews.com/article/fact-check-border-terrorist-watchlist-630330935018

98 https://www.cnn.com/2019/01/08/us/us-canada-border-terror/index.html

99 https://www.gao.gov/blog/border-patrol-lacks-important-information-about-immigration-checkpoints-within-united-states

100 https://www.forbes.com/sites/laurabegleybloom/2023/01/31/report-ranks-americas-15-safest-and-most-dangerous-cities-for-2023/?sh=66a05d8d309a

101 https://theconversation.com/the-us-white-majority-will-soon-disappear-forever-115894

Freier Körper

1 http://www.usa.com/rank/west-virginia-state--population-density--county-rank.htm

2 https://covidactnow.org/us/west_virginia-wv/county/grant_county/?s=46393388

3 https://www.nytimes.com/interactive/2021/us/covid-cases.html

4 https://www.nytimes.com/interactive/2023/us/west-virginia-covid-cases.html

5 https://data.rgj.com/covid-19-vaccine-tracker/west-virginia/grant-county/54023/

6 https://covid.cdc.gov/covid-data-tracker/#vaccinations_vacc-people-fully-percent-total

7 https://www.cdc.gov/mmwr/volumes/72/wr/mm7206a3.htm

8 https://www.gao.gov/products/gao-21-319

9 https://kffhealthnews.org/news/article/biden-covid-vaccine-2021/

10 https://www.kff.org/policy-watch/the-red-blue-divide-in-covid-19-vaccination-rates-continues-an-update/

11 https://www.ncbi.nlm.nih.gov/pmc/articles/PMC9069981/

12 https://www.pnas.org/doi/10.1073/pnas.2106559118

13 https://www.cnn.com/2021/12/20/politics/donald-trump-booster-shot-boos/index.html

14 https://data.oecd.org/gga/trust-in-government.htm

15 https://www.flgov.com/2021/11/18/governor-ron-desantis-signs-legislation-to-protect-florida-jobs/

16 https://www.politico.com/news/2022/03/02/desantis-bully-masks-students-00013348

17 https://states.guttmacher.org/policies/

18 https://www.pewresearch.org/religion/fact-sheet/public-opinion-on-abortion/

19 https://datausa.io/profile/geo/bayard-wv

20 https://www.nytimes.com/elections/2016/results/west-virginia

21 https://www.politico.com/2016-election/results/map/president/west-virginia/

22 https://www.usatoday.com/elections/results/race/2020-11-03-presidential-WV-0/

23 https://www.nytimes.com/interactive/2018/upshot/election-2016-voting-precinct-maps.html#9.00/39.273/-79.364/145667

24 https://www.hhs.gov/about/news/2022/04/29/new-reports-show-record-35-million-people-enrolled-in-coverage-related-to-the-affordable-care-act.html

25 https://covidactnow.org/us/west_virginia-wv/county/grant_county/?s=46413390

26 https://www.whitehouse.gov/briefing-room/statements-releases/2021/11/04/fact-sheet-biden-administration-announces-details-of-two-major-vaccination-policies/

27 https://www.nbcnews.com/politics/meet-the-press/who-do-americans-trust-covid-answer-complicated-n1287895

28 https://www.pewresearch.org/politics/2022/06/06/public-trust-in-government-1958-2022/

29 https://www.cdc.gov/museum/online/story-of-cdc/h1n1/index.html

30 https://www.ncbi.nlm.nih.gov/pmc/articles/PMC2686218/

31 https://www.fordlibrarymuseum.gov/library/exhibits/swineflu/sf.asp

32 https://www.hopkinsmedicine.org/health/conditions-and-diseases/coronavirus/full-fda-approval-of-a-covid-19-vaccine-what-you-should-know

33 https://www.cdc.gov/coronavirus/2019-ncov/vaccines/safety/adverse-events.html

34 https://legislature.idaho.gov/wp-content/uploads/sessioninfo/2023/legislation/H0154.pdf

35 https://www.cdc.gov/coronavirus/2019-ncov/vaccines/recommendations/pregnancy.html

36 https://pubmed.ncbi.nlm.nih.gov/34492394/

37 https://arstechnica.com/science/2023/02/bonkers-republican-bill-in-idaho-would-make-mrna-based-vaccination-a-crime/

38 https://www.idahostatesman.com/opinion/opn-columns-blogs/article272983360.html

39 https://www.supremecourt.gov/opinions/21pdf/19-1392_6j37.pdf

40 https://justfacts.votesmart.org/candidate/key-votes/168287/tammy-nichols/2/abortion

41 https://states.guttmacher.org/policies/idaho/abortion-policies

42 https://www.washingtonpost.com/nation/2022/08/22/more-trigger-bans-loom-1-3-women-lose-most-abortion-access-post-roe/

43 https://www.bitchmedia.org/article/renee-bracey-sherman-bitch-50-interview

44 https://www.federalreserve.gov/publications/files/2018-report-economic-well-being-us-households-201905.pdf

45 https://the1a.org/segments/2019-11-18-how-we-talk-when-we-talk-about-abortion/

46 https://www.pewresearch.org/politics/2023/04/26/nearly-a-year-after-roes-demise-americans-views-of-abortion-access-increasingly-vary-by-where-they-live/pp_2023-04-26_abortion-access_00-03/

47 https://www.pbs.org/newshour/health/support-for-abortion-rights-has-grown-in-spite-of-bans-and-restrictions-poll-shows

Freiheit in Sicherheit

1 https://www.deseret.com/1996/11/8/19275759/11th-hour-commutation-saves-inmate-s-life

2 https://www.vadp.org/dp-info/virginias-execution-history/

3 https://www.nytimes.com/1996/11/10/us/virginia-prisoner-receives-rare-mercy-on-death-row.html

4 https://www.nytimes.com/1996/11/10/us/virginia-prisoner-receives-rare-mercy-on-death-row.html

5 https://deathpenaltyinfo.org/policy-issues/international/executions-around-the-world

6 https://avalon.law.yale.edu/19th_century/jefinau1.asp

7 https://scholar.lib.vt.edu/VA-news/ROA-Times/issues/1994/rt9404/940413/04130126.htm

8 http://www.vcsc.virginia.gov/Mar_05/TIS_Brochure.pdf

9 https://www.acluva.org/en/issues/prisoners-rights

10 https://nymag.com/news/politics/powergrid/16381/

11 https://abcnews.go.com/Nightline/story?id=2322630&page=1

12 https://www.pewresearch.org/fact-tank/2022/10/31/violent-crime-is-a-key-midterm-voting-issue-but-what-does-the-data-say/

13 https://news.gallup.com/poll/1603/crime.aspx

[14] https://www.pewresearch.org/fact-tank/2022/10/31/violent-crime-is-a-key-midterm-voting-issue-but-what-does-the-data-say/ft_2022-10-31_violent-crime_03/

[15] https://cde.ucr.cjis.gov/LATEST/webapp/#/pages/explorer/crime/crime-trend

[16] https://www.sentencingproject.org/research/detailed-state-data-tool/

[17] https://www.prisonstudies.org/highest-to-lowest/prison-population-total?field_region_taxonomy_tid=All

[18] https://www.vera.org/ending-mass-incarceration

[19] https://www.prisonstudies.org/country/united-states-america

[20] https://www.sentencingproject.org/research/detailed-state-data-tool/

[21] https://wisevoter.com/state-rankings/recidivism-rates-by-state/

[22] https://worldpopulationreview.com/us-city-rankings/most-violent-cities-in-america

[23] https://www.abc10.com/article/news/crime/stockton-history-of-gang-violence/103-42938f05-818c-4d07-90df-4fc2f3428a2c

[24] https://www.macrotrends.net/cities/23155/stockton/population

[25] https://lincolnian.net/2278/news/stocktons-homeless-crisis-our-citys-most-pressing-issue/

[26] https://www.city-data.com/crime/crime-Stockton-California.html

[27] https://www.bscc.ca.gov/wp-content/uploads/San-Joaquin-County-Demographic-Reference-Data_Feb2022.pdf

[28] http://www.smartvoter.org/2014/06/03/ca/sj/vote/salazar_t/bio.html

[29] https://www.bop.gov/inmates/fsa/overview.jsp

[30] https://www.ussc.gov/sites/default/files/pdf/research-and-publications/quick-facts/BOP_March2021.pdf

[31] https://www.ppic.org/wp-content/uploads/JTF_CrimeTrendsJTF.pdf

[32] https://www.kcra.com/article/enough-is-enough-90-arrested-58-guns-seized-in-stockton-gang-takedown-and-drug-bust-officials-say/40180031

[33] https://www.flgov.com/wp-content/uploads/2022/08/Executive-Order-22-176.pdf

[34] https://www.heraldtribune.com/story/news/2022/08/04/florida-gov-desantis-hillsborough-state-attorney-andrew-warren/10236350002/

[35] https://wusfnews.wusf.usf.edu/law-order/2016-04-26/doj-tampa-bike-stops-unfairly-affect-black-residents

36 https://www.tampabay.com/news/publicsafety/hillsborough-prosecutor-joins-texas-fight-against-cash-bail-but-what-about-florida-20190201/

37 https://floridapolitics.com/archives/340928-andrew-warren-will-not-prosecute-67-protesters-arrested-in-george-floyd-demonstrations/

38 https://fairandjustprosecution.org/wp-content/uploads/2022/06/FJP-Post-Dobbs-Abortion-Joint-Statement.pdf

39 https://www.city-data.com/crime/crime-Tampa-Florida.html

40 https://drive.google.com/file/d/18R6SAqVdp1SgJTG6BFYqs-GYKPQ8jbVLU/view

41 https://news.gallup.com/poll/324164/fewer-americans-call-tougher-criminal-justice-system.aspx

42 https://deathpenaltyinfo.org/news/closing-the-slaughterhouse-the-inside-story-of-death-penalty-abolition-in-virginia

43 https://www.americanbar.org/groups/committees/death_penalty_representation/project_press/2017/year-end/virginia-executes-william-morva-despite-serious-mental-illness/

44 https://www.pewresearch.org/fact-tank/2021/09/13/key-facts-about-americans-and-guns/

45 https://www.smallarmssurvey.org/sites/default/files/resources/SAS-Press-release-global-firearms-holdings.pdf

46 https://www.jstor.org/stable/10.7758/rsf.2017.3.5.02

47 https://magazine.jhsph.edu/2021/brief-history-guns-us

48 https://news.gallup.com/poll/1645/guns.aspx

49 https://concealedguns.procon.org/history-of-concealed-guns/

50 https://magazine.jhsph.edu/2021/brief-history-guns-us

51 https://supreme.justia.com/cases/federal/us/554/570/

52 https://wisevoter.com/country-rankings/gun-ownership-by-country/

53 https://www.cdc.gov/violenceprevention/firearms/fastfact.html

54 https://www.healthdata.org/acting-data/gun-violence-united-states-outlier

55 https://www.nejm.org/doi/full/10.1056/nejmc2201761

56 https://www.fatherly.com/news/safest-least-safe-counties-in-america-map-story

57 https://www.fairfaxcounty.gov/police/sites/police/files/assets/images/helpfulinfo/crime%20in%20our%20county/crime%20statistics/fcpd%202021%20group%20a%20offenses.pdf

58 https://news.gallup.com/poll/406238/stark-gender-gap-gun-ownership-views-gun-laws.aspx

59 https://news.gallup.com/poll/1645/guns.aspx

60 https://apnews.com/article/gun-violence-covid-health-chicago-c912ecc5619e925c5ea7447d36808715

61 https://abcnews.go.com/images/pdf/799a3GunControl.pdf

62 https://app.box.com/s/9eqhp5gt9k/file/279067088020

63 https://cdn.factcheck.org/UploadedFiles/NIKOLAS-CRUZ-PC.pdf

64 https://www.browardclerk.org/Web2/WebForms/Document.aspx?CaseID=OTkzOTc1NA%3d%3d-eGxpp7Hm07s%3d&CaseNumber=18001958CF10A&FragmentID=NDgzMjQ5OTE%3d-9B7Kg1cqHP8%3d&DtFile=02/15/2018&DocName=File+States+Motion&PgCnt=21&UserName=&UserType=ANONYMOUS

65 https://www.broward.org/Documents/MSD%20Overview%20Public%204-24-18.pdf

66 https://www.cnn.com/2022/07/22/us/nikolas-cruz-mcdonalds-victims-brother-parkland/index.html

67 https://wisevoter.com/country-rankings/school-shootings-by-country/

68 https://www.usatoday.com/story/news/nation/2018/05/06/parkland-prom-music-dancing-17-seconds-silence-shooting-victims/584687002/

69 https://www.local10.com/video/local-news/2022/08/01/parkland-school-shooting-testimony-dr-terrill-tops/

70 http://www.fdle.state.fl.us/MSDHS/Meetings/November-Meeting-Documents/Nov-13-145pm-Cruz-Behavior-Chris-Lyons.aspx

71 https://www.washingtonpost.com/education/interactive/school-shootings-database/

72 https://siepr.stanford.edu/publications/health/surviving-school-shooting-impacts-mental-health-education-and-earnings-american

73 https://apnews.com/article/shootings-education-florida-fort-lauderdale-parkland-school-shooting-343ad047ce2904328a3310a0714e6274

Freies Wort

1 https://www.skokie.org/485/History-of-Skokie

2 Strum, P. (1999). *When the Nazis came to Skokie Freedom for speech we hate*, Univ. Press of Kansas, S. 7

3 Ebd., S. 15

4 https://interactive.wbez.org/curiouscity/chicagonazineighborhood/

5 https://www.leagle.com/decision/19781029452fsupp5771921

6 Strum, P. (1999). *When the Nazis came to Skokie Freedom for speech we hate*, Univ. Press of Kansas, S. 15

7 https://www.nytimes.com/1993/03/05/obituaries/albert-smith-78-dies-thwarter-of-neo-nazis.html

8 Strum, P. (1999). *When the Nazis came to Skokie Freedom for speech we hate*, Univ. Press of Kansas, S. 15

9 https://www.aclu.org/issues/free-speech/rights-protesters/skokie-case-how-i-came-represent-free-speech-rights-nazis

10 https://www.mtsu.edu/first-amendment/article/1239/sedition-act-of-1918

11 https://www.britannica.com/topic/Palmer-Raids

12 https://www.britannica.com/topic/American-Civil-Liberties-Union

13 https://www.aclu.org/

14 https://www.aclu.org/issues/free-speech/rights-protesters/skokie-case-how-i-came-represent-free-speech-rights-nazis

15 https://www.nytimes.com/1978/07/10/archives/72-seized-at-rally-of-nazis-in-chicago-police-keep-2000-under.html

16 Kaplan, Jeffrey (2000). *Encyclopedia of White Power: A Sourcebook on the Radical Racist Right*, Lanham, Maryland: Rowman & Littlefield, S. 62

17 https://www.aclu.org/issues/free-speech/rights-protesters/skokie-case-how-i-came-represent-free-speech-rights-nazis

18 https://www.aclu.org/report/1978-aclu-pamphlet-why-american-civil-liberties-union-defends-free-speech-racists-and

19 https://www.loc.gov/resource/mtj1.005_0216_0218/?sp=1

20 https://justitia-int.org/en/report-who-cares-about-free-speech-findings-from-a-global-survey-of-free-speech/

21 https://www.archives.gov/milestone-documents/alien-and-sedition-acts

22 https://www.ushistory.org/us/19e.asp

23 https://www.nytimes.com/2021/06/06/us/aclu-free-speech.html

24 http://todayinclh.com/?event=real-freedom-for-the-thought-we-really-hate-eleanor-holmes-norton-defends-free-speech-for-george-wallace

25 https://knightfoundation.org/press/releases/free-speech-for-all-poll-reveals-americans-views-on-free-expression-post-2020/

26 https://scri.siena.edu/2022/03/21/84-say-americans-being-afraid-to-exercisefreedom-of-speech-is-a-serious-problem/

27 https://www.thefire.org/research-learn/scholars-under-fire-attempts-sanction-scholars-2000-2022

28 https://www.univstats.com/staffs/

29 https://www.theguardian.com/world/2016/may/11/the-cultural-revolution-50-years-on-all-you-need-to-know-about-chinas-political-convulsion

30 https://encoreatlanta.com/2018/01/23/alliance-serenbe-listed-among-playbills-top-20-regional-theaters-2/

31 https://agln.aspeninstitute.org/profile/5067

32 https://www.facebook.com/lilliangina.quinones/posts/10158403798064722

33 https://www.facebook.com/terrjs/posts/10158740691129175

34 https://www.ajc.com/news/serenbe-playhouse-staff-removed-amid-charges-racism/vlCgkH7ADgDkwChQqAPiVI/

35 https://www.americantheatre.org/2021/08/09/immersive-theatre-that-left-scars-behind-the-collapse-of-serenbe-playhouse/

36 https://twitter.com/BrianClowdus/status/1346153853100695554?lang=en

37 https://dailyprogress.com/entertainment/arts-and-theatre/real-farm-gives-oklahoma-a-sense-of-place-behind-the-music/article_20d07ad6-fec7-11eb-ac1a-87b93e4949cb.html

38 https://www.artsatl.org/will-it-be-a-witch-hunt-or-shrug-as-brian-clowdus-returns-with-salem-experience/

39 https://library.unr.edu/nevada-writers-hall-of-fame/ellen-hopkins

40 https://pen.org/report/banned-in-the-usa-state-laws-supercharge-book-suppression-in-schools/

41 https://apnews.com/article/entertainment-florida-ron-desantis-school-boards-libraries-da50c9c4091868e121484425d290385b

42 https://www.nytimes.com/2023/04/22/books/book-ban-florida.html

43 https://pen.org/banned-books-list-2022/

44 https://pen.org/report/banned-usa-growing-movement-to-censor-books-in-schools/

45 https://pen.org/report/banned-in-the-usa-state-laws-supercharge-book-suppression-in-schools/

46 https://www.ala.org/advocacy/bbooks/book-ban-data

47 https://www.kxan.com/news/education/lake-travis-isd-pulls-will-review-book-deemed-sexually-explicit/

48 https://pen.org/banned-books-list-2022/

49 https://www.texanswakeup.com/product-page/out-of-darkness

50 https://www.ala.org/advocacy/bbooks/book-ban-data

51 https://www.npr.org/2022/04/04/1090067026/efforts-to-ban-books-jumped-an-unprecedented-four-fold-in-2021-ala-report-says

52 https://www.ala.org/news/press-releases/2022/03/large-majorities-voters-oppose-book-bans-and-have-confidence-libraries

Freie Wahl

1 https://twitter.com/Volzie/status/1295687187426619393

2 https://ecf.dcd.uscourts.gov/cgi-bin/show_temp.pl?file=1099328-0--50795.pdf&type=application/pdf

3 https://www.washingtonpost.com/wp-dyn/content/article/2005/12/28/AR2005122801588.html

4 https://www.washingtonpost.com/archive/politics/2006/06/09/delay-pulls-no-punches-in-final-speech-to-house-span-classbankhead unrepentant-the-hammer-urges-gop-to-keep-up-fightspan/8f527549-5d73-42da-ad6c-8e29169a2c24/

5 https://dancingwiththestars.fandom.com/wiki/Dancing_with_the_Stars_9

6 https://www.washingtonpost.com/wp-dyn/content/article/2007/03/01/AR2007030100861.html

7 https://www.law.cornell.edu/uscode/text/18/371

8 Volz, Neil. *Into the Sun: A Memoir*, Authorhouse, 2011, S. 718

9 https://www.washingtonpost.com/archive/business/technology/2006/05/08/former-ney-aide-pleads-guilty-to-conspiracy/8f550bed-c962-4631-9235-e1af0af3f562/

10 https://ecf.dcd.uscourts.gov/cgi-bin/DktRpt.pl?10340803660187-L_1_0-1

11 https://www.brennancenter.org/our-work/research-reports/voting-rights-restoration-efforts-florida

12 https://www.nytimes.com/2018/09/26/magazine/ex-felons-voting-rights-florida.html

13 https://ballotpedia.org/Florida_Amendment_4,_Voting_Rights_Restoration_for_Felons_Initiative_(2018)

14 https://www.theguardian.com/us-news/2020/jan/09/florida-voting-rights-felons-amendement-4

15 https://www.floridapoliticalreview.com/federal-court-rules-against-felons-in-voting-rights-case/

16 https://www.politico.com/states/florida/story/2020/10/19/final-tally-group-says-67-000-felons-registered-in-florida-after-amendment-4-1327176

17 https://apnews.com/article/ron-desantis-voting-rights-florida-crime-arrests-31f2ed111f69f11950f745da9183f0cf

18 https://www.law.cornell.edu/constitution/amendmentxv

19 https://digitalcommons.wku.edu/cgi/viewcontent.cgi?article=1871&context=theses

20 https://www.aclu.org/news/voting-rights/racist-roots-denying-incarcerated-people-their-right-vote

21 https://slate.com/human-interest/2013/06/voting-rights-and-the-supreme-court-the-impossible-literacy-test-louisiana-used-to-give-black-voters.html

22 Dubin, Michael J. (2002). *United States Presidential Elections, 1788–1860: The Official Results by County and State*, Jefferson: McFarland & Company, S. 1 ff.

23 https://www.electproject.org/national-1789-present

24 https://www.archives.gov/founding-docs/declaration-transcript

25 https://www.archives.gov/milestone-documents/19th-amendment

26 https://www.archives.gov/milestone-documents/voting-rights-act

27 https://guides.loc.gov/federalist-papers/text-61-70

28 https://www.brennancenter.org/our-work/research-reports/voting-laws-roundup-december-2021

29 https://www.ncsl.org/elections-and-campaigns/voter-id

30 https://www.voteriders.org/wp-content/uploads/2023/04/CDCE_VoteRiders_ANES2020Report_Spring2023.pdf

31 https://www.sos.state.tx.us/elections/forms/id/poster-8.5x14-aw-voter.pdf

32 https://www.aclu.org/fact-sheet/oppose-voter-id-legislation-fact-sheet

33 https://news.gallup.com/poll/403052/eight-americans-favor-early-voting-photo-laws.aspx

34 https://web.archive.org/web/20081119133226/http://www.sos.state.mn.us/docs/postpercanvassingreport1117250p.pdf

35 https://web.archive.org/web/20090418213143/http://www.startribune.com/politics/national/senate/42932907.html

36 https://www.latimes.com/archives/la-xpm-2009-jul-08-na-franken8-story.html

37 https://www.cnn.com/2012/10/11/politics/gallery/closest-us-elections/index.html

38 Safire, William und William Safire. *Safire's Political Dictionary*, Oxford University Press, 2008, S. 782

39 https://apnews.com/article/lbj-stolen-election-box-13-mangan-c818e478ec509c65585d3094bda69f96

40 https://www.washingtonpost.com/archive/entertainment/books/1990/03/04/how-landslide-lyndon-earned-his-name/8db726ed-cdb5-48d9-90c6-3701c2468e50/

41 https://www.brennancenter.org/sites/default/files/analysis/Briefing_Memo_Debunking_Voter_Fraud_Myth.pdf

42 https://apnews.com/article/voter-fraud-election-2020-joe-biden-donald-trump-7fcb6f134e528fee8237c7601db3328f

43 https://www.cnn.com/2021/10/22/politics/texas-voter-fraud-award/index.html

44 https://www.cbsnews.com/minnesota/news/reality-check-is-the-election-rigged/

45 McGrath, Dan (2023). *The Voter Fraud Manual.* United States: Daniel McGrath.

46 https://www.npr.org/2020/10/17/924527679/why-do-nonwhite-georgia-voters-have-to-wait-in-line-for-hours-too-few-polling-pl

47 https://www.businessinsider.com/ga-voting-law-bans-volunteers-from-delivering-food-water-to-voters-2021-3

48 https://www.whitehouse.gov/briefing-room/speeches-remarks/2021/03/26/statement-by-president-biden-on-the-attack-on-the-right-to-vote-in-georgia/

49 https://www.moultrieobserver.com/cnhi_network/georgia-breaks-record-for-voter-turnout-in-the-south/article_d3729fe8-6786-55d9-8842-3a140c65ae02.html

50 https://www.brennancenter.org/our-work/research-reports/voting-laws-roundup-february-2023?ms=gad_voting%20rights_60507778-3423_8626214133_137566775723&gclid=CjwKCAjwscGjBhAXEiwAswQqNDEg5GYQP-crgmqxQRBkXQVUfuuOzjtqriXAkGApDgIie0IrYzzH3hoCHa4QAvD_BwE

51 https://news.gallup.com/poll/403052/eight-americans-favor-early-voting-photo-laws.aspx

52 https://www.houstonpublicmedia.org/articles/voting/2023/02/17/444142/polling-sites-voting-texas-college-campuses-banned-under-proposed-bill/

53 https://ballotpedia.org/Carrie_Isaac

54 http://civilrightsdocs.info/pdf/reports/Democracy-Diverted.pdf

55 https://www.houstonpublicmedia.org/articles/voting/2023/02/17/444142/polling-sites-voting-texas-college-campuses-banned-under-proposed-bill/

Freie Wirtschaft

1 De Tocqueville, Alexis. *Democracy in America*, Classic Books, 2019, S. 149

2 https://www.presidency.ucsb.edu/documents/address-the-american-society-newspaper-editors-washington-dc

3 https://www.pbs.org/wgbh/americanexperience/features/the-great-war-economic-superpower/

4 https://wisevoter.com/country-rankings/billionaires-by-country/

5 https://www.visualcapitalist.com/worlds-richest-countries-2023-gdp-per-capita/

6 https://www.visualcapitalist.com/most-innovative-countries-2022/

7 https://www3.weforum.org/docs/Global_Social_Mobility_Report.pdf

8 https://data.worldbank.org/indicator/SI.POV.GINI?end=2021&most_recent_value_desc=false&start=1968&view=chart

9 https://www.pewresearch.org/short-reads/2020/02/07/6-facts-about-economic-inequality-in-the-u-s/

10 https://inequality.stanford.edu/sites/default/files/Pathways-SOTU-2016-Wealth-Inequality-3.pdf

11 https://www.americanprogress.org/article/income-inequality-in-the-united-states-fuels-pessimism-and-threatens-social-cohesion/

12 George, Henry. *Progress and Poverty*. Fiftieth Anniversary Edition. Robert Schalkenbach Foundation, 1935, S. 542

13 https://cei.org/blog/a-rise-in-unfunded-mandates-on-state-and-local-governments-could-spur-calls-for-regulatory-reform-in-the-118th-congress/

14 https://www.cato.org/sites/cato.org/files/2022-09/efw-2022-full-issue.pdf

15 https://www.journals.uchicago.edu/doi/10.2307/1536434

16 https://www.newschannel10.com/story/4882475/mule-gives-birth-to-quarter-horse/

17 https://www.reuters.com/article/us-food-cloning/welcome-to-the-clone-farm-idUSTRE5AC07V20091113

18 https://www.ncbi.nlm.nih.gov/pmc/articles/PMC2213849/

19 https://reviverestore.org/projects/black-footed-ferret/

20 https://worlddeer.org/whitetail-deer-population-by-state/

21 https://tpwd.texas.gov/regulations/outdoor-annual/licenses/hunting-licenses-and-permits/hunting-licenses

22 https://vetmed.tamu.edu/news/press-releases/cvm-researchers-first-to-clone-white-tailed-deer/

23 https://www.uschamber.com/assets/documents/Chamber-Antitrust-Topline-Polling_July-2022.pdf

24 https://news.gallup.com/poll/389519/low-satisfaction-gov-regulation-businesses.aspx

25 https://response.epa.gov/site/site_profile.aspx?site_id=7029

26 https://datausa.io/profile/geo/humboldt-county-nv

27 https://datausa.io/profile/geo/mcdermitt-nv/

28 https://www.medicaid.gov/medicaid/program-information/medicaid-and-chip-enrollment-data/report-highlights/index.html

29 https://fns-prod.azureedge.us/sites/default/files/resource-files/29SNAPcurrPP-4.pdf

30 https://www.census.gov/library/stories/2022/05/who-is-receiving-social-safety-net-benefits.html

31 https://www.fb.org/market-intel/the-verdict-is-in-farm-bankruptcies-up-in-2019

32 https://www.marketwatch.com/story/u-s-government-checks-constituted-40-of-farmers-income-in-2020-usda-01609444429

33 https://data.ers.usda.gov/reports.aspx?ID=17833

34 https://www.ers.usda.gov/data-products/ag-and-food-statistics-charting-the-essentials/farming-and-farm-income/

35 https://fordauthority.com/2021/04/there-are-currently-16-1-million-ford-f-series-pickups-on-u-s-roads/

36 https://www.visualcapitalist.com/the-best-selling-vehicles-in-america-by-state/

37 https://web-assets.bcg.com/7d/5a/e954da90470ea56dce1472a74abd/bcg-the-economic-impact-of-ford-and-the-f-series-sept-2020-v2.pdf

38 https://media.ford.com/content/fordmedia/fna/us/en/news/2023/01/03/ford-f-series-is-americas-best-selling-truck-and-vehicle-once-ag.html

39 https://time.com/6109417/linda-zhang-interview-cop26/

40 https://www.chicagofed.org/research/mobility/intergenerational-economic-mobility

41 https://www.weforum.org/agenda/2020/09/social-mobility-upwards-decline-usa-us-america-economics/

42 https://www.skybridge.com/about

43 https://wealthygorilla.com/anthony-scaramucci-net-worth/

44 https://trumpwhitehouse.archives.gov/presidential-actions/president-donald-j-trump-appoints-anthony-scaramucci-white-house-communications-director/

45 https://www.reuters.com/article/us-usa-trump-scaramucci-statement/white-house-communications-director-scaramucci-leaves-in-order-to-clean-slate-idUSKBN1AG2B6

46 https://newspapers.bc.edu/?a=d&d=bcheights19860210.2.3&e--------en-20--1--txt-txIN-------

47 https://admissions.tufts.edu/tuition-and-aid/tuition-and-aid/

48 https://www.tax-brackets.org/federaltaxtable/1964

49 https://www.irs.gov/newsroom/irs-provides-tax-inflation-adjustments-for-tax-year-2022

Freies Land

1 https://news.gallup.com/poll/1615/environment.aspx

2 https://epi.yale.edu/epi-results/2022/component/epi

3 https://www.eia.gov/dnav/pet/hist/LeafHandler.ashx?n=PET&s=MCRFPUS2&f=M, https://www.eia.gov/dnav/ng/hist/n9070us2M.htm;

4 https://www.eia.gov/energyexplained/us-energy-facts/

5 https://www.epa.gov/climate-indicators/climate-change-indicators-us-and-global-temperature

6 https://www.ncei.noaa.gov/access/billions/

7 https://www.epa.gov/climatechange-science/causes-climate-change

8 https://ourworldindata.org/contributed-most-global-co2

9 https://www.wri.org/insights/interactive-chart-shows-changes-worlds-top-10-emitters

10 https://www.blm.gov/programs/energy-and-minerals/mining-and-minerals/about/idaho

11 https://archive.sltrib.com/story.php?ref=/ci_13098083

12 https://www.epa.gov/sites/default/files/2019-08/documents/idwqs-selenium.pdf

13 https://www.sweetwaternow.com/billionaire-seeks-zoning-change-to-construct-resort-in-bondurant/

14 http://wy-sublettecounty2.civicplus.com/AgendaCenter/ViewFile/Minutes/_12072021-81

15 https://www.eia.gov/dnav/pet/hist/LeafHandler.ashx?n=pet&s=f000000__3&f=m

16 https://www.cfr.org/report/shale-gas-and-tight-oil-boom

17 https://www.eia.gov/dnav/pet/hist/LeafHandler.ashx?n=PET&s=MCRFPUS2&f=M

18 https://www.reuters.com/business/energy/us-poised-become-net-exporter-crude-oil-2023-2022-12-19/

19 https://www.eia.gov/energyexplained/us-energy-facts/imports-and-exports.php

20 https://www.eia.gov/dnav/ng/hist/n9070us2M.htm

21 https://www.api.org/oil-and-natural-gas/energy-primers/hydraulic-fracturing/how-many-jobs-has-the-oil-and-natural-gas-industry-created

22 https://www.energy.gov/fecm/articles/department-energy-releases-report-economic-and-national-security-impacts-hydraulic

23 https://www.epa.gov/climate-indicators/climate-change-indicators-us-greenhouse-gas-emissions

24 https://earthworks.org/releases/new-report-finds-increased-threat-from-radioactive-oil-gas-waste-in-north-dakota/

25 https://news.stanford.edu/2016/03/29/pavillion-fracking-water-032916/

26 https://www.texastribune.org/2022/02/08/west-texas-earthquakes-fracking/

27 https://news.cornell.edu/stories/2019/08/study-fracking-prompts-global-spike-atmospheric-methane

28 https://today.yougov.com/topics/politics/articles-reports/2020/10/19/how-americans-feel-about-fracking

29 https://www.whitehouse.gov/briefing-room/presidential-actions/2021/01/27/executive-order-on-tackling-the-climate-crisis-at-home-and-abroad/

30 https://www.reuters.com/business/environment/environmental-groups-sue-block-biden-administration-oil-gas-auctions-2022-06-29/

31 https://www.eia.gov/todayinenergy/detail.php?id=53159

32 https://markets.businessinsider.com/news/stocks/the-10-most-influential-figures-in-the-history-of-oil-1031994205

33 https://www.eia.gov/pressroom/releases/press496.php

34 https://www.sierraclub.org/sierra/dark-side-inflation-reduction-act

35 https://tpwd.texas.gov/huntwild/wild/wildlife_diversity/nongame/listed-species/landowner-tools.phtml

36 https://datausa.io/profile/geo/soda-springs-id

Freie Welt

1 https://travel.state.gov/content/travel/en/international-travel/International-Travel-Country-Information-Pages/Ukraine.html

2 https://tass.com/politics/1416131

3 Manchester, W. (2013). *The glory and the dream: A narrative history of america: 1932–1972*, Rosetta Books, S. 16

4 https://www.abrahamlincolnonline.org/lincoln/speeches/congress.htm

5 https://history.state.gov/milestones/1945-1952/truman-doctrine

6 https://2001-2009.state.gov/r/pa/ho/time/rd/17741.htm

7 https://georgewbush-whitehouse.archives.gov/nsc/nssall.html

8 https://history.defense.gov/Portals/70/Documents/nss/nss2006.pdf

9 https://www.defense.gov/casualty.pdf

10 https://watson.brown.edu/costsofwar/papers/2023/IraqSyria20

11 https://www.defense.gov/News/Releases/Release/Article/3144082/message-to-the-force-one-year-since-the-conclusion-of-the-afghanistan-war/

12 https://carnegieendowment.org/2014/06/04/obama-s-don-t-do-stupid-shit-foreign-policy-pub-55817

13 https://www.atlanticcouncil.org/blogs/natosource/trump-confirms-he-threatened-to-withdraw-from-nato/

14 https://www.brookings.edu/blog/order-from-chaos/2019/12/18/trump-shakedowns-are-threatening-two-key-u-s-alliances-in-asia/

15 https://www.whitehouse.gov/briefing-room/speeches-remarks/2021/08/31/remarks-by-president-biden-on-the-end-of-the-war-in-afghanistan/

16 https://press.un.org/en/2011/sc10200.doc.htm

17 https://www.brookings.edu/blog/markaz/2016/04/12/everyone-says-the-libya-intervention-was-a-failure-theyre-wrong/

18 https://ec.usembassy.gov/statement-from-president-donald-j-trump-recognizing-venezuelan-national-assembly-president-juan-guaido-as-the-interim-president-of-venezuela/

19 https://www.worldatlas.com/modern-world/11-most-powerful-armies-in-the-world.html

20 https://www.whitehouse.gov/briefing-room/statements-releases/2021/09/15/joint-leaders-statement-on-aukus/

21 https://morningconsult.com/united-states-foreign-policy-tracker/

22 https://www.nytimes.com/2005/01/21/us/nationalspecial2/bush-at-2nd-inaugural-says-spread-of-liberty-is-the.html

23 https://georgewbush-whitehouse.archives.gov/news/releases/2005/01/20050120-1.html

24 https://twitter.com/realDonaldTrump/status/1222496715422433281?s=20

25 https://www.reuters.com/world/us/former-senior-us-official-john-bolton-admits-planning-attempted-foreign-coups-2022-07-12/

26 Kant, Immanuel: *Zum ewigen Frieden. Ein philosophischer Entwurf (1795)*. Akademie-Ausgabe, Bd. VIII: Abhandlungen nach 1781, S. 341–386

27 https://www.ipsos.com/en-us/news-polls/axios-ipsos-two-americas-index

28 https://www.senate.gov/legislative/LIS/roll_call_votes/vote1072/vote_107_2_00237.htm

29 https://www.washingtonpost.com/wp-dyn/content/article/2007/04/29/AR2007042901562.html

30 https://www.nbcnews.com/id/wbna20691377

31 https://thehill.com/policy/defense/142317-senate-republicans-block-hagel-nomination-for-defense-secretary/

32 https://freedomhouse.org/countries/freedom-world/scores

Freie Zukunft?

1 https://www.hsgac.senate.gov/wp-content/uploads/imo/media/doc/HSGAC&RulesFullReport_ExaminingU.S.CapitolAttack.pdf

2 https://www.nationalguard.mil/News/Article/2466077/dod-details-national-guard-response-to-capitol-attack/

3 https://www.americanoversight.org/timeline-jan6

4 https://rollcall.com/2021/01/07/congress-certifies-bidens-win-with-more-gop-support-after-capitol-breach/

5 https://www.reuters.com/world/us/officer-who-responded-us-capitol-attack-is-third-die-by-suicide-2021-08-02/

6 https://history.house.gov/Historical-Highlights/1851-1900/1861_02_13_Joint_Session_Electoral_Votes/

7 https://www.nps.gov/fosu/index.htm

8 https://www.pewresearch.org/politics/2022/08/09/as-partisan-hostility-grows-signs-of-frustration-with-the-two-party-system/

9 https://today.yougov.com/topics/society/articles-reports/2020/09/24/america-speaks-what-do-they-think-about-cross-part

10 https://ifstudies.org/blog/marriages-between-democrats-and-republicans-are-extremely-rare

11 https://fixusnow.org/americas-values-poll

12 Levitsky, Steven und Daniel Ziblatt. *Wie Demokratien sterben*, DVA, 2018, S. 250

13 https://navigatorresearch.org/more-americans-are-likely-to-believe-the-republican-party-poses-a-threat-to-the-country/

14 https://www.americansurveycenter.org/research/after-the-ballots-are-counted-conspiracies-political-violence-and-american-exceptionalism/

15 https://twitter.com/mtgreenee/status/1627665203398688768

16 Walter, Barbara F. *How Civil Wars Start: And How to Stop Them*, Crown, 2022, S. 159

17 https://www.britannica.com/topic/USA-PATRIOT-Act

18 https://www.aclu.org/issues/national-security/privacy-and-surveillance/surveillance-under-patriot-act

19 https://georgewbush-whitehouse.archives.gov/infocus/patriotact/

20 https://www.wired.com/2007/09/court-strikes-2/

21 https://www.govinfo.gov/content/pkg/PLAW-114publ23/pdf/PLAW-114publ23.pdf

22 https://www.apmresearchlab.org/motn/what-americans-think-about-liberty-rights-freedom-may-2022

23 https://freedomhouse.org/country/united-states/freedom-world/2023

24 https://freedomhouse.org/countries/freedom-world/scores?sort=asc&order=Total%20Score%20and%20Status

25 https://freedomhouse.org/about-us/board-and-leadership/board-trustees-member-biographies

26 https://www.nationalreview.com/2012/09/can-democratic-government-survive-robert-b-bork/

27 https://constitutioncenter.org/blog/on-this-day-senate-rejects-robert-bork-for-the-supreme-court

28 https://www.merriam-webster.com/dictionary/bork

29 https://www.city-journal.org/article/the-original-originalist-2

30 https://clintonwhitehouse5.archives.gov/WH/Accomplishments/eightyears-03.html

31 https://news.gallup.com/poll/116584/presidential-approval-ratings-bill-clinton.aspx

32 https://www.cato-unbound.org/2009/04/13/peter-thiel/education-libertarian/

33 https://www.opensecrets.org/elections-overview/biggest-donors?cycle=2022&view=om

34 https://avalon.law.yale.edu/18th_century/fed10.asp

35 https://www.pewresearch.org/short-reads/2022/03/10/the-polarization-in-todays-congress-has-roots-that-go-back-decades/

36 Meacham, Jon. *The Soul of America: The Battle for Our Better Angels*, Random House, 2019, S. 268

37 https://digital.lib.niu.edu/illinois/civilwar/chronology1

38 https://apnews.com/article/guns-desantis-florida-government-ac7adbc200cc4c1bb429ea84357f73be

39 https://www.axios.com/local/seattle/2023/03/10/ban-on-selling-assault-weapons-clears-state-house

40 https://states.guttmacher.org/policies/oregon/abortion-policies

41 https://www.hrc.org/resources/attacks-on-gender-affirming-care-by-state-map

42 https://www.npr.org/2023/04/21/1171069066/states-protect-transgender-affirming-care-minnesota-colorado-maryland-illinois

43 https://www.uscourts.gov/about-federal-courts/educational-resources/about-educational-outreach/activity-resources/us

44 https://www.nps.gov/liho/learn/historyculture/thankstotroops.htm